Axel Tschentscher / Caroline Lehner /
Matthias Mahlmann / Anne Kühler (Hg.)
Soziale Gerechtigkeit heute

ARCHIV FÜR RECHTS- UND SOZIALPHILOSOPHIE

ARCHIVES FOR PHILOSOPHY OF LAW AND SOCIAL PHILOSOPHY

ARCHIVES DE PHILOSOPHIE DU DROIT ET DE PHILOSOPHIE SOCIALE

ARCHIVO DE FILOSOFÍA JURÍDICA Y SOCIAL

Herausgegeben von der Internationalen Vereinigung

für Rechts- und Sozialphilosophie (IVR)

Redaktion: Dr. Annette Brockmöller, LL. M.

Beiheft 141

Axel Tschentscher / Caroline Lehner /
Matthias Mahlmann / Anne Kühler (Hg.)

Soziale Gerechtigkeit heute

Kongress der Schweizerischen Vereinigung
für Rechts- und Sozialphilosophie, 7. Juni 2013,
Universität Bern

 Franz Steiner Verlag

 Nomos

Bibliografische Information der Deutschen Nationalbibliothek:
Die Deutsche Nationalbibliothek verzeichnet diese Publikation in der Deutschen
Nationalbibliografie; detaillierte bibliografische Daten sind im Internet über
<http://dnb.d-nb.de> abrufbar.

© Franz Steiner Verlag, Stuttgart 2015
Druck: Druckhaus Nomos, Sinzheim
Gedruckt auf säurefreiem, alterungsbeständigem Papier.
Printed in Germany.
Franz Steiner Verlag: ISBN 978-3-515-10907-9 (Print)
Franz Steiner Verlag: ISBN 978-3-515-10909-3 (E-Book)
Nomos Verlag: ISBN 978-3-8487-2350-8

Inhaltsverzeichnis

EINLEITUNG

Axel Tschentscher / Matthias Mahlmann[1]

Soziale Gerechtigkeit in Politik und Rechtsethik

Die Forderung nach „Sozialer Gerechtigkeit" wirkt heute nicht weniger polarisierend als bei der Publikation von *John Rawls'* Theorie der Gerechtigkeit vor mehr als 40 Jahren. In der Politik wird das Konzept nach wie vor häufig mit der Forderung nach Umverteilung von Reich nach Arm gleichgesetzt. In der Rechtsethik ist die Entwicklung nach heftiger Kritik an *Rawls'* Differenzprinzip inzwischen weiter gegangen. Neben die Umverteilung (*redistribution*) ist die Anerkennung (*recognition*) als Leitbegriff der Sozialphilosophie getreten – entweder in Ergänzung hierzu (*Fraser*) oder sogar als ein tiefgründigerer Ersatz für die oberflächlichen Verteilungskämpfe (*Honneth*). Diese Diskussionen greifen ein altes und vertrautes Thema auf, denn in der Sozialphilosophie spielte die Achtung vor anderen Personen seit jeher eine wichtige Rolle.

Einigkeit herrscht bei allem inhaltlichen Wandel über eines: das Problem der sozialen Gerechtigkeit ist trotz allgegenwärtiger Wohlfahrtsgewinne und trotz technischen Fortschritts heute so wichtig wie vor einem halben Jahrhundert. Besonders deutlich wird das in der Schweiz – einem Land, dessen durchschnittliche Saturiertheit der Lebensbedürfnisse im internationalen Vergleich unumstritten sein dürfte. Trotzdem gibt es hierzulande heftigste Auseinandersetzungen über die Lohnzahlungen an Manager, über die Aufnahme von „Wirtschaftsflüchtlingen" oder über Fehlentwicklungen im Gesundheitswesen. Wie in einem sozialen Laboratorium transportiert dabei die direkte Demokratie solche Gesellschaftsdiskussionen an das politische Tageslicht, spitzt sie in Abstimmungskämpfen zu und stellt sie als Grundsatzfragen an die Sozialphilosophie.

Die Tagung „Soziale Gerechtigkeit heute" fragt in den drei neuralgischen Anwendungsgebieten Lohngerechtigkeit, Migrationsgerechtigkeit und Medizinalgerechtigkeit nach dem Stand von Praxis und Forschung. In den einzelnen Beiträgen dieses Beihefts kommen Politiker und Philosophen zu Wort, wie auch die „Soziale Gerechtigkeit" gleichermassen in Politik und Philosophie als diskursiver Orientierungspunkt fungiert. Eingebettet sind die drei Themengruppen in den Einleitungsvortrag von *Hauke Brunkhorst*, der seit langem zur globalen Solidarität forscht und in diesem Tagungsband seine Gedanken zum Verhältnis von Solidarität und sozialer Gerechtigkeit formuliert.

Mit wenigen Stichworten lässt sich umschreiben, was bis heute den Reiz des Themas „Soziale Gerechtigkeit" ausmacht. Es ist seine ungeminderte *Relevanz* (1.),

1   Unser besonderer Dank gilt *Caroline Lehner*, ohne deren Einsatz die Tagung „Soziale Gerechtigkeit heute" nicht hätte stattfinden können. Geholfen haben ausserdem *Rahel Baumgartner, Dominika Blonski, Sibylle Perler, Michelle Ammann* und *Johannes Sokoll* (alle Bern). Die Herausgabe hat *Anne Kühler* (Zürich) koordiniert. Für finanzielle Unterstützung danken wir der Fondation Johanna Dürmüller-Bol, der Burgergemeinde Bern und dem Schweizerischen Nationalfonds. Die Tagung war gleichzeitig die Jahrestagung der Schweizerischen Vereinigung für Rechts- und Sozialphilosophie – damals unter der Präsidentschaft von *Bénédict Winiger* (Genf), inzwischen unter der Präsidentschaft von *Matthias Mahlmann* (Zürich).

gekennzeichnet durch eine geradezu zwangsläufige *Transdisziplinarität* (2.), die in den *Einzelthemen* (3.) auf unterschiedliche Weise aufscheint.

1. Die *theoretische* Relevanz der sozialen Gerechtigkeit im wissenschaftlichen Diskurs hat sich bereits in der *Rawls*-Rezeption erwiesen. Nachdem die „Theorie der Gerechtigkeit" im Jahr 1971 veröffentlicht worden war, standen vor allem zwei Aspekte im Vordergrund, die je für sich einen Sturm an Publikationen auslösten: einerseits, in formeller Hinsicht, die Methodik der Begründung (Schleier des Nichtwissens) und andererseits, in materieller Hinsicht, der Gerechtigkeitsgrundsatz zur ungleichen Güterverteilung (das Differenzprinzip). So gesehen ist die durch *Rawls* ausgelöste Renaissance der politischen Philosophie *inhaltlich* eigentlich und vor allem eine Renaissance der Sozialphilosophie.

Nicht weniger Gewicht hat die *praktische* Relevanz des Themas „Soziale Gerechtigkeit". Exemplarisch geht es in diesem Band zwar nur um drei begrenzte Einzelfragen: Lohngerechtigkeit, Migrationsgerechtigkeit und Medizinalgerechtigkeit. Aber schon an diesem Auszug aus der Gesamtthematik zeigt sich die praktische Reichweite der Sozialphilosophie. Jede der drei Einzelfragen betrifft *ungleich mehr Menschen* in unserer Gesellschaft, als beispielsweise durch die drängenden bioethischen Fragen der letzten Jahre insgesamt persönlich berührt sind: etwa durch Pränataldiagnostik, Organtransplantation, Stammzellforschung, In-Vitro-Fertilisation und Klonierungsverbot. Bei der „Sozialen Gerechtigkeit" erreicht die Rechts- und Sozialphilosophie eine Breitenwirkung, die ihr sonst nicht zueigen ist.

Weiter fällt auf, dass wir in Fragen sozialer Gerechtigkeit ganz offensichtlich, wenn auch oft ergebnislos, nicht nur um innere Einstellungen, sondern um die richtige Handlungsweise ringen. Wenn wir ein soziales Unrecht rügen, dann meinen wir das im *Austin*'schen Sinne nicht nur konstativ, sondern es liegt eine performative Äusserung vor, mit der wir den illokutionären Gehalt des Sprechakts vollziehen. Wir fordern uns gewissermassen selbst zum Handeln auf. Ein solches Ringen um die auch praktisch besseren Lösungen ist sogar in der saturierten Wohlstandsgesellschaft der Schweiz heute so aktuell wie vor 40 Jahren. Es fehlen griffige Kriterien dafür, ob und wie sich ein Öffnen der sozialen Schere zwischen Arm und Reich kritisieren lässt; wir wissen nicht, wer die Bürde der nächsten wirtschaftlichen Krise zu tragen hat; und wir sind zutiefst verunsichert über den Stellenwert der Solidarität in Zeiten zunehmend aufgespaltener Identitäten: als Einzelkämpfer, als Familienmitglied, als Staatsbürger, als Europäer und als Weltbürger.

2. Schliesslich gehört auch die *Transdisziplinarität* zu den prägenden Eigenschaften des Themas „Soziale Gerechtigkeit". Die drei Einzelfragen Lohngerechtigkeit, Migrationsgerechtigkeit und Medizinalgerechtigkeit sind in ihren soziologischen und psychologischen Bezügen ohnehin schon interdisziplinär angelegt. Sie sind zudem je für sich auch transdisziplinär, indem sie uns drängen, über den rechtsphilosophischen Diskurs hinaus auch Wissenssysteme jenseits der akademischen Gefilde anzuzapfen. Von Berichten aus der politischen Praxis können wir uns inspirieren lassen und mit unseren Ideen an ihren Befunden wachsen. Zu jedem Einzelthema kommen darum auch Diskutanten aus der Politik zu Wort, die sich alle durch eine betont kritische Grundhaltung gegenüber der gegenwärtigen politischen Praxis auszeichnen. Diese homogene Auswahl hat einen systematischen und einen pragmatischen Grund. Systematisch sollte damit vermieden werden, dass die Beiträge ein Schema „idealistische Wissenschaft / realistische Politik" entstehen lassen. Pragma-

tisch ist einzuräumen, dass es auf zahlreiche Anfragen an Politikerinnen und Politiker aus bürgerlichen Parteien zum Thema „Soziale Gerechtigkeit" ausnahmslos Absagen gegeben hat. Ein breites Spektrum von Positionen wird in den folgenden Beiträgen in jedem Fall aufgefächert:

3. In *Hauke Brunkhorsts* einleitendem Überblick geht es zunächst um eine zentrale Voraussetzung für die praktische Herstellung sozialer Gerechtigkeit: die Solidarität in der politischen Gemeinschaft. Während die Hilfsbereitschaft im engen Kreis der Familie meist urwüchsig entsteht, ist das Phänomen einer „Solidarität unter Fremden" schwerer zu verstehen. Dem Recht in seinen unterschiedlichen historischen Stadien (römisches Recht, revolutionäres Recht u. a. m.) kommt dabei von jeher die Rolle einer Transformationskraft zu. In der Gegenwart gewährleistet das Recht allerdings zwei gegensätzlich Vektoren: die demokratische Gerechtigkeit und die Marktgerechtigkeit. Anders als *Rawls*, der einen lexikalischen Vorrang unter den Gerechtigkeitsprinzipien einfordert, sieht *Brunkhorst* keinen Grund, warum die politische Gerechtigkeit vor der sozialen Solidarität verwirklicht werden sollte oder könnte. Vielmehr setzt Demokratie ein gewisses Mass an sozialer Gleichheit bereits voraus: wer im Ghetto wohnt, hat keine Chance, seine formal gleichen Rechte effektiv einzuklagen. Im Kräfteverhältnis konstatiert er eine neue Hilflosigkeit des Staates gegenüber dem Markt und fordert, dass der verleugnete Widerspruch zwischen Demokratie und Kapitalismus wieder in das Zentrum der Debatte gestellt wird.

Carsten Köllmann zeigt für den Anwendungsbereich der Lohngerechtigkeit auf, wie ein seit jeher umstrittenes Verteilungsproblem bis heute zu kaum beantwortbaren ethischen Fragen führt. Die Theorien von *Rawls* und *Hayek* führen nach seiner Analyse übereinstimmend zum Ergebnis, dass die Lohnbildung dem Markt zu überlassen ist. Selbst der Wirtschaftsethik fehlt bisher eine umfassende Theorie. An ihre Stelle tritt die punktuelle Kritik an hohen Managergehältern. Auf dem Weg zu einer nicht-idealen Theorie der Lohngerechtigkeit schlägt *Köllmann* vor, die Löhne auf Unternehmensebene zum Ausgangspunkt der Fragestellung zu wählen, weshalb der gerechte Lohn sich nach dem individuellen Beitrag zum Unternehmenserfolg zu richten habe. Neben diese Leistungskomponente tritt als Absicherung das Bedarfsprinzip, das allerdings im Sinne eines gesellschaftlich akzeptierten Minimums verstanden wird.

Andreas Cassee präsentiert zum Thema Migrationsgerechtigkeit ein breites Argumentarium für ein philosophisches Recht auf globale Bewegungs- und Niederlassungsfreiheit. Unabhängig von Vor- und Nachteilen einer Migration spricht er allen Menschen ein Recht darauf zu, selbst über ihren Aufenthaltsort zu entscheiden. Als Abwehrrecht verlangt dieses Menschenrecht zwar keine bestimmten Leistungen von Staaten, wohl aber den Verzicht auf Hindernisse (Grenzkontrollen, Ausschaffungsgefängnisse). Zu der anerkannten Freiheit, sich wegbewegen zu dürfen, zählt *Cassee* auch das Gegenstück des Nicht-Wegbewegens und klassifiziert so die Freiheit zum Verbleiben als ein „negatives Anspruchsrecht". Zeitlich begrenzte Einschränkungen der Migrationsfreiheit sind zwar möglich, müssen aber mit benennbaren anderen Ansprüchen gerechtfertigt werden. Die grundlegende Asymmetrie, die das geltende Staats- und Völkerrecht bisher zwischen innerstaatlicher und zwischenstaatlicher Migration vorsieht, lässt sich dabei allerdings nicht rechtfertigen. Auch die Gegenargumente, die auf kollektiver Selbstbestimmung oder auf kollektivem Eigentum aufbauen, weist *Cassee* zurück.

Markus Zimmermann-Acklin führt im letzten Hauptreferat der Tagung in die Diskriminierungsgefahren ein, die bei der Gesundheitsversorgung heute bestehen. In seiner Analyse steht dem ethischen Ideal einer medizinischen Gleichbehandlung aller Menschen eine Realität der Mehrklassenmedizin gegenüber. Unabhängig davon, ob man in der Gerechtigkeitstheorie den Schwerpunkt in der Chancengleichheit (*Rawls, Daniels*) oder in der Befähigung (*Sen, Nussbaum*) sieht, stellt der Sachbereich Gesundheit die Philosophie vor eine besondere Herausforderung. Neben die Konzeption moralischer Rechte tritt zwangsläufig eine Konzeption des Guten, beispielsweise wenn es um die Bewertung eines Zustands als Krankheit oder Behinderung geht. In der gegenwärtigen Praxis identifiziert *Zimmermann-Acklin* vor allem das Fallpauschalensystem, die Wirtschaftlichkeitsuntersuchungen und zunehmend auch die QALY-Berechnungen als Quelle von ungerechtfertigter Ungleichbehandlung von Menschen (Diskriminierung).

Ergänzt werden die vier Hauptreferate durch weitere Beiträge von *Balthasar Glättli, Philippe Avramov, Francesca Magistro, Bernhard Rütsche* und *Margrit Kessler*.

Solidarität und soziale Gerechtigkeit

Hauke Brunkhorst

Solidarität als existierende Gerechtigkeit der Demokratie

I. Solidarität unter Fremden

Solidarität ist „von Haus aus ein Rechtsbegriff"[1]. Im römischen Recht bezieht er sich auf die zivilrechtliche Haftungsgenossenschaft.[2] Die *obligatio in solidum*, die Solidarobligation ist Gesamthaftung einer Gruppe von Rechtspersonen für eine Gesamtschuld. Einer für alle, alle für einen. Alle stehen für den, der seine Schuld nicht zahlen kann, ein, und der ist im umgekehrten Fall bei allen andern in der Pflicht. Das Band der Solidarität umschließt nicht nur die rechtlich und nicht durch Herkunft verbundene Schuldnergemeinschaft, sondern auch die komplementäre Rolle des Gläubigers, der sich im Notfall an den zahlungsfähigen Ersatzmann halten kann. So bindet schon die *obligatio in solidum* im Medium abstrakten Rechts *fremde* Personen, *komplementäre* Rollen und *heterogene* Interessen zusammen. Solidarität in diesem, rechtlichen Sinn, ist von Haus *Solidarität unter Fremden*.[3]

Die soziologische Evolutionstheorie wird mit Spencer und Durkheim daran anschließen und in *noch zusammenhaltbarer Verschiedenheit* das *Maß der Solidarität* erkennen.[4] Mit wachsender Heterogenität der Gesellschaft geht keineswegs der Verlust von Solidarität einher, sondern umgekehrt, das Band er Solidarität wird mit wachsender Heterogenität umfassender, flexibler und reißfester. Die homogene Solidarität von Netzwerken der Nächstenliebe läßt sich zwar unter hohen Anforderungen an individuelle Moral zur Fernstenliebe erweitern, aber die Kette der Moral, die sie zusammenhält, reißt immer beim schwächsten Glied. Auch bei hohem normativem Druck auf die Einzelnen wird das Band der Solidarität mit wachsender Reichweite immer schwächer. Durkheim hat diese Form der Solidarität, die in jedem ihrer Glieder (wie beim Ringelwurm) die gleiche Struktur aufweist, *mechanische* Solidarität genannt. Nicht so die zweite Form der Solidarität, die Durkheim als *organische* von der mechanischen Solidarität abgrenzt, weil jedes ihrer Organe (wie bei großen Säugetieren) eine jeweils andere Funktion erfüllt. Bei hoher organischer Solidarität kann die Anforderung an individuelle Moral im Grenzfall auf Null abgesenkt und durch Recht, das immer nur fallweise wirksam wird, substituiert werden. Durch formale Organisation, Spezialisierung und Professionalisierung wird das Band der Solidarität unter Fremden beliebig erweiterbar, ohne an Reißfestigkeit zu verlieren. So entstehen riesige National und Kontinentalstaaten, weltumspannende Konzerne, globale Hilforganisationen. Die deutsche Solidarabgabe ist ein gutes Beispiel normativ abgekühlter und nur deshalb wirksamer Solidarität. Sie funktioniert so reibungslos, weil kaum ein Steuerzahler weiß, daß sie ein Beitrag zur Solidarität der Westdeut-

1   Hasso Hofmann, *Einführung in die Rechts- und Staatsphilosophie*, 5. Aufl. 2011, S. 193.
2   Andreas Wildt, Solidarität, in: *Historisches Wörterbuch der Philosophie*, hg. von Joachim Ritter / Karlfried Gründer, Band 9, 1995, S. 1004 f.
3   Vgl. Hauke Brunkhorst, *Solidarität unter Fremden*, 1997; ders., *Solidarität. Von der Bürgerfreundschaft zur globalen Rechtsgenossenschaft*, 2002.
4   Niklas Luhmann, Arbeitsteilung und Moral. Durkheims Theorie, in: Émile Durkheim, *Über soziale Arbeitsteilung. Studie über die Organisation höherer Gesellschaften*, 2. Aufl. 1988, S. 25.

schen mit dem ihnen fremd gewordenen Volk der Ostdeutschen ist. Von solchen Leistungen kann die mit Mühe zur Fernstenliebe erweiterte Nächstenliebe nur träumen. Statt des geordneten Transfers von Milliarden über Milliarden wäre es bei ein paar mit Würsten vollgestopften Trabbis geblieben, die der Westen für die vermeintlichen Brüder und Schwestern im Osten aufgebracht hätte, und zu dem Mangel solidarischer Leistungen wäre die Demütigung durch die herablassende Geste des Reichen, der nach dem Armen mit der Wurst wirft, um ihn loszuwerden, hinzugekommen.

Die Einsicht, dass es zur Dezentrierung des Egozentrismus und damit zur Universalisierung der egozentrischen Nächstenliebe der Einrichtung *abstrakter Mechanismen* bedarf, geht bis auf die Weltreligionen und metaphysischen Weltentwürfe der Achsenzeit zurück. Die platonische Erziehungsdiktatur basiert auf dem Gedanken der Universalisierung der Familienbande zur Polisgemeinschaft. Wenn ich nicht weiß, ob der Fremde, den ich auf der Straße treffe, nicht doch mein Onkel ist, werde ich es mir zweimal überlegen, ihn umzulegen. Rawls hat diesen Dezentrierungsmechanismus treffend *veil of ignorence* genannt. Der Buddhismus hat es damit sogar geschafft, die Hilfsbereitschaft weit über Polis und Mitmensch auf den gesamten Kosmos tierischen Lebens auszudehnen. Wenn ich nicht weiß, ob die Spinne in der Badewanne nicht doch meine wiedergeborene Mutter ist, wird das meine Neigung steigern, ihr aus der tödlichen Falle herauszuhelfen. Wenn die Krabbe in meiner Hand vielleicht doch mein verstorbener Bruder ist, wird mich das davon abhalten, sie lebendig ins heiße Fett zu werfen.

II. Universalismus

Der moderne Begriff rechtlich organisierter Solidarität verdankt seinen Ursprung aber erst der unwahrscheinlichen Synthese aus *römischem Zivilrecht* und *monotheistischer Erlösungsreligion*, mit der im 12. Jahrhundert die Evolution des modernen Rechts beginnt.[5] Das Christentum hatte zwar den egalitären moralischen Universalismus von den Propheten geerbt und zum Kern seiner Religion erklärt, konnte aber nur auf vergleichsweise 'primitive' Vorformen rechtlicher Institutionen zurückgreifen und nicht zuletzt deshalb bei den römischen Imperatoren nur durch Anpassung und Unterwerfung reüssieren. Die römischen Imperatoren hatten schließlich erkannt, daß sie durch Annahme des Christentums den göttlichen Glanz ihrer Herrschaft ins Unermeßliche steigern konnten, ohne indes aufzuhören, ihr paganisiertes Christentum auf das nicht minder pagane römische Zivilrecht zu stützen, das damals das einzige, technisch hoch entwickelte Recht des gesamten Eurasischen Raums war und insofern einen echten *preadaptive advance* darstellte. Das römische Zivilrecht aber war ein normativ neutralisiertes, reines Koordinationsrecht der politisch herrschenden Klasse des Imperiums. Das alte römische Recht war das „Recht der vornehmen Leute. Klassisch heißt zwar vorbildlich. Und so wird das römische Recht seit dem Ende des 18. Jahrhunderts genannt. Aber klassisches Recht war auch Klas-

---

5   Zu letzterer und zum folgenden: Hauke Brunkhorst, *Critical Theory of Legal Revolutions – Evolutionary Perspectives*, Kapitel III Abschnitt I, 2014.

senrecht, das Recht der Besitzenden untereinander, also Zivilrecht. Mit den anderen machte man kurzen Prozeß, außerhalb des Rechts."[6]

Das Römische Recht hat die elementare Gewalt der direkten Besitznahme zwar zivilisiert, nicht aber die Gewalt politischer Herrschaft und wirtschaftlicher Ausbeutung. Erst die fixe Idee einiger Mönche des 11. Jahrhunderts, das römische Recht mit der biblischen Erlösungsreligion zusammenzuführen, hat das geändert. Sie stürzte Europa in eine blutige Rechtsrevolution, war aber erfolgreich und endete mit der gewollten *Professionalisierung* (Universitäten) und der dadurch bewirkten, ungewollten *Ausdifferenzierung* des Rechts zum selbstgesteuerten Funktionssystem. So ist das moderne Recht in dem sich verbindet, was sich bis dahin wechselseitig ausschloß, das egalitäre Emanzipationsversprechen der Eurasischen Weltreligionen mit der funktionalen Stabilisierungsleistung des Römischen Rechts. Mechanische wurde auf organische Solidarität umprogrammiert. Das hat *gleichzeitig* den „machthabenden Begriff" (Hegel) monarchischer Herrschaft in nie zuvor erreichtem Ausmaß stabilisiert *und* die ergreifbaren Möglichkeiten solidarischen der Unteren gegen die Oberen vervielfacht.[7] Reziproke Solidarität wurde durch formale Organisation (Kirche als erster Rechtsstaat) effektiviert, erweitert und erwartbar. Dadurch wurde das religiöse Emanzipationsversprechen, aller sonn- und alltäglichen Beschwörung des Jenseits zum Trotz, einem lang anhaltenden Prozeß der Verweltlichung unterworfen und das Recht, ohne in seiner höchst repressiven, durchaus emanzipationsfeindlichen Stabilisierungsleistung nachzulassen, zum Instrument der Reform dieser Welt. Kant und Hegel haben – im Zenith einer späteren Revolution – dann nur noch die Konsequenz gezogen, das Recht paradox *als* Freiheit zu bestimmen, weil es die *reale Möglichkeit* der Emanzipation verkörpert. Die reale Möglichkeit nennt Hegel auch die *wahre Wirklichkeit* im Unterschied zur bloßen Existenz des Bestehenden.[8]

III. Republikanismus

Schon zur Zeit der Päpstlichen Revolution verbindet sich aber nicht nur der *Erlösungs- und Emanzipationssinn* der Religion mit dem *profanen römischen Zivilrecht*, indem der kosmische Corpus Christi mit dem gesamten Corpus des Rechts *identifiziert* und die Inkarnationslehre zur Verkörperung Gottes im *abstrakten Recht* erweitert wurde – eine gewaltige Leistung „abstrahierender Reflexion" (Piaget). Auch die neue Einheit von abstraktem Recht und konkreter Religion verbindet sich mit dem – in der Antike noch vorrechtlich gedachten – *politischen Sinn* des *römischen Republikanismus* und *verrechtlicht* ihn.[9] Der Papst wird im Verbund des Konzils zum Gesetzgeber promoviert und damit beginnt der lange Prozeß der *Ausdifferenzierung und Konstitutionalisierung der Legislativgewalt*, die vom ‚Papst im Konzil' über den ‚King in Parlia

---

6   Uwe Wesel, *Geschichte des Rechts*, 1997, S. 156.

7   Georg Wilhelm Friedrich Hegel, Wissenschaft der Logik II, *Gesammelte Werke*, Band XII, Meiner-Ausgabe 1975, S. 410.

8   Hegel (Fn. 7), S. 176 f.

9   Johannes Fried, *Die Entstehung des Juristenstands im 12. Jahrhundert*, 1974, S. 55, 61, 140; Ernst H. Kantorowicz, *Die zwei Körper des Königs. Eine Studie zur politischen Theologie des Mittelalters*, 1992, S. 113.

ment' bis zur Volkslegislative bzw. zur direkten Inkarnation des Volks im Parlament führt.

Seit der Französischen Revolution ist der Begriff der Repräsentation fest an den parlamentarischen Gesetzgebers gekoppelt. Aber erst die großen Umbrüche des 20. Jahrhunderts haben den parlamentarischen Gesetzgeber, ohne ihn abzuschaffen, demokratisiert und den Egalitätsvoraussetzungen der Massendemokratie unterworfen. Solidarität ist aufgrund ihrer internen Bindung ans positive Recht und seine demokratische Erzeugung keine die Demokratie bloß ergänzende oder erweiternde Kategorie, sondern das eigentliche Geschäft des politischen Gesetzgebers, der das „Mehr oder Weniger" (Habermas) der Solidaritätsleistungen jeweils nach Maßgabe mehrheitsfähiger Interessen gesetzlich fixieren muß.

Marx hat diesen zentralen Punkt übrigens genauso gesehen, wenn er die „bescheidene Magna Charta eines gesetzlich beschränkten Arbeitstags" polemisch dem „prunkvollen Katalog der ‚unveräußerlichen Menschenrechte'" konfrontiert. Die entscheidende Leistung der Solidarität („Arbeiter rotten ihre Köpfe zusammen") sieht Marx in der *Verallgemeinerung des Klassenkampfes* zum *politischen Kampf* ums Parlamentsgesetz.[10] Auch John Dewey sieht wie Marx das eigentliche Problem der modernen Demokratie in der Beherrschung des kapitalistischen Systems durch die demokratische Macht und betont den engen Zusammenhang der egalitären Massendemokratie des 20. Jahrhunderts mit der sozialistischen Idee der Vergesellschaftung der Produktionsmittel.[11]

Während das Input-Problem der Solidarität darin besteht, in der Gesellschaft und ihren Subsystemen, und natürlich vor allem im Wirtschaftssystem die Solidaritäten zu mobilisieren und zu kommunikativer Macht zu bündeln, besteht das Output-Problem darin, öffentlich artikulierte kommunikative Macht im Gesetz zu objektivieren. Das Ergebnis kann man dann *soziale Gerechtigkeit* oder die demokratische *Vergesellschaftung der Produktionsmittel* nennen.

Die *demokratische* Vergesellschaftung der Produktionsmittel muß jedoch scharf von der zaristisch-planwirtschaftlichen des *bürokratischen* Sozialismus unterschieden werden. Die demokratische Vergesellschaftung der Produktionsmittel würde das kapitalistische System der parlamentarischen Gesetzgebung so unterwerfen, daß seine Produktivität und die Informationskapazität des Marktes (Hayek) zwar erhalten bliebe, die schlimmsten Formen der Ausbeutung und sozialen Ungleichheit aber beseitigt wären. Die Beispiele für eine solche, zumindest partielle Vergesellschaftung der Produktionsmittel reichen vom Amerikanischen New Deal über England und Frankreich in den 1950er bis 1970er Jahren bis nach Schweden im hohen Norden und Japan im fernen Osten. Man sollte dieses Zeitalter (nachkriegsbedingt) hoher Wachstumsraten und tiefgreifend regulierter Märkte, insbesondere der Kapitalmärkte, nicht übermäßig verklären, war es doch nicht nur weiß, heterosexuell und (trotz erstmals – mit Ausnahme Appenzell-Innerrhodens – überall universellem und

---

10 Karl Marx, *Das Kapital*, Band 1, Dietz-Ausgabe, 1969, S. 320; ders., Brief an Friedrich Bolte vom 23. November 1871, *Marx-Engels-Werke*, Band 33, Dietz-Ausgabe, 1973, S. 332.

11 John Dewey, Imperative Need: A New Radical Party (1934), in: ders., *The Later Works*, Volume 9, 1986, S. 76–77, zitiert nach Robert B. Westbrook, *John Dewey and American Democracy*, 1991, S. 442; John Dewey, What are we fighting for? (1918), in: ders., *The Middle Works*, Volume 11, 1980, S. 98, zitiert nach Westbrook, a. a. O., S. 224; John Dewey, zitiert nach "Professor Dewey of Columbia", in: Westbrook, a. a. O., S. 227; siehe auch Westbrook, a. a. O., S. 430, 439–441.

uneingeschränktem Erwachsenenwahlrecht) männlich dominiert, sondern schloß auch (beabsichtigt oder unbeabsichtigt – that doesn't matter) den größten Teil der Weltbevölkerung, auch der nicht-kommunistisch beherrschten, von seinen Segnungen aus. Aber es war in der Retrospektive ein Zeitalter nicht des demokratischen Sozialismus (dem allenfalls Schweden nahe kam), sondern des *demokratischen Kapitalismus.*[12] Das bedeutete immerhin einen im Mehrheitsinteresse regulierten und halbwegs beherrschten Kapitalismus mit (wie nie zuvor und danach) abnehmender sozialer Differenzierung und weitgehend vergleichbaren Lebensbedingungen. Die Reichen Amerikas konnten ihre immens vergrößerten Imitate Europäischer Schlösser in Long Island, Newark und Kalifornien nicht mehr finanzieren und mußten ihre Kinder auf öffentliche Schulen schicken.[13] Leistung, so schien es ihnen, lohnte sich nicht mehr. Der demokratische Kapitalismus war die erste Formation einer Verwirklichung demokratischer Gerechtigkeit, die Habermas jüngst mit Blick auf Europa und Bezug auf Hegels „existierenden Begriff" *existierende Gerechtigkeit* genannt hat.

IV. Existierende Gerechtigkeit

Demokratische Gerechtigkeit und Solidarität teilen mit der sogenannten Marktgerechtigkeit den prozeduralen, rechtlich organisierten Charakter. Damit enden die Gemeinsamkeiten aber auch schon. Während Marktgerechtigkeit in der im (nie wirklichen) Idealfall allen gleichermaßen zugänglichen, stummen Lotterie der Marktchancen, dem Prinzip *The Winner Takes All* und dem leeren Versprechen, *in the long run* werde sich alles ausgleichen, besteht[14] – besteht demokratische Gerechtigkeit in *individueller, öffentlicher, sozial inklusiver und egalitärer Willensbildung und Selbstbestimmung.* Demokratische Gerechtigkeit ist das Resultat der anarchischen Artikulation und Diskussion widerstreitender Meinungen und Interessen einerseits, egalitärer Entscheidungsverfahren andererseits. Die in den faktischen Artikulationsmöglichkeiten und in der faktischen Einflußnahme Gleichheit und Freiheit gewährleistende Institutionalisierung öffentlicher Selbstbestimmung ist genau das, was Habermas *existierende Gerechtigkeit* nennt.[15]

---

12 Colin Crouch, *Post-Democracy*, 2004; Wolfgang Streeck, The Crisis of Democratic Capitalism, *New Left Review* 71 (2011), S. 5–29.

13 Sehr instruktiv sind die etwas nostalgischen, aber treffsicheren Impressionen von Tony Judt, *Ill Fares the Land*, 2010.

14 Deswegen die Stichworte „Wettbewerbsfähigkeit stärken", „Leistung muß sich wieder lohnen" oder in der klaren Sprache des *Economist*: „Die reichsten 1% haben [in den letzten 30 Jahren] einen sprunghaften Anstieg ihrer Einkommen erlebt, weil die globalisierte, auf Hochtechnologie basierende Wirtschaft intelligente Menschen belohnt. An die Stelle einer Aristokratie, die einstmals ihr Geld für ,Wein, Weib und Gesang' verschwendete, ist eine in Business Schools ausgebildete Elite getreten, deren angehörige untereinander heiraten und mit ihrem Geld Chinesischkurse und Economist-Abonnements für ihre Kinder finanzieren."

15 Jürgen Habermas, *Der technokratische Sog – Eine zerrissene Union verharrt an der Schwelle zur Solidarität*, Manuskript 2013. Zur Verbindung deliberativer (gleichberechtigter Artikulationsmöglichkeiten) und egalitärer Demokratie (gleichgewichtiger Einfußmöglichkeiten) siehe auch Daniel Gaus, Qualität statt Partizipation und Gleichheit? Eine Bemerkung zum epistemischen Sinn von Demokratie, *Leviathan* 2/2013, S. 1–27 (8–11).

Anders als Rawls sehe ich keinen Grund, hier ein Vorrangverhältnis zu konstruieren, das nach dem Muster „Erst die politische Gerechtigkeit, dann die soziale Solidarität (Differenzprinzip)" funktioniert. Das wäre schon deshalb falsch, weil nur die (im Gini-Index oder nach ähnlichen Verfahren gemessene) *rough equality* (Colin Crouch) auf der Eingangsseite des demokratischen Willenbildungsprozesses die *gleichberechtigte* Artikulation (erstes Gerechtigkeitsprinzip) und *gleichgewichtige* Einflußnahme (zweites Gerechtigkeitsprinzip) *eines jeden Gesetzesunterworfenen* gewährleisten kann.[16] Demokratie ermöglicht den Kampf um solche Gleichheit, die sie immer schon (kontrafaktisch) voraussetzen muß. Indem die Demokratie sich in den vielen Runden des Klassenkampfes ihrer Egalitätsvoraussetzungen erinnert und sie gesetzlich implementiert, holt sie ihre Voraussetzungen Zug um Zug ein.[17] Sozialstaat, oder kategorial gesprochen: Sozialismus und Demokratie sind gleichursprünglich. Es kann das eine nicht ohne das andere bestehen. Genau so stellt es sich auch in der Evolution des Verfassungsrechts dar. Erst nachdem die *Commercial Clause* der US-Amerikanischen Verfassung im *New Deal* radikal uminterpretiert (praktisch in ihr Gegenteil verkehrt) und die *Due Process Clause* (wie der Artikel 3 GG) als Sozialstaatsklausel re-interpretiert und rechtlich ausgestaltet wurden, konnte die Amerikanische Demokratie, die sich selbst schon lange (seit der Jacksonian Revolution der 1830er Jahre) so verstand, ihre Egalitätsvoraussetzungen einholen und mit der Verwirklichung der Demokratie überhaupt erst beginnen. Jetzt erst wurde sie zur existierenden Gerechtigkeit.

Demokratischer Gerechtigkeit ist existierende Gerechtigkeit, weil ist keine Norm ist, die der Gesellschaft von außen, von wem auch immer, vorgegeben werden kann, sondern der modernen Gesellschaft und ihren realen, kognitiven und normativen Möglichkeiten selbst inhärent ist. Deshalb läßt sich der existierende Begriff demokratischer Gerechtigkeit nur als Theorie der Gesellschaft angemessen darstellen.[18] Ich kann das hier nicht im Einzelnen ausführen, aber eine These zu den gesellschaftlichen Existenzvoraussetzungen demokratischer Gerechtigkeit zur Diskussion stellen. Moderne Gesellschaften, soviel steht fest, sind durch eine komplexe Konstellation *posttraditionaler Verständigungsverhältnisse* (vor allem durch demokratisch erzeugtes/änderbares positives Recht und verwissenschaftlichte/rationalisierte Lebenswelt), *funktionale Differenzierung* und *kapitalistische Produktionsverhältnisse* determiniert.[19] Demokratie und Kapitalismus stellen den *daseienden Widerspruch* dieser Gesellschaft dar.[20] In ihr läßt sich – so ähnlich hatten übrigens schon Franz Neumann in der

---

16 Gaus (Fn. 15), S. 8; zur empirischen Seite der *rough equality* vgl. Richard Wilkinson / Kate Pickett, *The Spirit Level. Why Greater Equality Makes Societies Stronger*, 2009.
17 Zum Einholen der Voraussetzungen vgl. Rüdiger Bubner, Logik und Kapital – Zur Methode einer Kritik der politischen Ökonomie, in: ders., *Dialektik und Wissenschaft*, 1973, S. 44–88; zum demokratischen Klassenkampf Walter Korpi, *The Democratic Class Struggle*, 1983.
18 Vgl. jetzt auch Regina Kreide, *Repressed Democracy – Legitimacy Problems in World Society*, Manuskript 2013; dies., *Globale Gerechtigkeit und transnationales Regieren*, Kapitel I, Manuskript 2013 (im Erscheinen); Daniel Gaus, Rationale Rekonstruktion als Methode politischer Theorie zwischen Gesellschaftskritik und empirischer Politikwissenschaft, *Politische Vierteljahresschrift* 2/2013, S. 231–255; Hauke Brunkhorst, *Kritik und Kritische Theorie – Programme, Personen, Positionen*, 2014.
19 Jürgen Habermas, *Theorie des kommunikativen Handelns*, 1981.
20 Zum „daseienden Widerspruch" Hegel (Fn. 7), 59; zur Lage siehe auch Streeck (Fn. 12); Jürgen Habermas, Demokratie oder Kapitalismus? Vom Elend der nationalstaatlichen Fragmentierung

1920er Jahren, Helmut Ridder und Wolfgang Abendroth in den 1950er und Ingeborg Maus in den 1970er Jahren argumentiert – Demokratie als Gerechtigkeit nur zur Existenz bringen, wenn (wie spätestens am 15. September 2008 erneut evident wurde) zwei *normative Verallgemeinerungsmechanismen* wirksam institutionalisiert sind:

Der (wie immer verfassungsrechtlich abgesicherte) *informelle* und *soziale* Verallgemeinerungsmechanismus *starker Gewerkschaften*. In einer Weltgesellschaft, in der (nach Eliminierung der letzten Subsistenzwirtschaften in Südostasien im Lauf der letzten 30 Jahre) weit mehr Menschen in der Produktion beschäftigt sind (Arbeiterklasse) als jemals zuvor, und viele von ihnen als informelle, oft illegale Arbeiter ohne Verträge und Papiere (in Indien z.B. 92% aller Arbeiter),[21] kann dieser klassische Verallgemeinerungsmechanismus *nicht* durch zivilgesellschaftlichen Pluralismus, neue soziale und Andiskriminierungsbewegungen und ein global wachsendes System immer umfassender werdender Antidiskriminierungsnormen (wie exemplarisch in der EU) *ersetzt*,[22] sondern nur *ergänzt* werden. Solche Ergänzung ist aber auch notwendig, da demokratische Gewerkschaften und demokratischer Klassenkampf, selbst wenn sie überwältigende Mehrheiten hinter sich hätten, immer nur *Partikularinteressen* (mit bloß kontrafaktischem Anspruch auf Allgemeinheit) bündeln und vertreten können.[23] Daß es aber *ohne* demokratischen Klassenkampf und *ohne* starke Gewerkschaften nicht geht, zeigt indirekt der Film *Milk*, der großartig zum Ausdruck brachte, wie Antidiskriminierungsbewegungen ein wesentliches Stück demokratische Gerechtigkeit durch öffentlichen Widerstand, erfolgreiche Wahlkampagnen und Prozesse erstreiten können. Aber der Film verschweigt den Preis, daß bei substantieller Schwächung der Gewerkschaften und wachsendem Exklusionsbereich der schwarze Schwule im Ghetto kaum etwas von den Rechten hat, die der schwule Rechtsanwalt in San Franciscos Oberschichtregion *an sich* für alle erkämpft hat. Sie sind aber *für den* Ghetto-Bewohner, der *faktisch* weder nach San Francisco reisen kann, noch je eine nennenswerte Chance haben wird, seine Rechte *effektiv* einzuklagen, *ohne Wirklichkeit*, erscheinen er und seinesgleichen doch fast ausschließlich als Beklagte und Objekte staatlicher Zwangsgewalt vor Gericht.[24] Rawls würde sagen, seine Rechte haben *no fair value*.

Der *formelle* und *politische* Verallgemeinerungsmechanismus eines *starken Parlaments* ist der einzige, der *nicht nur* Mehrheitsinteressen mit dem bloß kontrafaktischen Anspruch auf Allgemeinheit versehen, sondern solche Allgemeinheit *tatsächlich herstellen kann*, weil er sie herstellen *muß*, denn dazu verpflichtet das Verfassungsrecht den Gesetzgeber. Bislang gibt es für diese Rousseauistisch republikanische

---

in einer kapitalistisch integrierten Weltgesellschaft, Blätter für deutsche und internationale Politik 5/2013, S. 59–70.

21　Colin Crouch, Über das befremdliche Überleben des Neoliberalismus, 2011, S. 170; Supriya Routh, *To Have or Not to Have Labour Rights: That is the Question for Informal Workers*, Vortrag, Berlin: Humboldt-Universität, gehalten am 13. Mai 2013.

22　Das war der große Irrtum fast der gesamten *Civil-Society Literatur* samt ihrer Nachfolgegattungen der Politik der Differenz, des Politischen, des Widerstands und der Minderheitenrechte. Zu den Mängeln: Kreide, Globale Gerechtigkeit (Fn. 18), Kapitel 2; zu den Stärken: Kreide, Repressed Democracy (Fn. 18).

23　Vgl. Ira Katznelson, *When Affirmative Action was White: An untold History of Racial Inequality in Twentieth-Century America*, 2005.

24　Marcelo Neves, Zwischen Subintegration und Überintegration: Bürgerrechte nicht ernstgenommen, *Kritische Justiz* 1999, S. 557–577.

(und nicht nur liberale) Funktion parlamentarischer Gesetzgebung (halbparlamentarische Referendumsdemokratien wie die Schweiz eingeschlossen) kein normatives Äquivalent.[25] Der demokratische Gesetzgeber ist demokratisch, *weil* er durch das verfaßte Verfahren demokratischer Willensbildung, anders als in der klassischen Sklavenhalterdemokratie Athens, genötigt ist, den *Wahrheitsanspruch* der öffentlichen Meinung, die aus der sozial gebündelten und kommunikativ verflüssigten Macht der Straße hervortritt, in die *volonté* générale des Gesetzes zu verwandeln. Die Straße, nicht die platonische Akademie, ist der Sitz der Wahrheit. Die Allgemeinheit des Gesetzes ist allein durch die zur diffusen Öffentlichkeit geöffnete Eingangsseite des Verfahrens gewährleistet, nicht durch das Ergebnis, ist doch *alles* und nur, was das Parlament (resp. das Volk direkt) beschließt, Gesetz.[26] Der Wahrheitsanspruchs der sozial inklusiven und egalitär organisierten öffentlichen Meinung, die sich im „Kampf der Preßbengel" und der „debattierenden Klubs in den Salons und in den Kneipen" bildet und im „debattierenden Klub im Parlament" fortbildet, verwirklicht sich in der *volonté générale* des Parlamentsgesetzes.[27] Durch die öffentlich verallgemeinerte Intersubjektivität des Gesetzes wird demokratische Gerechtigkeit zum *lebendigen Widerspruch* der Marktgerechtigkeit, sei es ihrer Wirklichkeit, sei es ihrer Fiktion, die in den zugehörigen Handlungsfolgen nicht minder wirklich ist.

Ohne *beide* Verallgemeinerungsmechanismen, den sozialen starker Gewerkschaften und den politischen starker Parlamente, gibt es in der komplexen, durch posttraditionale Verständigungs- und kapitalistische Produktionsverhältnisse geprägten Weltgesellschaft keine demokratische Gerechtigkeit.

V. Demokratische Gerechtigkeit heute?

Wie steht es heute um den immer noch existierenden Begriff demokratischer Gerechtigkeit? In den vergangenen 30 Jahren ist der *demokratische Kapitalismus* zwar verfassungs- und internationalrechtlich fast vollständig globalisiert worden, gleichzeitig aber zur *kapitalistischen Demokratie* devoluiert. Statt den Kapitalismus zu kontrollieren, kontrolliert der Kapitalismus die Demokratie. Aus *state-embedded markets* sind *market-embedded states* geworden.[28] Statt das Geld, das alle brauchen, den immer reicher werdenden Investoren durch hohe Steuern zu nehmen, muß der Staat es nun von ihnen leihen. Die *tax-collecting states* haben sich in *dept-depending states* verdreht und die Abhängigkeitsverhältnisse pervertiert. Um es in der soziologisch abgeklärten Sprache der realistischen Frau Merkel zu sagen, leben wir heute in einer „marktkonformen" „Demokratie". Zu diesem heiligen Zweck müsse das Parlament zwar auf seine Allkompetenz, nicht aber auf „parlamentarische Mitbestimmung"

---

25 Das *muß* natürlich nicht so bleiben.
26 Hans Kelsen, *Allgemeine Staatslehre*, 1925, S. 235: „jede(r) Akt des ‚Gesetzgebers' ohne Rücksicht auf seinen Inhalt"; Herman Heller, Der Begriff des Gesetzes in der Reichsverfassung, 1927, in: ders., *Gesammelte Schriften*, Band 2, hg. von Martin Drath / Christoph Müller, 1971, S. 262.
27 Karl Marx, Der achtzehnte Brumaire des Louis Bonaparte, *Marx-Engels-Gesamtausgabe*, Abteilung I, Band 11, 1985, S. 96–189 (135).
28 Wolfgang Streeck, *Sectoral Specialization: Politics and the Nation State in a Global Economy*, paper presented at the 37th World Congress of the International Institute of Sociology 2005 in Stockholm.

verzichten – das *Parlament im Anstaltsstaat* (Schönberger), oder, wem das exekutiv bestimmte und parlamentarisch mitbestimmte Kaiserreich aus dem Gedächtnis gerutscht, aber der bürokratische Sozialismus noch in lebendiger Erinnerung ist, der mag beim Begriff parlamentarischer Mitbestimmung an den demokratischen Zentralismus gedacht haben.

Die Lage ist aber viel ungemütlicher als der unbewußten Rückgriff der Bundeskanzlerin auf das exekutivlastige *Juste Milieu* der DDR ahnen läßt. Der Ruf nach marktkonformer Demokratie geht auf stärkere Imperative zurück als die, denen die Bundeskanzlerin Nachdruck verleihen könnte, und sie spricht ja selbst von den „Signalen" der „Märkte", denen es zu „entsprechen" gelte.[29]

In den letzten 30 Jahren ist die Welt, ist besonders Europa funktional immer dichter zusammengewachsen. Und was zusammengewachsen ist, gehört auch zusammen, ob es will oder nicht. Man kann das europäische Ei zerschlagen, aber dadurch wird es nicht in den Zustand wohlgeordneter Teilung zurückversetzt, in dem es sich vor seiner Zeugung befand.[30] Zumindest Europa, die Schweiz eingeschlossen, ist heute so dicht vernetzt, daß man kein Prophet sein muß, um vorauszusagen, daß schon der Rückzug eines kleinen Landes aus dem Euro einen globalen ökonomischen Tsunami ungeahnten Ausmaßes auslösen würde.[31] Und wieder hatte die realistische Frau Merkel recht, daß, wenn der Euro fällt, Europa fällt – auch wenn sie vergaß hinzuzufügen, das wir diese besonders bedrohliche Lage einer Währung *ohne Parlament und Regierung* verdanken.[32] Eine solche Währung ist die Verwirklichung des ordo- und des neoliberalen Traums in einem Atemzug. Ist sie einmal eingeführt, bleibt nur noch die Steuerung der Geldpolitik durch den letzten, verbliebenen Souverän, die Europäische Zentralbank, und die Kontrolle des Systems durch den Hüter seiner Wirtschaftsverfassung, die Judikative: „Die wichtigsten Aufgaben obliegen [jetzt] nicht [mehr] der Legislative oder der Regierung, sondern der Rechtsprechung."[33] Das Problem ist, das der immer dichteren *funktionalen Integration* immer geringer werdende *Kontroll- und Steuerungsmöglichkeiten* entsprechen.[34] Und das ist kein Zustand, den man mit Gehlen der Anthropologie oder mit Luhmann der ungeheuren Systemkomplexität anlasten und stoisch ertragen sollte, sind doch auch jetzt noch *höchst ungleich verteilte* Steuerungsmöglichkeiten verblieben. Was an Kontrollmög-

29 Frau Merkel hatte schon am 1. September 2011 dafür plädiert, „Wege zu finden, die parlamentarische Mitbestimmung so zu gestalten, daß sie trotzdem auch marktkonform ist, also daß sich auf den Märkten die entsprechenden Signale ergeben." (*Süddeutsche Zeitung* vom 4. Juni 2013, S. 15).

30 Henrik Enderlein, *Grenzen der europäischen Integration? Herausforderungen an Recht und Politik*, DFG-Rundgespräch in Zusammenarbeit mit der Friedrich-Ebert-Stiftung Berlin vom 25. November 2011, Manuskript.

31 Claus Offe, *Europe Entrapped – Does the EU have the political capacity to overcome its current crisis?*, Manuskript 2013.

32 Wolfgang Streeck, *Zum Verhältnis von sozialer Gerechtigkeit und Marktgerechtigkeit*, Manuskript 2012.

33 Ernst-Joachim Mestmäcker, Einführung, in: *Wettbewerb und Monopolkampf*, hg. von Franz Böhm, 2010, S. 5–14 (9); vgl. auch Peter Behrens, Weltwirtschaftsverfassung, in: *Jahrbuch für neue politische Ökonomie* 19/2000, S. 5–27 (8): „Der spezifische Beitrag der Wirtschaftsverfassung dieses Problems [der staatlichen Gewaltenteilung] besteht darin, daß das Verhältnis von Staat und Wirtschaft nach dem *Prinzip der funktionalen Differenzierung* gelöst und *als Rechtsfrage* formuliert wird." (siehe auch S. 9). Hinzufügung in eckiger Klammer von mir, H. B.

34 Offe (Fn. 31).

lichkeiten verblieben ist, ist fest in der Hand der Investoren, Experten und Techno-
kraten, die die „Signale" der „Märkte" hören, die zum Kampf gegen das Menschenrecht aufrufen. Denn am *geringsten* sind jetzt die Chancen der Bürger und ihrer nationalen *und* transnationalen Parlamente, das dem Gesetzgeber entglittene, kapitalistische System erneut unter demokratische Kontrolle zu zwingen, denn zwingen
wird man es schon müssen. Das unterscheidet Recht von guten Worten.

Wir sitzen in der Falle und können nicht zurück, aber weiterwursteln wie bisher
können wir auch nicht, denn dann schnappt auf der andern Seite die Austeritätsfalle
zu. Schulden werden rigoros abgebaut, Steuern gesenkt, Staatseigentum privatisiert,
staatliche Rechtsansprüche wie mittelalterliche Privilegien an meistbietende Investoren verscherbelt. Der traurige Rest vom Staat wird einschließlich Gesetzgebung der
Vormundschaft von *private-public partnerships* unterstellt. Internationale Anwalts-
kanzleien machen jetzt die Gesetze, die von den kolonisierten Abgeordneten des
neuesten Mandatssystems nur noch abgenickt werden müssen, den *there is no alternative*. Die organische Solidarität verwandelt sich in die mechanische des Warenfeti-
schismus zurück. Bologna ist das allen Hochschulangehörigen vertraute Modell.
Mechanisch vollzieht sich die Solidarität des Campus mit dem Kapital, dessen betriebswirtschaftliche Logik 1:1 in die Universität hineinkopiert wird, und aus der
Universität wird ein weiteres Segment des universellen Betriebssystems. Die öffentlich viel gescholtene, aber zuverlässig verbeamtete Staatsbürokratie verschlankt sich
bis zur Verelendung, während im Schatten der Öffentlichkeit, der man erfolgreich
eingeredet hat, Privatisierung sei Entbürokratisierung, die privaten Bürokratien immer dicker und die Verwaltungshochhäuser der internationalen Konzerne und Ban-
ken immer größer werden. Von der Inflation bleibt nur die Angst vor ihr, während
die Deflation wächst und wächst und mit ihr die Arbeitslosigkeit, die dann die
Staatsschulden wieder in die Höhe treibt, und von der mühsam eingesparten Staat-
knete bleiben nur schnell verknusperte Peanuts.

Wenn es nicht zurück geht und nicht weiter so, wie bisher, bleibt nur der Versuch, das System, das uns die großen Reformen der letzten 30 Jahre beschert hat, zu
ändern, den eingebetteten Journalismus zu entbetten und den gewaltsam unter-
drückten, kognitiv verleugneten und öffentlich verdrängten *Widerspruch von Demokratie und Kapitalismus* wieder ins Dasein und ins Zentrum der Debatte zurück zu
versetzen, um die einzig verbliebene, unwahrscheinliche, aber nicht unmögliche
Alternative zum bestehenden System marktkonformer Demokratie wenigstens wieder zur Diskussion zu stellen. Wenn es überhaupt noch eine Chance gibt, die Existenz demokratischer Gerechtigkeit zu retten, dann nur durch *Erweiterung*: durch
Transnationalisierung des demokratischen Klassenkampfes, Erneuerung und Transnationalisierung der Gewerkschaften, und in der Europäischen Union müßte dann
das Europäische Parlament die letzten Barrieren beiseite räumen, die dem Rat und
der Kommission immer noch *reserved powers* sichern. Aber das hätte nur Sinn, wenn
die Zentralbank der europäischen Gesetzgebung unterworfen und die intergouvern-
mentale Prärogativgewalt des Europäischen Rats aufgehoben und vollständig einem
Rat, der dem Parlament gleichgestellt wäre, einverleibt würde. Würde, wenn, wäre.
Die Chancen sind denkbar gering, weil es genau das ist, vor dem die Staatsvölker,

soweit sie sich noch nicht in Regionalvölker zurückgebildet haben, zurückschrecken wie vor der Pest und statt dessen die Cholera wählen.[35]

Da bleibt kaum eine gute Nachricht. Trotzdem, nach wie vor *existiert* (1) der Begriff demokratischer Gerechtigkeit im Weltrecht *als Recht* und nicht als „Philanthropie".[36] Nicht nur sind mittlerweile nahezu alle Staatsverfassungen auf egalitäre Massendemokratie programmiert, selbst wenn die Mehrzahl nur nominell demokratisch ist.[37] Aber auch im internationalen Recht läßt sich seit geraumer Zeit die Emergenz eines neuen öffentlichen Rechts und einer neuen öffentlichen Gewalt beobachten, die mittlerweile auch vom deutschen *Handbuch des Staatsrechts* – nach vielen Bänden standhafter Ignoranz und trotziger Fixierung auf den Begriff des Staates (statt der Verfassung) – unter dem noch schüchternen Titel „internationaler Bezüge" zur Kenntnis genommen wird.[38] Der Vertrag von Lissabon, der faktisch die Verfassung der Europäischen Union ist, enthält ein erhebliches, vielleicht sogar international generalisierbares,[39] aber auch in Europa bislang weitgehend unausgestaltetes Demokratisierungspotential (Art. 9–12 EU). Es ist bindendes Recht und wird von immer zahlreicheren Bekenntnissen zu *Demokratie, Gerechtigkeit* und vor allem immer wieder zur *Solidarität* begleitet. Letztere ist nicht nur Präambel, sondern durchaus zwingendes Recht, wenn auch nie vergessen wurde, den Nulltarif hinzuzufügen. Aber man kann sich leicht vorstellen, wie in ruhigeren Zeiten Gerichte und sogar wiedererwachte Parlamente aus der wiederholt vorgeschriebenen Gleichheit und Solidarität der Geschlechter Schritt für Schritt die aller Gliedstaaten und aller sozialen Klassen machen. Ist der *Kantian constitutional mindset* (Martti Koskenniemi) demokratischer Selbstbestimmung erst einmal zur (wie immer beschädigt) existierenden Gerechtigkeit geworden, „it can be halted or inhibited. But it cannot be eliminated."[40]

Und es existiert nicht nur das Recht in vollmundigen Rechtsbüchern *und*, wenn auch schwächer, in der Rechtswirklichkeit, es gibt heute (2) in Europa (und anderswo) nicht nur erste Versuche, *transnationale Streiks* (im Süden) zu organisieren,

---

35 Offe (Fn. 31).

36 Immanuel Kant, Zum ewigen Frieden, *Werke*, hg. von Wilhelm Weischedel, Band XI, 1977, S. 191–251 (214).

37 In Sinne der Unterscheidung normativer von nominalistischen und symbolischen Verfassungen bei Karl Löwenstein, *Verfassungslehre*, 4. Aufl. 2000, S. 148 ff.; Marcelo Neves, *Verfassung und positives Recht in der peripheren Moderne*, 1992.

38 Die Autoren gehen allerdings zur Sache und scheren sich nicht mehr um überholte Fixierungen und Begriffe; statt aller: Armin von Bogdandy, Grundprinzipien von Staat, supranationalen und internationalen Organisationen, in: *Handbuch des Staatsrechts*, Band XI: Internationale Bezüge, hg. von Josef Isensee / Paul Kirchhof, zitiert nach dem Manuskript, 2013: „Die deutschen, supranationalen und internationalen Institutionen sind nicht als Organe eines übergreifenden, gemeinsamen Verbands zu begreifen. Gleichwohl sind aufgrund der Europäisierung und Internationalisierung Deutschlands die staatlichen, supranationalen und internationalen Hoheitsträger inzwischen so eng verknüpft, daß die Legitimation in Deutschland wirksamer öffentlicher Gewalt oft nur noch im Gesamtkontext zu ermitteln ist. Legitimationsprobleme eines Hoheitsträgers beschädigen die Legitimation der Entscheidungen anderer Hoheitsträger. Prinzipientreue wird damit zu einer Angelegenheit von gemeinsamem Interesse."

39 Armin von Bogdandy, The European Lesson for International Democracy: The Significance of Articles 9–12 EU Treaty for International Organizations, *The European Journal of International Law* 2/23 (2012), S. 315–334.

40 Alexander Somek, Europe: From emancipation to empowerment, *SSRN Working Paper* No. 2246877, 2013, S. 8.

auch die *objektive Interessenlage* der unteren sozialen Klassen widerspricht zusehends der nach wie vor leitenden Fixierung auf den nationalen Staat und die Konflikte zwischen Staaten. Da mittlerweile offensichtlich ist, daß die Klasseninteressen von schlecht bezahlten Kurzzeitarbeitern im wissenschaftlichen Forschungs- und Unterrichtsbetrieb oder von Langzeitarbeitslosen in Deutschland und Schweden denen ihrer Klassengenossen in Griechenland und Spanien weit mehr ähneln als denen deutscher oder schwedischer Exzellenzforscher mit Höchstgehalt und Lebensstellung oder deutscher oder schwedischer Investoren, ist die Umpolung von *staatsorientierten Konflikten* zwischen *Nationen* auf *kapitalorientierte Konflikte* sozialer Klassen in den Horizont der *real möglichen* transnationalen Vereinigung gerückt.[41] Deshalb kann das rechtlich institutionalisierte Emanzipationsversprechen, das bis auf die erste Europäische Revolution zurückgeht[42] und in allen nachfolgenden Rechtsrevolutionen immer wieder erneuert und radikalisiert worden ist, um ein letztes Mal Hegel (den der *Logik*, nicht den der *Rechtsphilosophie*) zu bemühen, zum *daseienden Widerspruch* von Verhältnissen werden, die ihrem demokratischen Begriff spotten[43]: „Norm- und besonders Verfassungstexte setzt man, mit unaufrichtigem Vorverständnis konzipiert, letztlich nicht ungestraft. Sie können zurückschlagen."[44]

Literatur

Behrens Peter, Weltwirtschaftsverfassung, *Jahrbuch für neue politische Ökonomie* 19/2000, S. 5–27

Bogdandy Armin von, Grundprinzipien von Staat, supranationalen und internationalen Organisationen, in: *Handbuch des Staatsrechts, Band XI: Internationale Bezüge*, hg. von Josef Isensee / Paul Kirchhof, Heidelberg 2013

Bogdandy Armin von, The European Lesson for International Democracy: The Significance of Articles 9–12 EU Treaty for International Organizations, *The European Journal of International Law* 23 Nr. 2 (2012), S. 315–334

Brunkhorst Hauke, *Critical Theory of Legal Revolutions – Evolutionary Perspectives*, New York u.a. 2014

Brunkhorst Hauke, *Kritik und Kritische Theorie – Personen, Programme*, Positionen, Baden-Baden 2014

Brunkhorst Hauke, *Solidarität unter Fremden*, Frankfurt am Main 1997

Brunkhorst Hauke, *Solidarität. Von der Bürgerfreundschaft zur globalen Rechtsgenossenschaft*, Frankfurt am Main 2002

Bubner Rüdiger, Logik und Kapital – Zur Methode einer Kritik der politischen Ökonomie, in: *Dialektik und Wissenschaft*, hg. von Rüdiger Bubner, Frankfurt am Main 1973, S. 44–88

Crouch Colin, *Post-Democracy*, Cambridge 2004

Crouch Colin, *Über das befremdliche Überleben des Neoliberalismus*, Frankfurt am Main 2011

Dewey John, What are we fighting for? (1918), in: ders., *The Middle Works, 1899–1924*, Volume 11, Chicago 1980

Dewey John, Imperative Need: A New Radical Party (1934), in: ders., *The Later Works, 1925–1953*, Volume 9, Chicago 1986

Enderlein Henrik, *Grenzen der europäischen Integration? Herausforderungen an Recht und Politik*, DFG-

---

41   Vgl. Offe (Fn. 31); zur Unterscheidung von kapital- und staatsorientierten Strukturkonflikten: Charles Tilly, *European Revolutions, 1492–1992*, 1993.

42   Robert I. Moore, *Die Erste Europäische Revolution. Gesellschaft und Kultur im Hochmittelalter*, 2001.

43   Michael Theunissen, Begriff und Realität – Hegels Aufhebung des metaphysischen Wahrheitsbegriffs, in: *Seminar: Dialektik in der Philosophie Hegels*, hg. von Rolf-Peter Horstmann, 2. Aufl. 1989, S. 324–359.

44   Friedrich Müller, Wer ist das Volk? Eine Grundfrage der Demokratie, in: ders., *Elemente einer Verfassungstheorie VI*, 1997, S. 56.

Rundgespräch in Zusammenarbeit mit der Friedrich-Ebert-Stiftung Berlin, Manuskript 25.11.2011

Fried Johannes, *Die Entstehung des Juristenstands im 12. Jahrhundert*, Köln 1974

Gaus Daniel, Qualität statt Partizipation und Gleichheit? Eine Bemerkung zum epistemischen Sinn von Demokratie, *Leviathan* 2/2013, S. 1–27

Gaus Daniel, Rationale Rekonstruktion als Methode politscher Theorie zwischen Gesellschaftskritik und empirischer Politikwissenschaft, *Politische Vierteljahrsschrift* 2/2013, S. 231–255

Habermas Jürgen, Demokratie oder Kapitalismus? Vom Elend der nationalstaatlichen Fragmentierung in einer kapitalistisch integrierten Weltgesellschaft, *Blätter für deutsche und internationale Politik* 5/2013, S. 59–70

Habermas Jürgen, *Der technokratische Sog – Eine zerrissene Union verharrt an der Schwelle zur Solidarität*, Manuskript 2013

Habermas Jürgen, *Theorie des kommunikativen Handelns*, Frankfurt am Main 1981

Hegel Georg Wilhelm Friedrich, Wissenschaft der Logik II, *Gesammelte Werke*, Meiner-Ausgabe, Band XII, Hamburg 1975

Heller Herman, Der Begriff des Gesetzes in der Reichsverfassung (1927), in: ders., *Gesammelte Schriften*, Band 2, hg. von Martin Drath / Christoph Müller, Leiden 1971

Hofmann Hasso, *Einführung in die Rechts- und Staatsphilosophie*, 5. Aufl. Darmstadt 2011

Judt Tony, *Ill Fares the Land*, New York 2010

Kant Immanuel, Zum ewigen Frieden, *Werke*, hg. von Wilhelm Weischedel, Band XI, Frankfurt am Main 1977, S. 191–251

Kantorowitcz Ernst H., *Die zwei Körper des Königs. Eine Studie zur politischen Theologie des Mittelalters*, Stuttgart 1992

Katznelson Ira, *When Affirmative Action was White: An Untold History of Racial Inequality in Twentieth-Century America*, New York/London 2005

Kelsen Hans, *Allgemeine Staatslehre*, Berlin 1925

Korpi Walter, *The Democratic Class Struggle*, London 1983

Kreide Regina, *Globale Gerechtigkeit und transnationales Regieren*, Manuskript 2013

Kreide Regina, *Repressed Democracy – Legitimacy Problems in World Society*, Manuskript 2013

Löwenstein Karl, *Verfassungslehre*, Tübingen 4. Aufl. 2000

Luhmann Niklas, Arbeitsteilung und Moral. Durkheims Theorie, in: Émile Durkheim, *Über soziale Arbeitsteilung. Studie über die Organisation höherer Gesellschaften*, Frankfurt am Main 1988

Marx Karl, Brief an Friedrich Bolte vom 23. November 1871, *Marx-Engels-Werke*, Band 33, Dietz-Ausgabe, Berlin 1973

Marx Karl, *Das Kapital*, Band 1, Dietz-Ausgabe, Berlin 1969

Marx Karl, Der achtzehnte Brumaire des Louis Bonaparte, *Marx-Engels-Gesamtausgabe (MEGA) I/II*, Berlin 1985

Mestmäcker Ernst-Joachim, Einführung, in: *Wettbewerb und Monopolkampf*, hg. von Franz Böhm, Baden-Baden 2010, S. 5–4

Moore Robert I., *Die Erste Europäische Revolution. Gesellschaft und Kultur im Hochmittelalter*, München 2001

Müller Friedrich, Wer ist das Volk? Eine Grundfrage der Demokratie, in: ders., *Elemente einer Verfassungstheorie VI*, Berlin 1997

Neves Marcelo, *Verfassung und positives Recht in der peripheren Moderne*, Berlin 1992

Neves Marcelo, Zwischen Subintegration und Überintegration: Bürgerrechte nicht ernstgenommen, *Kritische Justiz* 4/1999, S. 557–577

Offe Claus, *Europe Entrapped – Does the EU have the political capacity to overcome its current crisis?*, Manuskript 2013

Somek Alexander, Europe: From emancipation to empowerment, *SSRN Working Paper* No. 2246877, 2013, S. 8.

Streeck Wolfgag, The Crisis of Democratic Capitalism, *New Left Review* 71 (2011), S. 5–29

Streeck Wolfgang, *Zum Verhältnis von sozialer Gerechtigkeit und Marktgerechtigkeit*, Manuskript 2012

Theunissen Michael, Begriff und Realität – Hegels Aufhebung des metaphysischen Wahrheitsbegriffs, in: *Seminar: Dialektik in der Philosophie Hegels*, hg. von Rolf-Peter Horstmann, 2. Aufl. Frankfurt am Main 1989, S. 324–359

Tilly Charles, *European Revolutions, 1492–1992*, Oxford 1995

Wesel Uwe, *Geschichte des Rechts*, München 1997

Westbrook Robert B., John Dewey and American Democracy, Ithaca 1991

Wildt Andreas, Solidarität, in: *Historisches Wörterbuch der Philosophie*, hg. von Joachim Ritter / Karlfried Gründer, Band 9, Basel 1995

Wilkinson Richard / Pickett Kate, *The Spirit Level. Why Greater Equality Makes Societies Stronger*, London 2009

LOHNGERECHTIGKEIT

CARSTEN KÖLLMANN

GRUNDZÜGE EINER THEORIE DER LOHNGERECHTIGKEIT[*]

I. GEFÜHLTE UNGERECHTIGKEITEN

Das Problem der Lohngerechtigkeit ist wahrscheinlich so alt wie die Lohnarbeit selbst. Das wohl älteste Zeugnis einer Auseinandersetzung um einen gerechten Lohn ist das biblische Gleichnis von den Arbeitern im Weinberg.[1] In diesem Gleichnis heuert der Besitzer eines Weinbergs frühmorgens einige Tagelöhner an, damit sie ihm bei der Ernte helfen. Er verspricht ihnen dafür jeweils einen Dinar. Im Verlauf des Tages heuert er dann mehrmals weitere Tagelöhner an und verspricht auch diesen jeweils einen Dinar. Als am Abend die Ernte eingebracht ist, gibt er jedem Arbeiter den versprochenen Dinar. Daraufhin empören sich diejenigen, die seit dem frühen Morgen gearbeitet haben, denn sie halten es für ungerecht, dass alle den gleichen Lohn erhalten, ohne auch gleich lang gearbeitet zu haben. Diese Empörung dürfte auch heute noch den meisten einleuchten. Nicht aber dem Besitzer des Weinbergs, der sich auf die Vereinbarung beruft, die jeder einzelne Arbeiter aus freien Stücken mit ihm getroffen hat, der aber auch einfach das Recht für sich beansprucht, darüber nach eigenem Gutdünken zu entscheiden.

Man sieht an diesem Beispiel, wie schon in einer recht überschaubaren Situation unterschiedliche Gerechtigkeitsvorstellungen miteinander kollidieren können. Vielleicht kommt man deshalb bis heute immer wieder darauf zurück.[2] In einem neueren Aufsatz hat *Avishai Margalit* die darin geschilderte Situation sogar als Beispiel für eine geradezu demütigende Gleichbehandlung angeführt.[3] Natürlich geht es hier eigentlich nicht um gerechte Löhne, diese dienen nur als Gleichnis, aber dass ausgerechnet sie als Ausgangspunkt gewählt worden sind, kann wohl als Hinweis darauf gelesen werden, wie vertraut das Problem der Lohngerechtigkeit den Menschen schon damals gewesen sein muss.

Zum systematischen Problem ist die Lohngerechtigkeit freilich erst mit dem Beginn der Industrialisierung im 18. Jahrhundert geworden, als die Lohnarbeit zum charakteristischen Merkmal ganzer Wirtschaftssysteme wurde. Seitdem wird die Gerechtigkeit der Löhne und der Einkommen insgesamt immer wieder diskutiert. In der Gegenwart sind vor allem die Einkommen von Topmanagern kritisiert worden, wobei oft einzelne Manager stellvertretend hervorgehoben werden. Aber auch die

[*] Für wertvolle Kritiken und Hinweise danke ich den Teilnehmerinnen und Teilnehmern der Tagung. Darüber hinaus danke ich den wechselnden Teilnehmerinnen und Teilnehmern des Zürich-Konstanz-Kolloquiums sowie *Emilio Marti* und *Suzann-Viola Renninger* für klärende Diskussionen früherer Versionen. Besonderen Dank schulde ich freilich *Anton Leist*, der mich vor Jahren auf das Thema angesetzt hat, sowie *Axel Tschentscher* für seine schier übermenschliche Geduld.

1 Matthäus 20, Vers 13–15.
2 Vgl. z.B. Christine Brand, Was ist ein gerechter Lohn?, *NZZ* vom 8. Februar 2009, S. 22.
3 Vgl. Avishai Margalit, Menschenwürdige Gleichheit, in: *Gleichheit oder Gerechtigkeit: Texte der neueren Egalitarismuskritik*, hg. von Angelika Krebs, 2000, S. 107–116 (114–116).

Löhne am unteren Ende des Einkommensspektrums werden immer wieder proble-
matisiert und führen häufig zu Forderungen nach einem Mindestlohn auch in den
Ländern, die sich bislang gegen seine Einführung gesperrt haben. Kurz, es wird eine
„Gerechtigkeitslücke" zwischen den Einkommen von Topverdienern und Geringver-
dienern beklagt.[4] Offenbar gibt es so etwas wie eine gefühlte Lohnungerechtigkeit,
oder jedenfalls berichten die Medien regelmäßig von einer solchen – was diese allerdings verstärken mag.[5]

Die normative Frage, ob die Löhne denn nun tatsächlich gerecht oder ungerecht
sind, ist auf diese Weise allerdings nicht zu beantworten, denn Gefühle ersetzen nun
einmal keine Argumente. Gefühle stiften nicht mehr als einen Anfangsverdacht,
dem nachzugehen sich manchmal lohnen kann. Die Frage, wie sich ein gerechter
Lohn bestimmen lässt, dürfte aber auch unabhängig von konkreten Anlässen von
Interesse sein. Wir wollen häufig nicht nur wissen, was Menschen für gerecht halten,
wir wollen auch verstehen und begründen können, warum das so ist. Für eine begründete Antwort braucht es so etwas wie eine Theorie, sonst hängen die einzelnen
Urteile in der Luft. Eine Theorie der Lohngerechtigkeit wird allerdings keine vollkommen neuartigen Behauptungen aufstellen, weil sie auf das allgemein akzeptierte
begriffliche und normative Material angewiesen ist, das unseren Alltagsüberzeugun-
gen zu diesem Thema zugrunde liegt. Die Aufgabe einer solchen Theorie besteht
vielmehr darin, dieses Material in eine sinnvolle normative Ordnung zu bringen
und zu zeigen, welche unserer vielfältigen (und zum Teil widersprechenden) Alltags-
überzeugungen bei näherer Überlegung zu rechtfertigen sind.

In den folgenden Abschnitten möchte ich eine solche Theorie zumindest an-
deuten, auch wenn ich sie hier aus Platzgründen nicht im Detail entwickeln kann.
Ich werde mich insbesondere auf das beschränken, was man seit *John Rawls* als ideale
Theorie bezeichnet.[6] Erst in den Schlussbemerkungen werde ich einige Hinweise
darauf geben, welche Konsequenzen eine schrittweise Aufhebung der damit verbundenen Idealisierungen für konkrete Urteile über Lohngerechtigkeit in der realen
Welt hat. Der vorliegende Aufsatz ist also keineswegs als Anleitung für die Beantwortung konkreter Fragen gedacht. Ich bin ohnehin skeptisch, dass eine Gerechtigkeitstheorie das leisten kann.

---

4   Vgl. *Der Spiegel* 51/2007.
5   Vgl. als ein weiteres Beispiel für diese Art der Berichterstattung Alexandra Borchardt, Gefühlte
    Gerechtigkeit: Wann die Kollegen über ihre Gehälter meckern, *SZ* vom 10. April 2006, S. 25,
    sowie als Berichte über empirische Erhebungen u. a. Stefan Liebig / Jürgen Schupp, Immer mehr
    Erwerbstätige empfinden ihr Einkommen als ungerecht, *Wochenbericht des DIW Berlin* 31/2008,
    S. 434–440; Stefan Liebig / Jürgen Schupp / Gert Wagner, Justice of Wages in Germany and Ab-
    road? An Empirical Investigation, in: *Spheres of Global Justice: Volume 2 Fair Distribution – Global
    Economic, Social and Intergenerational Justice*, hg. von Jean-Christophe Merle, 2013, S. 689–699.
    Manche Autoren bezweifeln allerdings, dass die Rede von einer gefühlten Gerechtigkeit in
    Analogie zum Begriff der gefühlten Temperatur besonders sinnvoll ist; vgl. Michael Hüther /
    Thomas Straubhaar, *Die gefühlte Ungerechtigkeit: Warum wir Ungleichheit aushalten müssen, wenn wir
    Freiheit wollen*, 2009, Kapitel 1.
6   Vgl. hierzu überblicksweise Laura Valentini, Ideal vs. Non-ideal Theory: A Conceptual Map,
    Philosophy Compass 7/9 (2012), S. 654–664.

II. Das Desinteresse (nicht nur) der Philosophen

Nun könnte man denken, dass die Philosophen längst eine Antwort auf die Frage der Lohngerechtigkeit gefunden hätten. Immerhin schlagen sie sich schon seit der Antike mit Fragen der Gerechtigkeit herum. Spätestens seit dem einflussreichen Beitrag von *John Rawls* hätte man jedenfalls mit einer systematischen Antwort auf diese Frage rechnen können.[7] Tatsächlich sind seitdem etliche Theorien der Gerechtigkeit entworfen worden, die nicht zuletzt die Frage der gerechten Einkommensverteilung thematisierten.[8] Es handelt sich dabei jedoch ausnahmslos um Theorien der sozialen (und seit einiger Zeit zunehmend auch der globalen) Gerechtigkeit. Eine ausgearbeitete Theorie der Lohngerechtigkeit gibt es dagegen bis heute nicht. Das scheint mir angesichts der Bedeutung, die das Thema in öffentlichen Diskussionen hat, durchaus erklärungsbedürftig. Zwar kann ich an dieser Stelle keinen umfassenden Literaturbericht geben, aber ein paar Streiflichter mögen dieses Phänomen zumindest illustrieren und in gewissem Maße auch erklären.

Dabei übergehe ich die in diesem Zusammenhang immer noch erstaunlich häufig zitierten scholastischen Auffassungen, weil sie eine längst nicht mehr akzeptierte Gesellschaftsauffassung voraussetzen. In ihr bemisst sich die Gerechtigkeit eines Lohns daran, dass er seinem Empfänger einen angemessenen Lebensunterhalt in der ihm zustehenden sozialen Position ermöglicht. Dass auf diese stückwerkhaften und ziemlich konservativen Auffassungen auch heute noch zurückgekommen wird, zeigt zweierlei: Erstens haben wir offenbar bis jetzt keine bessere Theorie und suchen deshalb nach Antworten in ehemals autoritativen Texten, zweitens sind wir mit den Antworten, die uns in diesen Texten gegeben werden, auch schnell zufrieden, was eine gewisse Anspruchslosigkeit gegenüber der Qualität dieser Antworten anzuzeigen scheint. Diese Anspruchslosigkeit steht nur scheinbar im Widerspruch zu der bereits erwähnten öffentlichen Bedeutung dieses Themas. Dass uns eine Frage wichtig ist, bedeutet ja nicht zwangsläufig, dass wir uns auch um eine gut begründete Antwort bemühen. Manchmal interessiert uns die Bestätigung unserer vorgefassten Meinung mehr als gute Argumente, die diese Meinung vielleicht bestätigen, vielleicht aber auch in Frage stellen oder zumindest relativieren könnten. Gerade bei umkämpften Themen wie der Frage der Lohngerechtigkeit ist das Erkenntnisinteresse nicht selten materiellen oder politischen Interessen nachgeordnet.

Von einer wissenschaftlichen Auseinandersetzung mit diesem Problem würden wir dagegen mit Recht mehr Sachlichkeit erwarten, aber von Wissenschaftlern ist dieses Problem bislang vor allem als empirische Fragestellung bearbeitet worden. Als normative Fragestellung wurde die Lohngerechtigkeit dagegen weitgehend links liegen gelassen. Es gibt zwar hin und wieder Stellungnahmen von Wissenschaftlern, aber diese richten sich dann an ein breites Publikum und erheben dementsprechend keinen besonders tiefgehenden Begründungsanspruch.[9] Diese Zurückhaltung ist erstaunlich, nachdem die Idee einer wissenschaftlichen Beschäftigung mit normativen

---

7   Vgl. John Rawls, *A Theory of Justice*, 1971.
8   Ich nenne nur die besonders einflussreichen Beiträge von Robert Nozick, *Anarchy, State, and Utopia*, 1974; James M. Buchanan, *The Limits of Liberty: Between Anarchy and Leviathan*, 1975; Michael Walzer, *Spheres of Justice: A Defense of Pluralism and Equality*, 1983; David Miller, *Principles of Social Justice*, 1999; Amartya Sen, *The Idea of Justice*, 2009.
9   Vgl. z.B. die ältere Aufsatzsammlung von Alfred Horné (Hg.), *Gibt es einen gerechten Lohn?*, 1965.

Gerechtigkeitsfragen insgesamt seit längerem als rehabilitiert gelten kann. Gerade die Theorie von *Rawls* hat hier bekanntlich bahnbrechend gewirkt. Wenn man aber über Gerechtigkeit insgesamt sinnvoll nachdenken kann, warum dann nicht auch über Lohngerechtigkeit? Es muss Gründe haben, dass gerade diese Frage im akademischen Diskurs kaum eine Rolle spielt.

Das Phänomen wird verständlicher, wenn man einen Blick auf die zwei Paradigmen wirft, die bis heute das Spektrum der Gerechtigkeitsdiskussion definieren. Auf der einen Seite ist dies die bereits mehrfach erwähnte Theorie von *Rawls*, die als philosophische Legitimation egalitaristisch motivierter Umverteilungsbemühungen betrachtet wird und die deshalb, so könnte man denken, auch als Ausgangspunkt für fundierte Reflexionen über Lohngerechtigkeit dienen sollte.[10] Auf der anderen Seite steht die Theorie von *Friedrich A. von Hayek*, die als Grundlage einer neoliberalen Gesellschaftsauffassung und damit in politischer Hinsicht als Gegenpol zur Theorie von *Rawls* gilt. Trotz dieses scheinbaren Gegensatzes in der grundsätzlichen Stoßrichtung ihrer Theorien waren sich *Rawls* und *Hayek* aber im Hinblick auf die Frage der Lohngerechtigkeit erstaunlich einig: Beide konnten der Fragestellung insgesamt wenig abgewinnen.

Bei *Rawls* lag das daran, dass ihn lediglich die Gerechtigkeit der grundlegenden Institutionen der Gesellschaft – der sogenannten Grundstruktur – interessierte, während es einer eigenständigen Theorie der Lohngerechtigkeit seiner Ansicht nach nicht bedurfte. Er meinte, dass sich die „Vorschriften des gemeinen Verstandes" – die Prinzipien „Jedem nach seinem Einsatz" und „Jedem nach seiner Leistung" – aufgrund ihrer gegenläufigen Tendenz ohnehin nicht zu einer „wohlbestimmte[n] Theorie des fairen Lohnes"[11] zusammenfügen ließen. Deshalb sollten diese Prinzipien erst unter der Voraussetzung einer bereits etablierten Gerechtigkeit der Grundstruktur zum Zuge kommen. Unter dieser Voraussetzung, so Rawls, könne dann die Lohnbildung getrost dem Markt überlassen bleiben.[12] Dass die von ihm konstatierte Gegenläufigkeit dieser Prinzipien auch in einem solcherart eingehegten Markt nicht aufgehoben wäre, spielte für ihn offenbar keine Rolle. Mehr ist bei *Rawls* zur Frage der Lohngerechtigkeit auch schon nicht mehr zu finden. Diese kurze Abfertigung ist ebenso überraschend wie unbefriedigend.

Hayek kam auf anderem Wege zu demselben Resultat. Er hielt von der ganzen Idee einer wirtschaftlichen Gerechtigkeit nichts, weil er die Wirtschaft in Analogie zur Natur als ein komplexes evolutionäres System betrachtete, dessen (möglicherweise gut gemeinte) Gestaltung den Menschen unvermeidlich überfordern müsse.[13] Die Idee der Lohngerechtigkeit identifizierte er mit der Idee der sozialen Gerechtigkeit, die er wiederum als Illusion verwarf. Der Markt war nach seiner Ansicht in der

---

10 Werden politische Philosophen einmal konkret auf das Problem der Lohngerechtigkeit angesprochen, greifen sie tatsächlich auf Rawls zurück. Das ist allerdings vor allem ein Zeichen von Hilflosigkeit, weil dieser Rückgriff, wie ich gleich zeigen werde, durch dessen Theorie keineswegs gedeckt ist; vgl. als Beispiel den Beitrag von Andreas Valda, Das Lohn-Experiment von A und B mit 1000 Franken, *Tages-Anzeiger* vom 15. November 2013, in dem Michael Kühler die damals noch bevorstehende Abstimmung der schweizerischen „1:12-Initiative" mit Verweis auf Rawls kommentiert.

11 Rawls, Theorie (Fn. 7), S. 339.

12 Rawls, Theorie (Fn. 7), S. 338 f.

13 Vgl. hierzu beispielsweise diverse Beiträge in Friedrich A. von Hayek, *Die Anmaßung von Wissen*, Mohr-Ausgabe, 1996.

Tat nicht gerecht, aber er sollte es auch gar nicht sein, weil er allein dem wirtschaftlichen Wettbewerb diente und deshalb, abgesehen von der Beachtung elementarer
Fairnessregeln, als moralfreie Zone zu behandeln sei. Wer die Ergebnisse des Wettbewerbs im Hinblick auf Gerechtigkeit korrigieren wollte, befand sich nach *Hayeks*
Auffassung bereits auf dem Weg in die Planwirtschaft, gegen die sowohl ökonomische als auch moralische Gründe sprachen: Solche Korrekturen griffen seiner Ansicht nach nicht nur in illegitimer Weise in individuelle Freiheitsrechte ein, sondern
zerstörten auch die Funktionsweise des Marktes, der wir nicht nur nach *Hayeks* Ansicht unseren wirtschaftlichen Wohlstand verdanken. Nur in einer Planwirtschaft
ergab die Idee einer gerechten Einkommensverteilung für *Hayek* einen Sinn, und
dass wir gute Gründe haben, uns gegen diese Wirtschaftsform zu entscheiden, wird
spätestens nach dem Zusammenbruch des Sozialismus kaum mehr jemand bestreiten.

Sowohl *Rawls* als auch *Hayek* haben also das Problem der Lohngerechtigkeit für
schlichtweg irrelevant gehalten. Diese Übereinstimmung lässt sich nur mit dem beiden Autoren gemeinsamen Desinteresse an den institutionellen Details des Wirtschaftens erklären. Beide identifizierten Wirtschaft mit einem Markt, der mehr oder
weniger unausgesprochen als anonymer Tauschplatz ohne institutionelle Binnen-
struktur aufgefasst wurde. Im Falle von *Rawls* ist ein solches Desinteresse an den
institutionellen Details des Marktes noch verständlich. Er befand sich wie kaum ein
anderer Philosoph auf der wirtschaftstheoretischen Höhe seiner Zeit, aber die sogenannte ‚institutionalistische Revolution‘ in der Wirtschaftstheorie kam erst nach
dem Erscheinen seines gerechtigkeitstheoretischen Hauptwerks so richtig in Fahrt,
auch wenn ihre Ursprünge bis in die 1930er Jahre zurückreichen.[14] Von *Hayek* als
Wirtschaftstheoretiker hätte man dagegen wohl mehr Aufmerksamkeit für diesen
wichtigen Aspekt der wirtschaftlichen Wirklichkeit erwartet, aber das mit Institutionen verbundene gestalterische Potential vertrug sich wohl zu schlecht mit seiner
Abneigung gegen jedwede Form von Konstruktivismus, wie er alle Versuche einer
Steuerung der Gesellschaft abschätzig nannte.

Bezeichnenderweise hat sich aber auch die weitere gerechtigkeitstheoretische
Debatte nicht für die institutionellen Details des Wirtschaftens interessiert. Im Zentrum standen vielmehr allgemeine Fragen wie die nach der sogenannten Währung
der Gerechtigkeit, die unabhängig vom jeweiligen Anwendungsbereich als Frage
nach der richtigen Interpretation von Gleichheit aufgefasst wurde.[15] Soweit es dabei
um die Gerechtigkeit von Einkommen ging, wurde Gerechtigkeit wie selbstverständlich als Verteilungsgerechtigkeit auf der Ebene ganzer Gesellschaften interpretiert.
Als später einige Autoren diese Voraussetzung in Frage stellten, ging es zwar nicht

---

14 Vgl. insbesondere die wichtigen Originalbeiträge von Ronald H. Coase, *The Firm, the Market,
    and the Law*, 1990, ferner Douglass C. North, *Institutions, Institutional Change and Economic Perfor-
    mance*, 1990; Elinor Ostrom, *Governing the Commons: The Evolution of Institutions for Collective Ac-
    tion*, 1990; Oliver E. Williamson, *The Economic Institutions of Capitalism: Firms, Markets, Relational
    Contracting*, 1985; sowie einführend z.B. Rudolf Richter, *Institutionen ökonomisch analysiert: Zur
    jüngeren Entwicklung auf einem Gebiet der Wirtschaftstheorie*, 1994; Stefan Voigt, *Institutionenökono-
    mik*, 2. Aufl. 2009.
15 Vgl. u.a. Gerald A. Cohen, On the Currency of Egalitarian Justice, *Ethics* 99 (1989), S. 906–944;
    Amartya Sen, Equality of What?, in: ders., *Choice, Welfare and Measurement*, 1982, S. 353–369;
    Ronald Dworkin, *Sovereign Virtue: The Theory and Practice of Equality*, 2000.

mehr um die Frage „Gleichheit wovon?", aber um die nicht weniger allgemeine Frage „Warum Gleichheit?", also mehr denn je um Grundlagenprobleme statt um konkrete Anwendungen.[16] Zwar gab es einige Versuche, die Gerechtigkeitstheorie im Hinblick auf die Komplexität moderner Gesellschaften näher auszudifferenzieren, aber für die Frage der Lohngerechtigkeit haben diese Versuche wenig gebracht, weil auch das von ihnen entworfene Bild der Wirtschaft immer noch undifferenziert blieb.[17] Auch sie identifizierten das wirtschaftliche Subsystem unausgesprochen mit dem anonymen Markt und Einkommensgerechtigkeit entsprechend mit sozialer Gerechtigkeit. Ich komme auf diese Unterscheidung zurück.

Nun könnte man einwenden, dass das Problem der Lohngerechtigkeit ohnehin kein Problem der politischen Philosophie sei, sondern in den Zuständigkeitsbereich der Wirtschaftsethik falle. Eine solche Auffassung erschiene mir jedoch falsch, da sie eine sinnvolle Abgrenzbarkeit der Wirtschaftsethik von der Gerechtigkeitstheorie und der politischen Philosophie insgesamt unterstellte, die kaum überzeugend zu begründen ist und die deshalb seit einiger Zeit auch zunehmend in Frage gestellt wird.[18] Davon abgesehen hat sich aber auch die Wirtschaftsethik mit der Frage nach der Lohngerechtigkeit erstaunlich wenig beschäftigt, was die Verfasser eines neueren Überblicksartikels durchaus mit Erstaunen zu Protokoll gegeben haben.[19] Wenn sich die Wirtschaftsethik überhaupt mit dem Problem befasste, dann vor allem als Kritik an besonders hohen Managergehältern.[20] Auch im deutschsprachigen Raum haben sich viele Wirtschaftsethiker auf die (häufig polemische) Kritik der Manager-gehälter beschränkt.[21] Eine konstruktive Antwort folgte daraus in der Regel nicht.

Weder die politische Philosophie noch die Wirtschaftsethik haben sich also für die Frage der Lohngerechtigkeit besonders interessiert. Bleiben noch die Wirtschafts-wissenschaftler, die sich von Berufs wegen mit Fragen der Lohnbildung beschäftigen sollten. Volkswirtschaftliche Autoren beschränken sich diesbezüglich jedoch übli-cherweise auf deskriptiv-kausale Aspekte der Lohnbildung und ihrer Auswirkungen. Für Fragen der Gerechtigkeit fühlen sie sich in der Regel nicht zuständig, was der oben skizzierten Auffassung von *Hayeks* entspricht. Wenn sie trotzdem der Versu-chung nicht widerstehen können, auf diesem Gebiet zu dilettieren, tun sie dies in

---

16 Vgl. z.B. die Beiträge in Krebs (Hg.), Gleichheit (Fn. 3).

17 So unterschied Walzer, Spheres of Justice (Fn. 8), in einer teils deskriptiv, teils normativ interpre-tierbaren Analyse sogenannte Sphären der Gerechtigkeit, in denen seiner Ansicht nach jeweils eigenständige Gerechtigkeitsprinzipien herrschen (sollten), während Miller in seiner normativen Analyse drei verschiedene Typen von Beziehungen mit dazugehörigen Gerechtigkeitsprinzipien postulierte: Miller, Principles (Fn. 8). Beide Bücher machten wichtige Schritte in Richtung einer realistischeren Gerechtigkeitstheorie, auch wenn sie für die vorliegende Fragestellung noch nicht weit genug gingen.

18 Vgl. z.B. Christopher McMahon, The Political Theory of Organizations and Business Ethics, *Philosophy and Public Affairs* 24 (1995), S. 292–313; Joseph Heath / Jeffrey Moriarty / Wayne Norman, Business Ethics and (or as) Political Philosophy, *Business Ethics Quarterly* 20 (2010), S. 427–452.

19 Vgl. Heath/Moriarty/Norman, Business Ethics (Fn. 18), S. 439.

20 Vgl. z.B. die Beiträge in Robert W. Kolb (Hg.), *The Ethics of Executive Compensation*, 2006.

21 Vgl. z.B. Ulrich Thielemann, Zwischen Neidargument und Dschungeltheorie: Millionenbezüge für Manager – was ist fair und befördert die gute Unternehmensentwicklung?, *Personalführung* 7/2006, S. 18–25; Peter Ulrich, Lohngerechtigkeit – ade? Was vor sich geht, wie es zu beurteilen und was zu tun ist, in: *Berichte des Instituts für Wirtschaftsethik* Nr. 110, Universität St. Gallen, 2007.

einer wenig systematischen Weise und schreiben der Philosophie die eigentliche Kompetenz zu.[22] Betriebswirtschaftliche Autoren kommen an der Frage der Lohngerechtigkeit dagegen weniger leicht vorbei, weil sie eine große Rolle in Unternehmen spielt, aber sie beeilen sich meist, vor allem die Subjektivität des dabei artikulierten Gerechtigkeitsempfindens hervorzuheben.[23] Weitere Ausführungen betreffen dann in der Regel nur noch die Möglichkeiten und Grenzen der Implementierung eines wie selbstverständlich akzeptierten Leistungsprinzips.[24]

Dieser knappe Überblick sollte zeigen, dass und warum es so etwas wie eine Theorie der Lohngerechtigkeit bislang nicht gibt. Eine solche Theorie scheint mir jedoch nicht weniger wichtig als eine Theorie der sozialen Gerechtigkeit, um eine rationale Diskussion über die Gerechtigkeit der Einkommensverteilung zu befördern. Eine Theorie der Lohngerechtigkeit muss dabei wie jede gute Theorie mindestens zwei Fragen beantworten: Sie muss erstens ihr zentrales Prinzip angeben und sie muss zweitens etwas über ihren intendierten Anwendungsbereich sagen. Für beide Fragen werde ich in den folgenden Abschnitten eine Antwort vorschlagen und ansatzweise zu begründen versuchen. Bevor ich allerdings zu diesen beiden Fragen komme, möchte ich im nächsten Abschnitt kurz auf den Begriff der Gerechtigkeit selbst eingehen. Auch wenn sich begriffliche und theoretische Fragen sicher nicht immer eindeutig trennen lassen, scheint es doch ratsam, so weit wie möglich zwischen ihnen zu unterscheiden, damit klar ist, ob man gerade über Worte oder Inhalte streitet. Sonst läuft man Gefahr, sich in unfruchtbare Scheindiskussionen zu verwickeln. Das passiert in Fragen der Gerechtigkeit, wie sich zeigen wird, aufgrund der Mehrdeutigkeit des Begriffs besonders leicht.

III. Der Begriff der Lohngerechtigkeit

Bei der Frage nach dem Begriff der Lohngerechtigkeit geht es offensichtlich um die Wahl einer Terminologie. Hier ist zunächst zu betonen, dass die Frage, in welcher Bedeutung wir den Begriff der Gerechtigkeit verwenden sollen, nicht richtig oder falsch beantwortet werden kann. Man kann Begriffe bekanntlich definieren wie man will. Allerdings sollte eine Definition so weit wie möglich an die Alltagsbedeutung des betreffenden Begriffs anschließen, um unnötige Verwirrung zu vermeiden. Da diese Alltagsbedeutung aber in der Regel gerade nicht eindeutig ist, bleibt uns eine Entscheidung nicht erspart. Wichtig ist hier allein, dass diese Entscheidung die Bedeutung des betreffenden Begriffs in einer Weise präzisiert, dass die daran anschließende Diskussion transparenter wird.

Im Unterschied zur terminologischen Frage nach der Bedeutung des Gerechtigkeitsbegriffs kann dagegen die normative Frage, welche Handlungen, Zustände oder Personen wir im Sinne der gewählten terminologischen Festsetzung als gerecht beurteilen, durchaus richtig oder falsch beantwortet werden. Ich kann hier nicht auf die

---

22 Vgl. hierzu bereits Wilhelm Krelle, Der gerechte Lohn in nationalökonomischer Sicht, in: *Der gerechte Lohn: Vorträge gehalten auf der Tagung evangelischer Juristen*, hg. von D. Theodor Heckel, 1963, S. 34–51.

23 Vgl. z.B. Wolfgang Weber / Rüdiger Kabst, *Einführung in die Betriebswirtschaftslehre*, 7. Aufl. 2009, Kapitel 13.

24 Vgl. als klassischen Beitrag Erich Kosiol, *Leistungsgerechte Entlohnung*, 2. Aufl. 1962.

umstrittene Frage nach der Objektivität der Gerechtigkeit und der Moral insgesamt eingehen, möchte aber doch wenigstens festhalten, dass es bei der Beantwortung dieser Frage wohl weniger darum geht, ob die Gerechtigkeit überhaupt objektiv ist, sondern darum, in welchem Sinne sie dies ist. Die Gerechtigkeit tritt uns als Norm entgegen, die wir nicht beliebig setzen oder ignorieren können, in diesem Sinne ist sie eindeutig objektiv. Deshalb kann die populäre Meinung, dass Gerechtigkeit vollkommen subjektiv sei, jedenfalls sicher nicht überzeugen.[25]

Wie ist nun der Begriff der Lohngerechtigkeit inhaltlich zu bestimmen? Betrachten wir zunächst den Begriff der Gerechtigkeit unabhängig von seiner Beziehung zum Lohn. Bereits Aristoteles hat bemerkt, dass unsere Rede von Gerechtigkeit nicht eindeutig ist: Manchmal bezeichnen wir mit diesem Begriff ganz allgemein jede Art von moralisch richtigem (bei Aristoteles: tugendhaftem) Verhalten, das sich auf andere bezieht; manchmal bezeichnen wir damit aber auch eine besondere Klasse von Verhaltensweisen, die Aristoteles in eine Beziehung zum Begriff der bürgerlichen Gleichheit brachte.[26] Im ersten Fall – Aristoteles sprach hier von allgemeiner Gerechtigkeit – handelt es sich um so etwas wie die Sozialmoral im Sinne einer Befolgung von Regeln des Zusammenlebens. Dagegen handelt es sich im zweiten spezielleren Fall – Aristoteles sprach hier von besonderer Gerechtigkeit – entweder um die angemessene Verteilung von Gütern proportional zu den relevanten Verdiensten ihrer Empfänger oder um einen wertproportionalen Austausch von materiellen und immateriellen Gütern. In der einschlägigen Literatur bezeichnet man diese beiden Unterfälle der besonderen Gerechtigkeit deshalb mit den Begriffen der Verteilungsgerechtigkeit bzw. der Tauschgerechtigkeit.

Der entscheidende Unterschied zwischen der allgemeinen und der besonderen Gerechtigkeit besteht darin, dass letztere die Idee einer Proportionalität in den Mittelpunkt rückt. Es ist diese Proportionalität, die für die Gerechtigkeit einer Verteilung oder eines Tauschs relevant ist, während die von Aristoteles genannte bürgerliche Gleichheit hier nur eine triviale Rolle spielt: Es soll eben Gleiches gleich und Ungleiches ungleich behandelt werden, aber in welcher Hinsicht etwas als gleich oder ungleich gilt, kann nur durch inhaltliche Kriterien bestimmt werden. Aristoteles nennt hier wie bereits erwähnt die Ideen des Verdienstes und des Werts. Sie sind allerdings immer noch recht allgemein und müssen inhaltlich näher bestimmt und gerechtfertigt werden, um als aussagekräftige Kriterien dienen zu können. Dazu später etwas mehr.

Die besondere Gerechtigkeit ist demnach nur ein Teil der allgemeinen Gerechtigkeit. Um diese beiden Bedeutungen des Gerechtigkeitsbegriffs deutlich zu machen, werde ich im weiteren Verlauf dieses Aufsatzes einfach von Moral sprechen, wenn ich die allgemeine Gerechtigkeit meine. Dagegen werde ich den Begriff der Gerechtigkeit für die Idee der besonderen Gerechtigkeit reservieren. Diese terminologische Entscheidung soll den inhaltlichen Punkt verdeutlichen, dass wir auch mit der Forderung nach einem gerechten Lohn häufig sehr unterschiedliche Dinge mei-

---

25 Vgl. den inzwischen klassischen Beitrag von John L. Mackie, *Ethics: Inventing Right and Wrong*, 1977, der allerdings die Diskussion nicht beendet sondern erst wieder richtig in Schwung gebracht hat. Mackie hat bereits darauf hingewiesen, dass man in einem wohlverstandenen Sinne durchaus von einer Objektivität moralischer Werte sprechen kann. Für einen interessanten deutschsprachigen Beitrag vgl. Peter Stemmer, *Normativität: Eine ontologische Untersuchung*, 2008.

26 Vgl. Aristoteles, Nikomachische Ethik, *Rowohlt-Ausgabe*, 2006, Kapitel 5.

nen und durch die mangelhafte Unterscheidung dieser beiden Bedeutungen des Gerechtigkeitsbegriffs dazu neigen, verschiedene Probleme zusammenzuwerfen, als handelte es sich dabei um dasselbe Problem.

Es liegt nahe, das Problem der Lohngerechtigkeit als eines der gerechten Verteilung zu rekonstruieren.[27] Allerdings sind einige Autoren der Ansicht, dass man die Frage der Lohngerechtigkeit besser als einen Anwendungsfall der Tauschgerechtigkeit betrachten sollte.[28] Ich werde auf diese Frage hier nicht näher eingehen, weil sie mir vielschichtiger zu sein scheint, als auf den ersten Blick erkennbar ist. Für den Moment scheint mir die Einsicht, dass es sich bei der Lohngerechtigkeit um ein Problem der besonderen und nicht der allgemeinen Gerechtigkeit handelt, ausreichend, während mir die Frage, ob man die damit verlangte Proportionalität als eine der Verteilung oder als eine des Tauschs rekonstruiert, von untergeordneter Bedeutung zu sein scheint.

Dagegen scheint es mir eminent wichtig, dass der Begriff der Lohngerechtigkeit klar vom Begriff der sozialen Gerechtigkeit unterschieden wird. Sonst besteht die Gefahr, dass man die Idee der Lohngerechtigkeit mit normativen Ansprüchen überfrachtet. Wohin das führen kann, zeigt das folgende Zitat aus einem Aufsatz des Sozialethikers *Johannes Messner*, der meint:[29]

> Die Frage der Lohngerechtigkeit ist, das liegt von vornherein fest, vielschichtig. In Frage steht die soziale Gerechtigkeit. Diese ist nach dem allgemeinen Wortgebrauch die Gerechtigkeit, in der die großen Einkommensgruppen der Volkswirtschaft und Weltwirtschaft sich gegenseitig das zuerkennen, was nach ihrer Leistung und deren Ertrag das ‚Ihrige' (suum) ist, zugleich die elementaren Bedürfnisse der Entwicklungsländer berücksichtigt, außerdem aber auch der Gemeinschaft des eigenen Staatsvolkes das zukommen lässt, was zu beanspruchen ihr zusteht. Das ihr Zukommende (suum) besteht in dem, was der Staat braucht zur Finanzierung seiner Haushaltsbedürfnisse und Gemeinwohlaufgaben.

Hier hängt offenbar alles mit allem zusammen – die Frage der Lohngerechtigkeit mutiert zur Frage nach der Gerechtigkeit von allem, was direkt oder indirekt mit Löhnen verbunden ist oder sein könnte.

Nun hängt zwar in gewisser Weise wirklich alles mit allem zusammen, aber gerade deshalb scheint es mir umso wichtiger, moralisch relevante Unterscheidungen zu treffen. In der Alltagsmoral ziehen wir aus dieser universellen Verflechtung von allem jedenfalls nicht den Schluss, dass wir einander alle in gleicher Weise verpflichtet sind und dass Gerechtigkeit grundsätzlich keine Grenzen kennt. Die Aufgabe der Gerechtigkeitstheorie besteht gerade darin, die verschiedenen Gerechtigkeitsbegriffe in Beziehung zueinander zu setzen und die für die jeweilige Frage begrifflich und normativ relevanten Grenzen zu bestimmen. In der politischen Philosophie wird deshalb seit einiger Zeit die moralische Relevanz von Grenzen diskutiert, wobei es hier vor allem um die Relevanz nationalstaatlicher Grenzen geht. Dass es allerdings auch unterhalb der nationalstaatlichen Ebene moralisch relevante Grenzen geben

---

27 Vgl. z.B. Elaine Sternberg, *Just Business: Business Ethics in Action*, 2. Aufl. 2000.
28 Vgl. Klaus Peter Rippe, *Ethik in der Wirtschaft*, 2010; Stephan Schlothfeldt, *Gerechtigkeit*, 2012.
29 Johannes Messner, Lohngerechtigkeit heute (1981), Neuabdruck in: ders., *Menschenwürde und Menschenrecht*, 2004, S. 306–321 (307). Dieselbe Tendenz zeigt die Dissertation von Christian Hecker, *Lohn- und Preisgerechtigkeit: Historische Rückblicke und aktuelle Perspektiven unter besonderer Berücksichtigung der christlichen Soziallehren*, 2008.

könnte und wo diese verlaufen sollten, wird dagegen bislang kaum thematisiert. Ich komme weiter unten auf diese Frage zurück.

IV. Das Prinzip der Lohngerechtigkeit

Nach dieser begrifflichen Klärung soll nun die erste der beiden oben genannten Fragen beantwortet werden. Auf den ersten Blick kommen dabei verschiedene Prinzipien der Lohngerechtigkeit in Frage: Man könnte mit Blick auf das eingangs erwähnte Gleichnis meinen, hier zähle allein die Arbeitsleistung, man könnte aber auch meinen, entscheidend sei allein die ohne Zwang getroffene Vereinbarung. Oder vielleicht spielt vor allem der Bedarf eine Rolle, wie sowohl die scholastischen Theorien als auch die zeitgenössischen Forderungen nach einem Mindestlohn nahezulegen scheinen? Oder sollte man einfach dem Marktwettbewerb die Lohnbildung überlassen? Wenn ja, warum? Weil er, wie die ökonomische Verteilungstheorie behauptet, zumindest als idealer Markt automatisch die Leistungsbeiträge entlohnt? Oder weil er ein Ort der freien Vereinbarung ist? Oder beides? Oder ist ohnehin nur eine Gleichheit der Löhne als gerecht zu bewerten? Dieser Auffassung scheint man jedenfalls lange Zeit in den israelischen Kibbuzim gewesen zu sein.[30] Oder ging es diesen gar nicht um Gerechtigkeit im hier verstandenen Sinne? Die Liste ließe sich sicher um weitere Prinzipien ergänzen. So wird beispielsweise von manchen die Dauer der Unternehmenszugehörigkeit (Seniorität) für relevant gehalten. Andere betonen dagegen die vorab erworbenen Qualifikationen (zum Beispiel akademische Grade) als wichtigen Faktor schon für den Einstiegslohn, während wiederum andere die mit der Tätigkeit verbundene Verantwortung nennen, oder besondere Unannehmlichkeiten (wie zum Beispiel sehr schmutzige Tätigkeiten) oder sogar Gefahren.

Die Liste ist sicher nicht vollständig, und sie ist vor allem nicht ausschließend, weil es mehr als ein Prinzip der Lohngerechtigkeit geben mag. Empirische Erhebungen zeigen allerdings, dass vor allem zwei Prinzipien immer wieder genannt werden, wenn es um die Gerechtigkeit von Einkommen geht: Leistung und Bedarf.[31] Die sozialpsychologische Forschung in Unternehmen hat darüber hinaus festgestellt, dass auch prozedurale Prinzipien eine wichtige Rolle spielen.[32] Allerdings folgt aus solchen Resultaten für sich genommen noch nicht viel. Man könnte ja die Auffassung vertreten, dass sich die Befragten systematisch darüber irren, was wirklich ge-

---

30 Vgl. allerdings Ran Abramitzky, Lessons from the Kibbutz on the Equality-Incentives Trade-off, *Journal of Economic Perspectives* 25 (2011), S. 185–208.

31 Vgl. Miller, Principles (Fn. 8), Kapitel 4, für eine philosophische Auswertung der empirischen Literatur zur Einkommensverteilung. Er nennt außerdem das Prinzip das Gleichheit, dem er allerdings nicht das gleiche Gewicht beimisst. Martin Abraham, Wann werden Löhne als gerecht eingeschätzt? Eine tauschtheoretische Betrachtung der Lohngerechtigkeit auf dem Arbeitsmarkt, *Zeitschrift für Arbeitsmarktforschung* 40 (2007), S. 9–22, nennt neben dem Leistungsprinzip und dem Bedarfsprinzip noch einige andere der oben angeführten Prinzipien, meint aber, dass ihnen das Leistungsprinzip als fundamentales Prinzip zugrunde liegt. Auch die empirische Forschung kommt offenbar nicht ohne ordnende Hypothesen aus, wenn sie die faktisch vertretene Gerechtigkeitsauffassung der von ihr Befragten verstehen will.

32 Vgl. z.B. Holger Lengfeld / Stefan Liebig, Arbeitsbeziehungen und Gerechtigkeit: Stand und Perspektiven der empirischen Forschung, *Industrielle Beziehungen* 10 (2003), S. 472–490.

recht ist. Ich kann hier wie gesagt auf die Frage der Objektivität nicht näher eingehen und halte deshalb nur fest, dass meiner Ansicht nach das, was die Menschen faktisch über Lohngerechtigkeit denken, für die normative Antwort durchaus in systematischer Weise relevant ist. Es ist allerdings auch nicht das letzte Wort. Die Aufgabe des Philosophen besteht vor allem darin, die von ihm vorgefundenen Antworten auf ihre wechselseitige Vereinbarung zu überprüfen und in eine begründete Ordnung zu bringen. Mein Vorschlag zu den Prinzipien der Lohngerechtigkeit lautet hier wie folgt: Die oben mehr oder weniger *ad hoc* zusammengestellten Prinzipien lassen sich zunächst grob in zwei Klassen unterteilen: Es gibt formale und es gibt substanzielle Prinzipien.

Zu den formalen Prinzipien zählen insbesondere das Prinzip der Fairness, aber auch das Prinzip des Wettbewerbs und das Prinzip der Verhandlung. Vom Wettbewerb und von Verhandlungen erwarten wir allerdings, dass sie unter fairen Bedingungen stattfinden. Faire Bedingungen erfordern dabei mindestens so etwas wie Transparenz und die Abwesenheit von Zwang. Bei Verhandlungen erwarten wir eine ungefähr gleiche Verhandlungsmacht und sprechen dann von Verhandlungen auf Augenhöhe. Das Prinzip der Fairness ist also grundlegender als die anderen beiden Prinzipien. Dagegen ist das Prinzip der Gleichheit zwar ebenfalls ein formales Prinzip, aber es führt zu widersprüchlichen Ergebnissen, solange wir nicht die Frage beantworten, was eigentlich gleich sein soll: Ist es der Lohn selbst oder der Lohn relativ zur erbrachten Arbeitsleistung? Oder ist es der Lohn relativ zum objektiven Bedarf? Oder geht es nur um Gleichheit im Sinne einer Gleichbehandlung, d. h. der unparteilichen Anwendung eines anderen Gerechtigkeitsprinzips? Wie insbesondere *Amartya Sen* hervorgehoben hat, führt Gleichheit in einer Dimension unvermeidlich zu Ungleichheiten in anderen Dimensionen.[33]

Nun akzeptieren wir allerdings formale Prinzipien der Gerechtigkeit häufig nur, sofern wir glauben, dass sie besonders geeignet sind, ein Ergebnis hervorzubringen, das wir aus substanziellen Erwägungen heraus für gerecht halten können. Gibt es keinerlei substanzielle Gründe, können wir ebenso gut das Los entscheiden lassen. Tatsächlich lassen wir gerade dann das Los entscheiden, wenn uns keine substanziellen Prinzipien einfallen, nach denen ein bestimmtes Gut (oder eine unangenehme Aufgabe) verteilt werden soll. Dass wir die Lohnbildung nicht dem Los überlassen, spricht dafür, dass wir in dieser Frage durchaus über relevante substanzielle Prinzipien zu verfügen glauben. Damit stellt sich mit besonderer Dringlichkeit die Frage, welche Prinzipien das sind.

Wenn man Lohngerechtigkeit als Anwendungsfall der Verteilungsgerechtigkeit charakterisiert, liegt es nahe, denjenigen Lohn als gerecht anzusehen, den man in einem moralischen Sinne verdient hat.[34] Allerdings hat die philosophische Analyse des Verdienstbegriffs gezeigt, dass damit noch nicht viel gesagt ist. Verdienste können nämlich sehr unterschiedlich bestimmt werden.[35] Wir sagen zum Beispiel, dass ein Schüler für seinen Fleiß eine gute Note oder ein Übeltäter für seine Untat eine

---

33 Vgl. hierzu den inzwischen klassischen Beitrag von Sen, Equality of What? (Fn. 15).

34 Vgl. Owen McLeod, Desert and Wages, *Utilitas* 8 (1996), S. 205–221; sowie Walter Pfannkuche, *Wer verdient schon, was er verdient? Fünf Gespräche über Markt und Moral*, 2003, der für seinen scheinbar paradoxen Buchtitel die Tatsache nutzt, dass die deutsche Sprache zwei Bedeutungen des Wortes ‚verdienen' kennt.

35 Vgl. wegweisend Joel Feinberg, Justice and Personal Desert (1963), Neuabdruck in: ders., *Doing*

Strafe verdient. Wir sagen aber auch, dass ein Gemälde unsere Bewunderung verdient, womit aber eigentlich gemeint ist, dass der Maler dieses Gemäldes unsere Bewunderung verdient, nämlich für gerade dieses Gemälde. In all diesen Fällen scheint es jedenfalls um die Würdigung einer Handlung gehen, die jemandem in dem Sinne zugerechnet werden kann, dass er sie willentlich vollzogen hat, also auch hätte unterlassen können. Es geht uns also beim Verdienstprinzip letztlich um die Zuschreibung von individueller Verantwortung.

Ganz allgemein besagt das Verdienstprinzip einfach: x verdient y aufgrund von z. Im ökonomischen Kontext bietet sich das Leistungsprinzip als konkrete Interpretation dieses Verdienstprinzips an. Jemand (x) verdient einen bestimmten Lohn (y), weil er eine bestimmte Leistung (z) erbracht hat. Nun dienen ökonomische Kooperationen dem Zweck, gemeinsam ein Produkt herzustellen, das man allein gar nicht oder nur weniger effizient herstellen kann. Dieses Produkt kann entweder direkt konsumiert oder auf dem Markt verkauft werden, um dann den Ertrag dieses Verkaufs für den Konsum zu verwenden. Wenn dies der Zweck ökonomischer Kooperationen ist, liegt es nahe, diejenige Aufteilung des gemeinsamen Ertrags als gerecht anzusehen, die in irgendeiner Weise die Leistung widerspiegelt, die von den einzelnen Kooperationspartnern während der Herstellung des Produkts erbracht worden ist. Natürlich verfolgen wir im Verlauf konkreter ökonomischen Kooperationen oft auch andere Zwecke, aber diese Herstellung ist eben ihr definierender Zweck, sonst handelt es sich gar nicht um ökonomische Kooperationen.

Nun ist der Leistungsbegriff allerdings mehrdeutig. Ich unterscheide hier zwei Interpretationen: Man kann entweder die geleistete Anstrengung würdigen, die jemand mit seiner Arbeit erbringt, oder man kann das faktische Ergebnis würdigen, das bei dieser Anstrengung herausgekommen ist. Man kann dies auch den Input und den Output der individuellen Arbeit nennen. Beides kann man als Leistung bezeichnen.[36] Die Frage liegt nahe, welche dieser beiden Interpretationen die richtige ist. Meine Antwort lautet: Beide sind richtig und beide sind auch normativ relevant. Auf der einen Seite wird man in einem Kooperationszusammenhang sicherlich die Tatsache berücksichtigen, dass nicht jede Anstrengung zum Erfolg führen kann. Sie sollte dennoch honoriert werden – allerdings nur teilweise, weil sonst allein die anderen Kooperationspartner die Kosten der vergeblichen Anstrengung tragen würden. Es geht in der Kooperation wie gesagt darum, einen mittelbar oder unmittelbar verwertbaren Ertrag zu produzieren, also wird auch der Output der Arbeitstätigkeit eine Rolle für die Bewertung spielen.

Man kann hier von einer Art multiplikativen Beziehung dieser beiden Dimensionen des Leistungsbegriffs sprechen.[37] Die normativ relevante Arbeitsleistung wäre dann durch die Formel „Leistung = Input • Output" bestimmt. Sobald einer der beiden Faktoren null wird, bewerten wir auch die Leistung insgesamt mit null. Jemandem, der sich kein bisschen anstrengt, werden wir die durch bloßen Zufall dennoch erbrachten Ergebnisse sicher nicht als produktiven Beitrag anrechnen, und

and Deserving: Essays in the Theory of Responsibility, 1970, S. 55–94, sowie überblicksweise McLeod, Desert (Fn. 34).

36 Vgl. auch Peter Schettgen, Arbeit, Leistung, Lohn: Analyse- und Bewertungsmethoden aus sozioökonomischer Perspektive, 1996, S. 181.

37 Vgl. hierzu auch Thomas Hurka, Desert: Individualistic and Holistic, in: Desert and Justice, hg. von Serena Olsaretti, 2003, S. 45–68.

ebenso wenig werden wir jemanden, der sich immer nur erfolglos bemüht, auf Dauer als produktives Mitglied unserer Arbeitskooperation anerkennen. Natürlich darf man die Idee der multiplikativen Verknüpfung hier nicht zu wörtlich nehmen, denn häufig wird die Leistung in beiden Dimensionen nicht eindeutig quantifizierbar sein, so dass wir nicht wirklich etwas zu multiplizieren haben. Die Formel dient hier lediglich als Metapher für eine normative Vorstellung, die wir mit guten Gründen für die Würdigung von Arbeitsleistungen akzeptieren.

Tatsächlich wird immer wieder behauptet, dass sich Leistung gar nicht objektiv messen lasse und deshalb auch nicht als Prinzip der Lohngerechtigkeit tauge. Es lassen sich hier zwei verschiedene Argumente unterscheiden, die ich als starkes und schwaches Argument der Nichtmessbarkeit bezeichnen möchte. Das starke Argument bezweifelt grundsätzlich, dass sich überhaupt ein gemeinsames Ziel identifizieren lässt, auf das bezogen die einzelnen Tätigkeiten als produktive Beiträge definiert werden können. Dieses Argument ist vor allem von *Hayek* prominent vorgetragen worden. Er wollte damit die populäre Kritik zurückweisen, dass die Ergebnisse des Marktes durch gezielte Umverteilung zu korrigieren seien, weil der Markt nicht die individuellen Beiträge zum Gemeinwohl würdige. *Hayek* akzeptierte wie bereits erwähnt die Prämisse, dass der Markt nicht gerecht im Sinne einer Proportionalität von Lohn und Leistung verteile, meinte aber, dass dies auch nicht die Aufgabe des Marktes sei. Der Markt sollte *Hayek* zufolge vielmehr die Effizienz der Produktion und Verteilung von Gütern erhöhen, indem er einen Wettbewerb zwischen den Marktteilnehmern herbeiführte. Es sei keine sinnvolle Forderung, die Ergebnisse dieses Wettbewerbs nachträglich gerecht machen zu wollen, weil dies den Marktmechanismus *ad absurdum* führen würde und wir uns ohnehin nicht auf eine gemeinsame Bewertung von Verdiensten einigen könnten.

Hayek hat hier meiner Ansicht nach einen wichtigen Punkt: Wir können uns auf der Ebene ganzer Gesellschaften tatsächlich kaum auf ein gemeinsames Wertesystem einigen, von dem aus dann alle individuellen Tätigkeiten als produktiv zu definieren und zu gewichten wären. Zwar teilen wohl die meisten Mitglieder einer Gesellschaft zumindest das Ziel, den Frieden und vielleicht auch noch eine elementare Absicherung gegen unwägbare Lebensrisiken wie Arbeitslosigkeit oder Krankheit zu garantieren. Sehr viel weiter geht aber die Übereinstimmung insbesondere in pluralistischen Gesellschaften erfahrungsgemäß nicht. Das starke Argument von der Nichtmessbarkeit der Leistung ist also auf der Ebene ganzer Gesellschaften durchaus überzeugend. Es gilt allerdings in deutlich geringerem Maße für kleinere Kooperationszusammenhänge wie z. B. wirtschaftliche Unternehmen, die gerade aufgrund der Einigung auf ein gemeinsames wirtschaftliches Ziel entstehen.

Das schwache Argument der Nichtmessbarkeit der Leistung besagt dagegen, dass wir in komplexen Arbeitszusammenhängen nicht über die notwendigen Informationen verfügen, um die individuellen Anstrengungen und Ergebnisse tatsächlich beobachten und eindeutig messen zu können.[38] Dieses Argument ist sicher

---

38 Dieses Argument ist bereits von Claus Offe für den Fall der industriellen Produktion vorgetragen worden; vgl. Claus Offe, *Leistungsprinzip und industrielle Arbeit: Mechanismen der Statusverteilung in Arbeitsorganisationen der industriellen ‚Leistungsgesellschaft‘*, 1970, sowie die neueren Beiträge in: *Rückkehr der Leistungsfrage: Leistung in Arbeit, Unternehmen und Gesellschaft*, hg. von Kai Dröge / Kira Marrs / Wolfgang Menz, 2008. Es hat in den Zeiten sogenannter Dienstleistungs- und Wissensgesellschaften noch an Gewicht gewonnen.

richtig, aber es widerlegt nicht die Idee des Leistungsprinzips insgesamt, sondern verweist lediglich auf die Bedeutung von Hypothesen und Festsetzungen, die jeder Messung innewohnen. Unvollständige Informationen und unterbestimmte Skalen machen eine Messung nicht unmöglich, sie führen lediglich zu Entscheidungsspielräumen. Diese können und müssen dann von den Beteiligten selbst genutzt werden. Dabei liegt die Vermutung nahe, dass wir umso leichter eine Einigung erzielen werden, je übersichtlicher der jeweilige Arbeitszusammenhang ist. Der Versuch einer individuellen Zurechnung von Anstrengungen und Ergebnissen ist auf der Ebene überschaubarer Arbeitskooperationen sicher alles andere als aussichtslos, auch wenn immer noch genügend Spielraum für Konflikte bleibt. Erscheint die quantitative Messung der individuellen Leistung zu schwierig oder nahezu unmöglich, treten qualitativ bestimmte Zielvereinbarungen an ihre Stelle. Leistungsgerechtigkeit bemisst sich dann am Grad der Zielerfüllung.[39] Dagegen wäre der Versuch einer individuellen Zurechnung von Anstrengungen und Ergebnissen auf der Ebene einer ganzen Gesellschaft aufgrund der dafür notwendigen Informationsmenge auch dann aussichtslos, wenn wir entgegen dem obigen Argument unterstellen dürften, dass ihre Mitglieder eine sehr umfassende Vorstellung vom Gemeinwohl teilen.

Sowohl das starke als auch das schwache Argument der Nichtmessbarkeit verlieren also an Gewicht, sobald wir Lohngerechtigkeit nicht auf der Ebene ganzer Gesellschaften sondern auf der Ebene einzelner Arbeitskooperationen ansiedeln. Diese Einsicht bleibt nicht folgenlos für die Antwort auf die zweite der beiden oben genannten Fragen, die ich als Frage nach dem Ort der Lohngerechtigkeit bezeichnet habe. Wenn wir gerecht entlohnen wollen, müssen wir das Problem der Leistungsermittlung lösen. Die Alternative wäre, dass wir auf die Idee einer leistungsgerechten Entlohnung und damit (im hier verstandenen Sinne) auf die Verwirklichung von Lohngerechtigkeit ganz verzichten. Dann besteht allerdings die Gefahr, dass die Motivation der Mitarbeiter entsprechend leidet – und zwar nicht unbedingt deshalb, weil Leistungslöhne als Anreize für die individuelle Gier wirken, sondern weil sie als gerecht empfunden werden und der Verzicht darauf auch heute noch so frustrierend ist wie damals im Weinberg.

V. DER ORT DER LOHNGERECHTIGKEIT

Es spricht also schon aus Gründen der Operationalisierbarkeit des Leistungsbegriffs einiges dafür, den Ort der Lohngerechtigkeit deutlich unterhalb der Ebene ganzer Gesellschaften anzusiedeln. Häufig wird Lohngerechtigkeit jedoch wie bereits erwähnt mit sozialer Gerechtigkeit, d.h. mit Verteilungsgerechtigkeit auf der Ebene ganzer Gesellschaften identifiziert. So hat z.B. *Michael Sandel* sehr hohe Managerlöhne in einem Interview mit dem Argument kritisiert, sie reflektierten nicht den Beitrag der Managertätigkeit zum Gemeinwohl:[40]

---

39 Vgl. Klaus Schmierl, Lohn und Leistung, in: *Handbuch Arbeitssoziologie*, hg. von Fritz Böhle / G. Günter Voß / Gunther Wachtler, 2010, S. 359–383, sowie die Fallstudien in: *Leistungsorientierte Vergütung: Herausforderungen für die Organisations- und Personalentwicklung, Umsetzung und Wirkung von Leistungsentgeltsystemen in der betrieblichen Praxis*, hg. von Bettina Dilcher / Christoph Emminghaus, 2010.

40 Zitiert nach Guido Kalberer, „Die Löhne widerspiegeln den Beitrag zum Gemeinwohl nicht",

Bei einem solchen krassen Lohnunterschied wird der echte Wert des Beitrags zum Gemeinwohl, den die einzelnen Menschen erbringen, überhaupt nicht widergespiegelt. Der Wert, den ein Hedgefonds-Manager oder ein Schullehrer für das gemeinsame Gut, für das Gemeinwohl erbringen, ist eben so nicht auszudrücken; und ich bin der Meinung, dass die Vergütung eines Menschen für seine Arbeit auch die Bedeutung seiner Arbeit für das Gemeinwohl widerspiegeln sollte.

Man kann sich allerdings fragen, warum in diesem Fall die Frage der Lohngerechtigkeit nicht gleich auf globaler Ebene beantwortet wird. Da offenbar (nicht nur) für *Sandel* institutionelle Grenzen wie die zwischen einzelnen Unternehmen moralisch irrelevant sind, sehe zumindest ich nicht, warum dann die nationalstaatlichen Grenzen noch relevant sein sollten. Tatsächlich bestreiten viele Gerechtigkeitstheoretiker heutzutage diese Relevanz, wenn es z. B. um Fragen der Migration geht. Für das Problem der Lohngerechtigkeit hat eine solche Auffassung allerdings erhebliche Konsequenzen, die keineswegs viele akzeptieren dürften. Denn wenn man halbwegs egalitaristische Maßstäbe anlegte, wie das diese Gerechtigkeitstheoretiker in der Regel tun, wären wohl die meisten Löhne, die im deutschsprachigen Raum gezahlt werden, als viel zu hoch zu betrachten. Die Forderung der Lohngerechtigkeit implizierte dann eine gigantische Umverteilung von allen Lohnempfängern in unseren Breitengraden in die ärmsten Länder dieser Welt. Es gibt bekanntlich Autoren, die eine solche Umverteilung tatsächlich für moralisch geboten halten.[41] Ich denke aber, dass wir damit zumindest die Idee der Lohngerechtigkeit heillos überfordern. Man kann darüber streiten, ob eine solche Umverteilung aus anderen Gründen moralisch geboten ist, aber dass sich dies allein aus der Idee der Lohngerechtigkeit ableiten lässt, scheint mir in keinem Falle überzeugend.

Es ist allerdings kaum zu bestreiten, dass *Sandel* mit der oben zitierten Aussage das Gerechtigkeitsempfinden vieler Menschen artikuliert. Das Problem ist, dass dieses Gerechtigkeitsempfinden nicht unbedingt widerspruchsfrei ist. *Sandels* Argument läuft im Grunde darauf hinaus, der Lohngerechtigkeit ihren eigenständigen Status abzusprechen. Der Lohn wird nach dieser Auffassung auf gesellschaftlicher Ebene bestimmt und die Aufgabe der Lohnpolitik innerhalb einzelner Unternehmen besteht dann nur noch darin, den andernorts als gerecht bestimmten Lohn zu exekutieren. Das kollidiert jedoch mit dem ebenfalls weit verbreiteten Teil des Gerechtigkeitsempfindens, das sich in Vergleichen des eigenen Lohns mit dem der Kollegen innerhalb des eigenen Unternehmens artikuliert. In solchen Vergleichen wird offenbar das jeweils eigene Unternehmen und nicht die ganze Gesellschaft (oder die ganze Welt) als Ort der Lohngerechtigkeit angesehen. Aus normativer Sicht scheint mir das überzeugender, weil es schließlich die einzelnen Unternehmen sind, die im Wettbewerb miteinander die Erträge erwirtschaften, die dann innerhalb der Unternehmen über Löhne zur Verteilung bereitstehen.

Dagegen läuft die von *Sandel* vorgetragene Idee, dass die Lohnspreizung den Beitrag zum Gemeinwohl widerspiegeln sollte, auf eine sozialistische Gerechtigkeitsvorstellung hinaus, die *Hayek* mit Recht kritisiert hat, weil sie die Entscheidungsfreiheit von Unternehmen in einem nicht zu rechtfertigenden Maße einschränkt. Mein Argument lautet hier nicht, dass diese Entscheidungsfreiheit grundsätzlich nicht

---

Tages-Anzeiger vom 17. April 2013, S. 23.

41 Vgl. als das wahrscheinlich berühmteste Beispiel Peter Singer, Famine, Affluence, and Morality, *Philosophy and Public Affairs* 1 (1972), S. 229–243.

beschränkt werden darf. Natürlich unterliegen auch Unternehmen moralischen Normen, die notfalls mit gesetzlichen Maßnahmen durchgesetzt werden dürfen oder sogar durchgesetzt werden müssen. Aber die Idee der unternehmerischen Freiheit, die von *Hayek* nicht zuletzt mit ihrem Nutzen für das von *Sandel* betonte Gemeinwohl gerechtfertigt wurde, impliziert, dass Eingriffe in diese Freiheit, so einleuchtend sie aus einer eingeschränkten Perspektive auch erscheinen mögen, möglichst zurückhaltend vorzunehmen sind, wenn sie zu Ergebnissen führen, die aus einer umfassenderen Perspektive unerwünscht sind. Das bedeutet, dass der Gesetzgeber nur dann in die Eigenständigkeit von Unternehmen eingreifen sollte, wenn grundlegende moralische Normen verletzt sind. Naheliegende Beispiele wären massiv gesundheitsgefährdende, diskriminierende oder demütigende Arbeitsbedingungen. Dagegen scheint die Verwirklichung von Lohngerechtigkeit weniger dringlich, wenn man von Löhnen absieht, die so niedrig sind, dass man von ihnen nicht einmal seinen Lebensunterhalt bestreiten kann. Zu diesem Problem, das häufig in die Forderung nach einem Mindestlohn einmündet, werde ich im letzten Abschnitt etwas sagen. Dass aber die Gerechtigkeit aller Löhne innerhalb eines Unternehmens im hier verstandenen Sinne ein Anliegen der ganzen Gesellschaft sein sollte, liegt nicht auf der Hand, und es liegt nicht einmal auf der Hand, dass ihre Gerechtigkeit durch einen gesamtgesellschaftlichen Vergleich *definiert* sein sollte.

Um Missverständnisse zu vermeiden: Das hier vorausgesetzte Bild von Wirtschaft ist noch immer eine Modellvorstellung, aber eine, die einen entscheidenden Schritt in Richtung einer realistischeren Darstellung macht. In der wirklichen Welt findet Wirtschaften nicht zwischen isolierten Individuen auf Märkten mit vollkommener Konkurrenz sondern in Unternehmen statt. Mit anderen Worten: Es sind die Unternehmen, in denen Wirtschaft im Sinne einer Produktion und Verteilung von Einkommen in erster Linie stattfindet, während Märkte lediglich Verbindungen zwischen den einzelnen Unternehmen sowie zwischen den Unternehmen und den Konsumenten herstellen.[42] Man wird dabei der Bedeutung von Unternehmen sicher nicht gerecht, wenn man sie nur unter dem sozusagen technischen Gesichtspunkt einer Verringerung von Transaktionskosten betrachtet und dabei unterstellt, dass die Präferenzen und Erwartungen der Mitarbeiter des jeweiligen Unternehmens von der langfristigen Zusammenarbeit unberührt bleiben. Es scheint vielmehr psychologisch realistischer, von Rückwirkungen der Regeln der Kooperation auf die Präferenzen der Arbeitenden auszugehen, die insbesondere deren Erwartungen aneinander verändern.[43] Das bedeutet, dass langfristige Kooperationsbeziehungen in Unternehmen mehr sind als bloße Zweckbündnisse, die jederzeit aufgekündigt werden können, sobald es opportun erscheint. Wie vor allem die soziologische Forschung gezeigt hat, sind Unternehmen tatsächlich relativ eigenständige Sozialsysteme.[44]

Nun könnte man den Eindruck haben, dass hier aus einer Tatsache auf eine Norm geschlossen wird. Es mag ja sein, dass Unternehmen im Wirtschaftsleben

---

42 Vgl. für eine besonders anschauliche Darstellung dieses Sachverhalts Herbert A. Simon, Organizations and Markets, *The Journal of Economic Perspectives* 5 (1991), S. 25–44.

43 Vgl. hierzu Ekkehard Schlicht, *On Custom in the Economy*, 1998; Gisela Kubon-Gilke, *Verhaltensbindung und die Evolution ökonomischer Institutionen*, 1997; Peter Mücke, *Unternehmensgrenzen und Arbeitsmärkte: Ein Beitrag zur Interaktion normativer Verhaltenssteuerung und marktlicher Kontrolle*, 2002.

44 Vgl. z.B. Heiner Minssen, *Arbeits- und Industriesoziologie: Eine Einführung*, 2006.

allgegenwärtig sind, so würde der Einwand lauten, aber warum sollte das für eine normative Untersuchung relevant sein? Meine Antwort wäre, dass in Unternehmen anders als auf Märkten langfristige Beziehungen entstehen, die starke Normen generieren: Langfristig angelegte Beziehungen führen in der Regel zu anspruchsvolleren wechselseitigen Erwartungen als kurzfristige Beziehungen, wie sie paradigmatisch auf den idealisierten Märkten der allgemeinen Gleichgewichtstheorie in jedem Moment entstehen und wieder vergehen. Auf diesen idealisierten Märkten treffen atomisierte Individuen nur für den jeweiligen Akt des Kaufens und Verkaufens aufeinander. Dass hier abgesehen von grundlegenden Regeln der Fairness keine anspruchsvolleren Normen im Spiel sind, leuchtet unmittelbar ein. In diesem Sinne ist der Markt tatsächlich eine relativ moralfreie Zone, während in den Unternehmen stärkere Rechte und Pflichten generiert werden, unter ihnen die Normen einer gerechten Entlohnung im Sinne des Leistungsprinzips.[45]

Es sind damit im Grunde zwei Argumente, die für eine moralische Eigenständigkeit von Unternehmen sprechen und sie zum Ort der Lohngerechtigkeit, d.h. zum Referenzpunkt legitimer Lohnvergleiche machen. Das erste Argument ist ein Klugheitsargument und geht wie gesagt auf *Hayek* zurück. Es besagt, dass wir alle gut beraten sind, uns für eine marktwirtschaftliche Ordnung mit selbständig wirtschaftenden Unternehmen zu entscheiden, weil dies insgesamt unseren Wohlstand erhöht. Zum selbständigen Wirtschaften gehört dann auch das Recht einer eigenständigen Lohnpolitik dieser Unternehmen. Das zweite Argument ist ein moralisches Argument. Es besagt, dass wir das Recht haben, uns zu Kooperationen mit besonderen Zielen zu assoziieren, solange diese Ziele nicht gegen grundlegende moralische Normen verstoßen. Diese Kooperationen generieren anspruchsvolle Rechte und Pflichte zwischen den Kooperationspartnern, auch wenn vor allem die Pflichten nicht in jedem Falle willkommen sind, wie schon *Durkheim* erkannte: „Wir arbeiten zusammen, weil wir es gewollt haben, aber unsere freiwillige Zusammenarbeit schafft uns Pflichten, die wir nicht gewollt haben."[46] Unternehmen sind Kooperationen mit dem Ziel der Produktion, die vom Standpunkt der einzelnen Mitarbeiter letztlich dem Ziel der Generierung von Einkommen dient. Obwohl die Mitarbeiter in der Produktion kooperieren, konkurrieren sie zugleich um die dabei generierten Einkommen. Hier hat deshalb die Idee der Lohngerechtigkeit im Sinne einer Entlohnung proportional zur individuellen Leistung ihren legitimen Ort.

VI. Ausblick auf die nicht-ideale Theorie der Lohngerechtigkeit

Soweit die Grundzüge einer Theorie der Lohngerechtigkeit. Abschließend möchte ich kurz noch einige Punkte ansprechen, die in den bisherigen Ausführungen keine Rolle gespielt haben, um die Grenzen der hier skizzierten Theorie anzuzeigen. Zu-

---

45 Die Moralphilosophie hat die wichtige Frage, welche zusätzlichen Rechte und Pflichten sich aus besonderen Beziehungen ergeben, seit einiger Zeit verstärkt thematisiert; vgl. Diane Jeske, *Special Obligations*, in: The Stanford Encyclopedia of Philosophy (Spring 2014 Edition) = <http://plato.stanford.edu/archives/spr2014/entries/special-obligations/>. Das obige Argument kann als eine Anwendung dieser allgemeinen Fragestellung verstanden werden.

46 Émile Durkheim, *Über soziale Arbeitsteilung: Studie über die Organisation höherer Gesellschaften* (Original: *De la Division du Travail Social*, 1893), 1992, S. 271.

nächst einmal möchte ich erneut darauf hinweisen, dass es sich dabei um eine ideale Theorie handelt. Das bedeutet, dass in den vorangegangenen Ausführungen eine Konformität der Akteure mit den Grundsätzen der Gerechtigkeit unterstellt wurde. Der Sinn der idealen Theorie besteht darin, die Grundsätze der Gerechtigkeit selbst herauszuarbeiten, ohne dabei immer schon etwas zu der Frage zu sagen zu, wie realistisch die Idee einer Umsetzung dieser Grundsätze ist. Eine ideale Theorie in diesem Sinne ist ohne weiteres mit der Forderung nach mehr Realismus in Bezug auf die dabei verwendeten empirischen Annahmen vereinbar. Tatsächlich habe ich für die ideale Theorie der Lohngerechtigkeit mehr Realismus hinsichtlich der Beschreibung des wirtschaftlichen Subsystems der Gesellschaft eingefordert. Es ging mir dabei, ökonomisch gesprochen, um einen optimalen und nicht um einen maximalen Realismus, wobei die Frage, wie diese Optimalität zu bestimmen wäre, in Abhängigkeit von der jeweiligen Fragestellung zu beantworten ist. Meine These war, dass nur eine Beschreibung der Wirtschaft, in der Unternehmen als wesentliche Elemente vorkommen, differenziert genug ist, um die Lohngerechtigkeit als eigenständiges Problem normativ in den Griff zu bekommen.

Nun ist die wirkliche Welt natürlich noch um einiges komplizierter. Einige von mir bis jetzt ausgeblendete Eigenschaften der wirklichen Welt spielen zwar nicht für die ideale Theorie der Lohngerechtigkeit, wohl aber für ihre praktische Anwendung eine Rolle und sollten entsprechend berücksichtigt werden. So stellt sich eben die Frage, welche Auswirkungen es hat, wenn wir die oben angesprochene Annahme der Konformität mit dem Prinzip der Lohngerechtigkeit fallenlassen. Das Unternehmen als Ort der Lohngerechtigkeit kann dann nicht mehr als eine Kooperation von gleichberechtigten Mitarbeitern angesehen werden, sondern muss als ein mehr oder weniger hierarchisches System erkannt werden, in dem Machtbeziehungen eine wesentliche Rolle spielen. Diese werden sich nicht zuletzt auch auf die tatsächliche Lohnpolitik auswirken.

Die wichtigste dieser Machtbeziehungen ist sicher die zwischen Arbeitgebern und Arbeitnehmern, die durch ungleiche Eigentumsverhältnisse zustande kommt. Die Arbeitgeber verfügen (in der Terminologie von *Marx*) über die Produktionsmittel. Diese werden von den Arbeitnehmern angewendet, um das Produkt herzustellen, dessen Herstellung die Arbeitgeber ohne die Konsultation der Arbeitnehmer beschlossen haben. Für die Definition des gerechten Lohns macht diese Asymmetrie keinen Unterschied, sie macht aber einen Unterschied für faktische Verhandlungen über den gerechten Lohn. Der gerechte Lohn ist zwar als Leistungslohn begrifflich klar bestimmt, aber schon die Frage, wie die Komponenten der Anstrengung und des Beitrags gewichtet werden sollen, kann uns die Theorie nicht beantworten. Dies obliegt der Entscheidung der einzelnen Kooperationspartner und kann wie bei *Rawls* als unparteiliche und rationale Wahl unter einem Schleier des Nichtwissens modelliert werden, nur dass der Urzustand, um den in diesem Falle geht, auf der Ebene des Unternehmens und nicht wie bei *Rawls* auf der Ebene der ganzen Gesellschaft angesiedelt ist. Weil also der gerechte Lohn in seiner konkreten Höhe als Ergebnis einer unparteilichen Entscheidung über die Gewichtung der relevanten Leistungsparameter zustande kommt, wissen wir im Falle asymmetrischer Machtbeziehungen nicht, welche konkrete Lohnhöhe für die jeweilige Tätigkeit und ihre Ausführung unter den Bedingungen der idealen Theorie als gerecht angesehen würde.

Wir wissen aber, dass die hierfür relevanten Verhandlungen nicht auf Augen-höhe geführt werden. Das rechtfertigt unternehmensübergreifende Lohnverhand-lungen zwischen Arbeitgeber- und Arbeitnehmervertretern, die in einer idealen The-orie der Lohngerechtigkeit keinen Platz haben. Da der gerechte Lohn dieser Theorie zufolge der Leistung im Sinne eines Beitrags zum Erfolg des Unternehmens ent-spricht, sind Lohnvergleiche zwischen Angehörigen verschiedener Unternehmen eigentlich moralisch irrelevant. Lohngerechtigkeit ist in der hier vertretenen Theorie als Gerechtigkeit der Löhne innerhalb eines Unternehmens definiert und nicht als Gerechtigkeit der Löhne innerhalb von Berufsgruppen oder – wie im marxistisch inspirierten Weltbild – innerhalb der ‚Arbeiterklasse‘ insgesamt. Dennoch kann es in einer Welt, in der Machtasymmetrien existieren, gerechtfertigt sein, Lohnverhand-lungen über die Grenzen von Unternehmen hinweg zu führen, sofern Verhandlun-gen innerhalb der einzelnen Unternehmen zu deutlichen Abweichungen von der gerechten Lohnstruktur führen würden, während unternehmensübergreifende Ver-handlungen diese Abweichungen zumindest tendenziell korrigieren könnten.

Das ist allerdings alles ziemlich hypothetisch, weil wir nicht über konkrete Zah-len verfügen. Niemand kennt schließlich die gerechte Lohnstruktur, von der die re-ale Lohnstruktur dann mehr oder weniger stark abweicht. Es geht mir hier lediglich um das Verständnis der grundlegenden ‚Mechanik des gerechten Lohns‘ und nicht um Aussagen zur Gerechtigkeit konkreter Lohnstrukturen.[47] Sofern unternehmens-übergreifende Lohnverhandlungen die Verhandlungspartner auf Augenhöhe brin-gen, wird in der Tendenz der Einfluss von Machtasymmetrien neutralisiert, was zu-mindest die Wahrscheinlichkeit dafür erhöht, dass die für Lohngerechtigkeit rele-vanten Bestimmungsgründe wirksam werden. Allerdings lauern hier auch Gefahren. So dürfte die Gründung berufsspezifischer Einzelgewerkschaften, wie sie z. B. die Gewerkschaften von Lokomotivführern oder Piloten darstellen, den Einfluss von Machtasymmetrien eher verstärken. Hier gewinnen verhandlungsstarke gegenüber verhandlungsschwachen Berufen, ohne dass der gemeinsame Kooperationsertrag im jeweiligen Unternehmen eine Rolle spielt, und die Idee der Kooperation löst sich in allgemeine Konkurrenz auf. Zwar entstehen neue Grenzen, nämlich Grenzen zwi-schen verschiedenen Berufen, nur sind diese aus wirtschaftlicher und aus morali-scher Perspektive nicht zu begrüßen. Dass Unternehmen, die ähnliche Produkte herstellen, in Konkurrenz zueinander treten, scheint sinnvoll, weil sich dies zum Vorteil der Konsumenten – d. h. grundsätzlich zum Vorteil der Allgemeinheit – auf die Qualität der Produkte und auf die Preisbildung auswirkt. Dass aber Piloten (gleich welcher Fluggesellschaft) mit dem Bodenpersonal (gleich welcher Fluggesell-schaft) um den größten Anteil am Gesamtertrag konkurrieren, hat keine vergleich-

---

47 Es trägt zum manchmal etwas halbseidenen Eindruck der Wirtschaftsethik bei, dass manche Wirtschaftsethiker den Eindruck erwecken, sie könnten solche Aussagen wissenschaftlich ablei-ten. Was in solchen Fällen tatsächlich geschieht, ist, dass der betreffende Wirtschaftsethiker all-gemeine theoretische Überlegungen mit seiner persönlichen Meinung verknüpft, um auf diese Weise zu einem scheinbar wissenschaftlichen Urteil über die jeweils aktuellen Zahlen zu kom-men. So kann man allerdings leicht den Lohn eines konkreten Managers mit dem Gestus des Experten als eindeutig ungerecht kritisieren, ohne dass man den Anteil der subjektiven Meinung an diesem konkreten Urteil für die Öffentlichkeit erkennbar ausweisen müsste. Eine Gerechtig-keitstheorie ist aber nun einmal kein Algorithmus zur Ableitung konkreter Gerechtigkeitsurteile und soll das auch gar nicht sein.

baren Vorteile für die Allgemeinheit. Es gibt deshalb keinen Grund, diese Art von Konkurrenz zu wollen, wenn man nicht gerade Lokomotivführer oder Pilot ist.

Im Kontext der nicht-idealen Theorie lässt sich schließlich auch die Frage nach einer Untergrenze des gerechten Lohns beantworten. Wenn der gerechte Lohn der jeweiligen Leistung im Sinne des Beitrags zum Unternehmenserfolg entspricht, gibt es keine Untergrenze, denn nichts spricht gegen die Möglichkeit, dass dieser Beitrag manchmal sehr gering ausfällt und dass auch die dabei unternommenen Anstrengungen nicht genügend ins Gewicht fallen, um den Lohn auf ein ausreichendes Niveau zu heben. Das bedeutet aber nicht, dass entsprechend ein beliebig geringer Lohn gezahlt werden sollte. Hier kommt die oben eingeführte Unterscheidung zwischen Gerechtigkeit und Moral zum Tragen. Es mag einen moralischen Grund geben, unterhalb eines Minimums von den Forderungen der Gerechtigkeit abzuweichen, d. h. einen Lohn zu zahlen, der oberhalb der Proportionalität von Lohn und Leistung liegt. Ein solcher Grund könnte durch das Bedarfsprinzip gegeben sein, das ich als mögliches Prinzip der Lohngerechtigkeit zwar erwähnt aber dann stillschweigend fallengelassen habe. Das Bedarfsprinzip ist kein Gerechtigkeitsprinzip im Sinne der besonderen Gerechtigkeit, weil die Tatsache, dass jemand einen Bedarf hat, ihm nicht als Verdienst anzurechnen ist. Dennoch kann dieser Bedarf moralisch relevant sein. Nach meiner Auffassung begründet das Bedarfsprinzip allerdings keinen Anspruch auf eine Proportionalität zwischen Bedarf und Lohn, sondern es geht dabei allein darum, dass der Lohn für ein anständiges Leben gemäß den Vorstellungen, die in der Gesellschaft als Minimum akzeptiert sind, ausreicht.[48]

Daraus könnte sich dann wiederum die moralische Rechtfertigung für einen Mindestlohn ergeben. Damit eine solche Rechtfertigung überzeugen könnte, müsste allerdings die Frage nach dem Zusammenhang von Mindestlöhnen und unfreiwilliger Arbeitslosigkeit geklärt sein. Diese Frage, die häufig im Zusammenhang mit der Forderung nach Lohngerechtigkeit aufgeworfen wird, übersteigt aber endgültig die Grenzen dessen, was hier als Inhalt einer Theorie der Lohngerechtigkeit definiert worden ist. Das bedeutet nicht, dass diese Frage unwichtig ist, im Gegenteil: Es gibt einiges, das wichtiger ist als Lohngerechtigkeit. Die Chance, durch Arbeit den eigenen Lebensunterhalt zu verdienen, dabei seine Fähigkeiten zu entfalten und weiter zu entwickeln und letztlich zum Nutzen anderer einzusetzen, gehört sicherlich dazu. Daran sollten wir uns bei aller Berechtigung der Forderung nach einem gerechten Lohn hin und wieder erinnern.

LITERATUR

Abraham Martin, Wann werden Löhne als gerecht eingeschätzt? Eine tauschtheoretische Betrachtung der Lohngerechtigkeit auf dem Arbeitsmarkt, *Zeitschrift für Arbeitsmarktforschung* 40/2007, 9–22

Abramitzky Ran, Lessons from the Kibbutz on the Equality-Incentives Trade-off, *Journal of Economic Perspectives* 25/2011, S. 185–208

Aristoteles, *Nikomachische Ethik*, Reinbek b. Hamburg 2006

Borchardt Alexandra, Gefühlte Gerechtigkeit: Wann die Kollegen über ihre Gehälter meckern, *Süddeutsche Zeitung*, 10. April 2006, S. 25

Brand Christine, Was ist ein gerechter Lohn?, *Neue Zürcher Zeitung*, 8. Februar 2009, S. 22

---

48 Vgl. hierzu grundlegend Avishai Margalit, *The Decent Society*, 1996.

Buchanan James M., *The Limits of Liberty: Between Anarchy and Leviathan*, Chicago 1975

Coase Ronald H., *The Firm, the Market, and the Law*, Chicago 1990

Cohen Gerald A., On the Currency of Egalitarian Justice, *Ethics* 99/1989, S. 906–944

Dilcher Bettina / Emminghaus Christoph (Hg.), *Leistungsorientierte Vergütung: Herausforderungen für die Organisations- und Personalentwicklung, Umsetzung und Wirkung von Leistungsentgeltsystemen in der betrieblichen Praxis*, Wiesbaden 2010

Dröge Kai / Marrs Kira / Menz Wolfgang (Hg.), *Rückkehr der Leistungsfrage: Leistung in Arbeit, Unternehmen und Gesellschaft*, Berlin 2008

Durkheim Émile, Über soziale Arbeitsteilung: Studie über die Organisation höherer Gesellschaften. Originalausgabe *De la Division du Travail Social* (1893), Frankfurt am Main 1992

Dworkin Ronald, *Sovereign Virtue: The Theory and Practice of Equality*, Cambridge 2000

Feinberg Joel, Justice and Personal Desert, in: Derselbe, *Doing and Deserving: Essays in the Theory of Responsibility*, Princeton 1970, S. 55–94

Hayek Friedrich A. von, *Die Anmaßung von Wissen*, Tübingen 1996

Heath Joseph / Moriarty Jeffrey / Norman Wayne, Business Ethics and (or as) Political Philosophy, *Business Ethics Quarterly* 20/2010, S. 427–452

Hecker Christian, *Lohn- und Preisgerechtigkeit: Historische Rückblicke und aktuelle Perspektiven unter besonderer Berücksichtigung der christlichen Soziallehren*, Marburg 2008

Horné Alfred (Hg.), *Gibt es einen gerechten Lohn?*, Frankfurt am Main 1965

Hurka Thomas, Desert: Individualistic and Holistic, in: *Desert and Justice*, hg. von Serena Olsaretti, Oxford 2003, S. 45–68

Hüther Michael / Straubhaar Thomas, *Die gefühlte Ungerechtigkeit: Warum wir Ungleichheit aushalten müssen, wenn wir Freiheit wollen*, Berlin 2009

Jeske Diane, Special Obligations, *The Stanford Encyclopedia of Philosophy* (Spring 2014 Edition), Edward Zalta (ed.) forthcoming URL = <http://plato.stanford.edu/archives/spr2014/entries/special-obligations/>

Kalberer Guido, „Die Löhne widerspiegeln den Beitrag zum Gemeinwohl nicht", *Tages-Anzeiger*, 17. April 2013, S. 23

Kolb Robert W. (Hg.), *The Ethics of Executive Compensation*, Oxford 2006

Kosiol Erich, *Leistungsgerechte Entlohnung*, überarbeitete und erweiterte 2. Aufl. der *Theorie der Lohnstruktur* (1928), Wiesbaden 1962

Krebs Angelika (Hg.), *Gleichheit oder Gerechtigkeit: Texte der neueren Egalitarismuskritik*, Frankfurt am Main 2000

Krelle Wilhelm, Der gerechte Lohn in nationalökonomischer Sicht, in: *Der gerechte Lohn: Vorträge gehalten auf der Tagung evangelischer Juristen*, hg. von D. Theodor Heckel, München 1963, S. 34–51

Kubon-Gilke Gisela, *Verhaltensbindung und die Evolution ökonomischer Institutionen*, Marburg 1997

Lengfeld Holger / Liebig Stefan, Arbeitsbeziehungen und Gerechtigkeit: Stand und Perspektiven der empirischen Forschung, *Industrielle Beziehungen* 10/2003, S. 472–490

Liebig Stefan / Schupp Jürgen, Immer mehr Erwerbstätige empfinden ihr Einkommen als ungerecht, *Wochenbericht des DIW Berlin* 31/2008, S. 434–440

Liebig Stefan / Schupp Jürgen / Wagner Gert G., Justice of Wages in Germany and Abroad? An Empirical Investigation, in: *Spheres of Global Justice: Volume 2 Fair Distribution – Global Economic, Social and Intergenerational Justice*, hg. von Jean-Christophe Merle, Dordrecht 2013, S. 689–699

Mackie John L., *Ethics: Inventing Right and Wrong*, New York 1977

Margalit Avishai, *The Decent Society*, Cambridge 1996

Margalit Avishai, Menschenwürdige Gleichheit, in: *Gleichheit oder Gerechtigkeit: Texte der neueren Egalitarismuskritik*, hg. von Angelika Krebs, Frankfurt am Main 2000, S. 107–116

McLeod Owen, Desert and Wages, *Utilitas* 8/1996, S. 205–221

McLeod Owen, Desert, *The Stanford Encyclopedia of Philosophy* (Winter 2013 Edition), Edward N. Zalta (ed.), URL = <http://plato.stanford.edu/archives/win2013/entries/desert/>

McMahon Christopher, The Political Theory of Organizations and Business Ethics, *Philosophy and Public Affairs* 24/1995, S. 292–313

Messner Johannes, Lohngerechtigkeit heute, in: Derselbe, *Menschenwürde und Menschenrecht*, 2004, S. 306–321

Miller David, *Principles of Social Justice*, Cambridge 1999

Minssen Heiner, *Arbeits- und Industriesoziologie: Eine Einführung*, Frankfurt am Main/New York 2006

Mücke Peter, *Unternehmensgrenzen und Arbeitsmärkte: Ein Beitrag zur Interaktion normativer Verhaltens-steuerung und marktlicher Kontrolle*, Marburg 2002

North Douglass C., *Institutions, Institutional Change and Economic Performance*, Cambridge 1990

Nozick Robert, *Anarchy, State, and Utopia*, New York 1974

Offe Claus, *Leistungsprinzip und industrielle Arbeit: Mechanismen der Statusverteilung in Arbeitsorganisationen der industriellen ‚Leistungsgesellschaft‘*, Frankfurt am Main 1970

Ostrom Elinor, *Governing the Commons: The Evolution of Institutions for Collective Action*, Cambridge 1990

Pfannkuche Walter, *Wer verdient schon, was er verdient? Fünf Gespräche über Markt und Moral*, Stuttgart 2003

Rawls John, *A Theory of Justice*, Cambridge (Mass.) 1971

Rawls John, *Eine Theorie der Gerechtigkeit*, Frankfurt am Main 1979

Richter Rudolf, *Institutionen ökonomisch analysiert: Zur jüngeren Entwicklung auf einem Gebiet der Wirtschaftstheorie*, Tübingen 1994

Rippe Klaus Peter, *Ethik in der Wirtschaft*, Paderborn 2010

Schettgen Peter, *Arbeit, Leistung, Lohn: Analyse- und Bewertungsmethoden aus sozioökonomischer Perspektive*, Stuttgart 1996

Schlicht Ekkehard, *On Custom in the Economy*, Oxford 1998

Schlothfeldt Stephan, *Gerechtigkeit*, Berlin 2012

Schmierl Klaus, Lohn und Leistung, in: (Hg.), *Handbuch Arbeitssoziologie*, hg. von Fritz Böhle / G. Günter Voß / Gunther Wachtler, Wiesbaden 2010, S. 359–383

Sen Amartya, Equality of What?, in: Derselbe, *Choice, Welfare and Measurement*, Cambridge (Mass.) 1982, S. 353–369

Sen Amartya, *The Idea of Justice*, London 2009

Simon Herbert A., Organizations and Market", *The Journal of Economic Perspectives* 5/1991, S. 25–44

Singer Peter, Famine, Affluence, and Morality, *Philosophy and Public Affairs* 1/1972, S. 229–243

Stemmer Peter, *Normativität: Eine ontologische Untersuchung*, Berlin 2008

Sternberg Elaine, *Just Business: Business Ethics in Action*, 2. Aufl. ([1]1994), Oxford 2000

Thieleman, Ulrich, Zwischen Neidargument und Dschungeltheorie: Millionenbezüge für Manager – was ist fair und befördert die gute Unternehmensentwicklung?, *Personalführung* 7/2006, S. 18–25

Ulrich Peter, Lohngerechtigkeit – ade? Was vor sich geht, wie es zu beurteilen und was zu tun ist, *Berichte des Instituts für Wirtschaftsethik* Nr. 110, Universität St. Gallen 2007

Valda Andreas, Das Experiment von A und B mit 1000 Franken, *Tages-Anzeiger*, 15. November 2013

Valentini Laura, Ideal vs. Non-ideal Theory: A Conceptual Map, *Philosophy Compass* 7/9 (2012), S. 54–664

Voigt Stefan, *Institutionenökonomik*, 2., durchgesehene Aufl. ([1]2002), Paderborn 2009

Walzer Michael, *Spheres of Justice: A Defense of Pluralism and Equality*, New York 1983

Weber Wolfgang / Kabst Rüdiger, *Einführung in die Betriebswirtschaftslehre*, 7., überarbeitete Aufl. ([1]1991), Wiesbaden 2009

Williamson Oliver E., *Markets and Hierarchies: Analysis and Antitrust Implications*, New York 1975

Williamson Oliver E., *The Economic Institutions of Capitalism: Firms, Markets, Relational Contracting*, New York 1985

MIGRATIONSGERECHTIGKEIT

ANDREAS CASSEE[1]

DAS RECHT AUF GLOBALE BEWEGUNGSFREIHEIT: EINE VERTEIDIGUNG

I. EINLEITUNG

Die Freiheit, den eigenen Körper im Raum zu bewegen, ist für die individuelle Selbstbestimmung in mehreren Hinsichten zentral. Erstens können wir zahlreiche *andere* wichtige Freiheiten nur dann und nur so weit genießen, wenn bzw. soweit wir im Genuss von Bewegungsfreiheit sind. Die Bewegungsfreiheit ist eine Ermöglichungsbedingung für die Versammlungsfreiheit, für die Freiheit, im gegenseitigen Einverständnis intime Beziehungen einzugehen, oder auch für die Freiheit der Berufswahl: Wenn wir von Spezialfällen wie Online-„Versammlungen", reinen Fernbeziehungen oder Heimarbeit absehen, so beziehen sich alle diese Freiheiten auf Optionen, welche die physische Anwesenheit an einem Ort im Raum voraussetzen. Und entsprechend können wir diese Freiheiten immer nur mit Blick auf diejenigen Optionen genießen, die uns räumlich zugänglich sind.

Instrumentell bedeutsam ist die Bewegungsfreiheit zweitens auch mit Blick auf den Zugang zu den materiellen Ressourcen, die für eine selbstbestimmte Lebensführung wichtig sind. Sich an einen anderen Ort zu bewegen, an dem die ökonomischen Aussichten vielversprechender sind, ist eine uralte Strategie, um die eigene materielle Situation zu verbessern. Und Restriktionen der Bewegungsfreiheit beschränken die Möglichkeiten, die Individuen diesbezüglich offen stehen.

Über ihre instrumentelle Bedeutung für die Gewährleistung anderer Freiheiten und den Zugang zu ökonomischen Möglichkeiten hinaus ist die Freiheit, über den eigenen Aufenthaltsort zu bestimmen, aber drittens auch ein *konstitutiver* Bestandteil dessen, was es heißt, über „sich selbst" bestimmen zu können: Wir schätzen die Bewegungsfreiheit auch einfach um ihrer selbst willen. Ich jedenfalls würde die Möglichkeit nicht missen wollen, einen Spaziergang oder eine Reise unternehmen oder in eine andere Stadt ziehen zu können, ohne dafür jemanden um Erlaubnis bitten zu müssen – und zwar selbst dann, wenn dies im Einzelfall kein notwendiges Mittel ist, um eine andere Freiheit wahrzunehmen oder meine ökonomische Situation zu verbessern. Die Verfügungshoheit über den eigenen Aufenthaltsort ist nicht nur ein Mittel, sondern auch selbst eine Dimension der Selbstbestimmung.

Kaum jemand, der Wert auf die individuelle Selbstbestimmung legt, wird deshalb bestreiten, dass ein Recht auf Bewegungsfreiheit zu den grundlegenden moralischen Ansprüchen zählt. Weniger unstrittig dürfte allerdings die These über die Reichweite dieses Rechts sein, die ich in diesem Beitrag vertreten möchte. Wie eine Reihe von Philosophen vor mir[2] möchte ich nämlich die Ansicht verteidigen, dass

1 Für wertvolle Hinweise möchte ich mich bei Jan Brezger, Anna Goppel, Sabine Hohl und Peter Schaber sowie bei den Teilnehmenden der Tagung „Soziale Gerechtigkeit heute" vom 9. Juni 2013 in Bern bedanken. Einige Überlegungen dieses Beitrags wurden in stark gekürzter Fassung veröffentlicht in: Andreas Cassee, Ein Recht auf globale Bewegungsfreiheit? Einwanderungsbeschränkung und individuelle Selbstbestimmung, *Polar* 15 (2013), S. 73–77.

2 Vgl. u.a. Joseph H. Carens, Aliens and Citizens: The Case for Open Borders, *The Review of Politics* 49 (2) (1987), S. 251–273; Martino Mona, *Das Recht auf Immigration. Rechtsphilosophische*

das Recht auf Bewegungsfreiheit in seiner Reichweite grundsätzlich unbeschränkt ist: Menschen haben einen gerechtfertigten Anspruch bzw. ein moralisches Recht, sich auch über Staatsgrenzen hinweg frei auf der Erdoberfläche zu bewegen und selbst zu entscheiden, in welchem Land der Welt sie sich (vorübergehend oder dauerhaft) aufhalten möchten.

Bevor ich auf die Gründe für diese Ansicht zu sprechen komme, möchte ich kurz präzisieren, was ich damit (nicht) behaupten möchte (Abschnitt II.). Anschließend formuliere ich ein Analogieargument für ein Recht auf globale Bewegungsfreiheit: Wer das breit anerkannte Recht auf innerstaatliche Bewegungsfreiheit akzeptiert, hat gute Gründe, auch ein Recht auf zwischenstaatliche Bewegungsfreiheit zu akzeptieren (Abschnitt III.). Dabei handelt es sich um ein nicht-absolutes Recht, das grundsätzlich durch andere Ansprüche überwogen werden kann. In den weiteren Teilen dieses Beitrags wende ich mich deshalb den Argumenten zu, die in der Debatte für ein staatliches „Recht auf Ausschluss"[3] vorgebracht werden. Zwei neuere „institutionalistische" Ansätze, die (jedenfalls dem Anspruch nach) ohne Verweis auf die identitäre Dimension des Nationalstaates auskommen, werde ich näher untersuchen und zurückweisen: Weder die Assoziationsfreiheit (Abschnitt IV.) noch das kollektive Eigentum an staatlichen Institutionen (Abschnitt V.) liefert ein überzeugendes Argument dafür, dass Staaten die Einwanderung nach Gutdünken beschränken dürfen. Abschnitt VI. fasst die Ergebnisse zusammen.

II. Worauf ein Recht auf globale Bewegungsfreiheit (k)ein Recht wäre

Die Hauptthese dieses Beitrags lautet, dass wir ein Recht auf globale Bewegungsfreiheit anerkennen sollten. Um Missverständnissen vorzubeugen, möchte ich hier kurz präzisieren, was ich damit *nicht* behaupten möchte.

Erstens lautet die These nicht, dass zwischenstaatliche Migration immer empfehlenswert sei oder dass es gut wäre, wenn möglichst viele Menschen migrieren würden. Meine These ist keine evaluative, sondern eine deontische: Ich behaupte, dass Menschen ein moralisches *Recht* haben, die Entscheidung über ihren Aufenthaltsort selbst zu fällen. Auch in einer Welt mit offenen Grenzen hätten zweifellos viele Menschen gute Gründe, nicht zu migrieren. Doch genau wie ein Bekenntnis zur Religionsfreiheit uns nicht darauf festlegt, religiöse Betätigung zu empfehlen, muss auch ein Bekenntnis zur Bewegungsfreiheit nicht mit einer solchen Empfehlung einhergehen. Und genau wie die Religionsfreiheit auch das Recht beinhaltet, keine Religion auszuüben, gehört zur Bewegungsfreiheit zentral auch das Recht, sich nicht von einem Ort wegzubewegen.[4] Zwischen Bewegungsfreiheit und Niederlassungsfreiheit besteht deshalb ein enger Zusammenhang: Ein allgemeines Recht, sich

---

Begründung eines originären Rechts auf Einwanderung im liberalen Staat, 2007; Kieran Oberman, *Immigration as a Human Right*, 2012, http://ssrn.com/abstract=2164939 (letzter Zugriff: 13. September 2013).

3   Gemeint ist das Recht, Nichtbürgern die Einreise und/oder die langfristige Niederlassung im Staatsgebiet zu untersagen und entsprechende Entscheidungen nötigenfalls mit Zwangsmitteln durchzusetzen.

4   So auch Kieran Oberman, Immigration, Global Poverty and the Right to Stay, *Political Studies* 59 (2011), S. 253–268 (siehe insbesondere S. 258 f.).

(nicht) im Raum zu bewegen, schließt immer schon das spezifischere Recht ein, sich an einem Ort niederzulassen.

Das Recht auf Bewegungsfreiheit, das hier im Blick ist, ist zweitens als ein *negatives Anspruchsrecht* zu verstehen. Die These lautet nicht, dass wir verpflichtet sind, Einwanderungswilligen im Ausland aktiv die Einreise zu ermöglichen, sondern nur, dass wir sie nicht mit staatlichen Zwangsmitteln an der Einwanderung hindern dürfen.[5] Welche weiteren Rechte und Pflichten aus der Wahrnehmung dieses negativen Anspruchsrechts resultieren – welche Verpflichtungen ein Staat also gegenüber kurzfristigen Besucherinnen und langfristigen Einwanderern hat, und was diese ihrerseits dem jeweiligen Staat schulden – ist natürlich eine offene Frage. Meine eigene Ansicht ist, dass langfristig niedergelassene Immigrantinnen dieselben Ansprüche auf staatliche Leistungen haben wie Menschen, die durch Geburt auf das jeweilige Staatsgebiet gelangt sind (wobei sie natürlich auch gleichermaßen verpflichtet sind, Beiträge zur reziproken Aufrechterhaltung einer gerechten Ordnung zu leisten). Doch das Recht auf Bewegungsfreiheit selbst ist ein rein negatives Recht: Zur Diskussion steht nicht die Finanzierung von Flugtickets, sondern die Frage, ob bewaffnete Grenzkontrollen und Ausschaffungsgefängnisse überzeugend gerechtfertigt werden können.

Und schließlich möchte ich drittens nicht behaupten, dass das negative Anspruchsrecht, sich auf der Erdoberfläche frei zu bewegen und niederzulassen, völlig uneingeschränkt oder absolut gilt. Hier scheint mir ein Blick auf die rechtliche Praxis bezüglich der breit anerkannten innerstaatlichen Bewegungsfreiheit hilfreich, auf die ich gleich noch eingehender zu sprechen komme. Nach dem allgemeinen Verständnis beinhaltet das Recht auf innerstaatliche Bewegungs- und Niederlassungsfreiheit kein Recht, in private Räume einzudringen, in einem Nationalpark ein Haus zu bauen oder auf der falschen Straßenseite zu fahren. Dasselbe gilt für das Recht auf globale Bewegungs- und Niederlassungsfreiheit, das ich hier verteidigen möchte. Und in besonderen Situationen darf der Staat die innerstaatliche Bewegungsfreiheit vorübergehend auch zusätzlich einschränken: Er darf beispielsweise nach dem Niedergang einer Lawine eine Straße für den Privatverkehr sperren, um die Wege für Rettungskräfte freizuhalten. Analog dürfte auch die zwischenstaatliche Bewegungsfreiheit vorübergehend eingeschränkt werden, wenn dies nötig wäre, um andere entsprechend gewichtige moralische Rechte zu schützen. Allerdings müssten bei der entsprechenden Güterabwägung auch die Ansprüche derjenigen Menschen unparteiisch mitberücksichtigt werden, deren Bewegungsfreiheit beschnitten wird, und die Einschränkungen müssten verhältnismäßig sein: Die bloß hypothetische Möglichkeit eines Lawinenniedergangs genügt nicht, um ein Dorf für Monate oder gar Jahre von der Außenwelt abzuschneiden. Und der Staat darf wegen einer einzelnen Lawine in Graubünden nicht die ganze Ostschweiz absperren. Analog dürfte auch die internationale Wanderung von Menschen nur dann beschränkt werden, wenn tatsächlich eine reale Gefahr für klar benennbare andere Ansprüche besteht. Und Einschränkungen wären nur in dem Ausmaß zulässig, in dem sie tatsächlich notwendig wären, um diese Ansprüche zu schützen.[6]

---

5   Dazu Peter Schaber, Das Recht auf Einwanderung: Ein Recht worauf?, in: *Migration und Ethik*, hg. von Andreas Cassee / Anna Goppel, 2012, S. 185–195.

6   Vgl. Carens (Fn. 2), S. 259.

Unter diesen Einschränkungen ist das Recht, um das es hier geht, aber viertens ein *allgemeines* Recht: Es gilt für alle Menschen, nicht bloß für diejenigen, die vor politischer Verfolgung oder vor wirtschaftlicher Not flüchten. Zwar wiegt der Anspruch politischer und wirtschaftlicher Flüchtlinge zweifellos besonders schwer. Und genau wie die Polizei im Lawinen-Szenario gut daran tut, Verletztentransporte gegenüber Urlaubsreisen zu priorisieren, sollten wir Flüchtlingen (und zwar sowohl politischen als auch wirtschaftlichen Flüchtlingen[7]) wohl den Vorrang einräumen, wenn gewisse Einschränkungen der globalen Bewegungsfreiheit aufgrund eines Konflikts mit anderen Rechten gerechtfertigt sind. Aber genau wie die innerstaatliche Bewegungsfreiheit in Abwesenheit besonderer Umstände auch für Urlaubsreisen gilt, gilt das moralische Recht auf globale Bewegungsfreiheit, das ich hier verteidigen möchte, grundsätzlich auch für Wanderungen, die nicht aus der Not geboren sind.

III. Innerstaatliche und zwischenstaatliche Bewegungsfreiheit

Im rechtlichen Status quo besteht eine erhebliche Asymmetrie im Umgang mit der innerstaatlichen und der zwischenstaatlichen Wanderung von Menschen. Wenn ich meinen Wohnsitz von Zürich nach Genf verlegen möchte, so wird das gemeinhin als mein gutes Recht angesehen. Niemand kommt auf die Idee zu fordern, man möge in Zürich die „Migrationsursachen bekämpfen", statt mich in Genf einzulassen. Ich brauche auch nicht geltend zu machen, dass ich in Zürich politisch verfolgt werde, um einen Anspruch zu haben, in Genf aufgenommen zu werden. Ich habe ganz einfach das Recht, selbst darüber zu bestimmen, in welcher Schweizer Stadt ich leben möchte. Und wenn ich mich entscheide, nach Genf zu ziehen, dann darf mich weder der Bund noch die Stadt Zürich oder die Stadt Genf daran hindern. So jedenfalls verlangt es das geltende Völkerrecht: Es gibt ein verbrieftes Menschenrecht, sich innerhalb eines Landes frei zu bewegen und niederzulassen.[8] Und dabei handelt es sich nicht etwa um einen besonderen Anspruch, den ich aufgrund meiner schweizerischen Staatsangehörigkeit besitze. Wie der Internationale Pakt über bürgerliche und politische Rechte festhält, gilt die innerstaatliche Bewegungs- und Niederlassungsfreiheit für „[j]edermann, der sich rechtmäßig im Hoheitsgebiet eines Staates aufhält"[9]. Alle Menschen, die sich legal in der Schweiz aufhalten, haben ein Recht, nach Genf zu ziehen, wenn sie dies tun möchten (jedenfalls wenn sie in Genf eine Wohnung finden – das Recht auf Bewegungsfreiheit ist wie erwähnt ein negatives Recht).

Wenn ich statt nach Genf allerdings nach Montreal oder nach Kampala reisen oder mich dort niederlassen möchte, sieht die völkerrechtliche Lage ganz anders aus.

---

7 Zur Kritik an der Unterscheidung zwischen „richtigen" politischen und „falschen" wirtschaftlichen Flüchtlingen vgl. Andrew E. Shacknove, Who is a Refugee?, *Ethics* 95 (2) (1985), S. 274–284; Stephan Schlothfeldt, Ökonomische Migration und globale Verteilungsgerechtigkeit, in: *Was schulden wir Flüchtlingen und Migranten? Grundlagen einer gerechten Zuwanderungspolitik*, hg. von Alfredo Märker / Stephan Schlothfeldt, 2002, S. 93–109.

8 Vgl. Art. 13.1 der Allgemeinen Erklärung der Menschenrechte sowie völkerrechtlich verbindlich Art. 12.1 des Internationalen Paktes über bürgerliche und politische Rechte.

9 A. a. O.

Ein Recht, sich zwischen nationalstaatlichen Territorien frei zu bewegen oder in ein Land der eigenen Wahl einzuwandern, kennt das geltende Völkerrecht nicht. Zwar dürfen Staaten die Menschen auf ihrem Territorium nicht an der Ausreise oder an der Auswanderung hindern.[10] Doch die Regelung der Einreise und Einwanderung von Nichtbürgern gehört völkerrechtlich zum *domaine réservé* souveräner National-staaten: Es steht den einzelnen Staaten frei, wie sie die Sache handhaben wollen. Und sämtliche wohlhabenden Staaten machen von der rechtlichen Möglichkeit Ge-brauch, die Zuwanderung insbesondere aus ärmeren Weltgegenden erheblich zu beschränken.

Die meisten Menschen dürften der Ansicht sein, dass dieser rechtliche Status quo in etwa unsere moralischen Ansprüche abbildet: Sie sehen es einerseits als ihr gutes Recht an, sich innerhalb des Landes frei zu bewegen, und sie sind gleichzeitig der Auffassung, dass die Bürger eines Landes dazu berechtigt sind, nach Maßgabe ihrer eigenen Vorstellungen und Interessen darüber zu entscheiden, ob und in wel-chem Umfang sie Einwanderungswillige aufnehmen wollen.

Die Frage ist allerdings, ob es eine überzeugende Rechtfertigung für diese An-sicht gibt. Weshalb sollte ich zwar das Recht haben, meinen Wohnsitz von Zürich nach Genf zu verlegen, nicht aber das Recht, von Zürich nach Montreal zu ziehen? Weshalb sollte aus einem Menschenrecht ein Privileg werden, das nach Belieben gewährt oder verweigert werden kann, bloß weil eine Staatsgrenze zwischen dem Ort liegt, an dem ich lebe, und dem Ort, an dem ich gerne leben möchte?

Restriktionen der globalen Bewegungsfreiheit beschneiden die individuelle Selbstbestimmung in allen drei Hinsichten, die ich in Abschnitt I. unterschieden habe. Und wie *Joseph Carens* betont, könnten Menschen selbst in einer idealen Welt starke Gründe haben, sich in ein anderes Land bewegen zu wollen:[11]

> Man könnte sich in einen Bürger eines anderen Landes verlieben, man könnte einer Religion angehören, die wenige Angehörige im eigenen Geburtsland und viele in einem anderen hat, oder man könnte kulturelle Möglichkeiten suchen, die nur in einer anderen Gesellschaft vor-handen sind. Allgemeiner gesagt braucht man nur zu fragen, ob das Recht, *innerhalb* einer gege-benen Gesellschaft frei migrieren zu dürfen, eine wichtige Freiheit ist. Die gleichen Überle-gungen machen die Migration über Staatsgrenzen hinaus wichtig.

Wer das Recht auf innerstaatliche Bewegungsfreiheit akzeptiert, so also der Verdacht, kann nur um den Preis der Inkohärenz an einem staatlichen Recht auf Ausschluss gegenüber internationalen Migrantinnen festhalten.

1. Genügend Auslauf vs. freie Bewegung

Oder beruht der Analogieschluss vom innerstaatlichen auf ein zwischenstaatliches Recht auf Bewegungsfreiheit auf einem Missverständnis? Das jedenfalls behauptet *David Miller*.[12] Er gesteht zunächst zu, dass ein Recht auf Bewegungsfreiheit zu den

---

10 Art. 13.2 der Allgemeinen Erklärung der Menschenrechte; Art. 12.2 des Internationalen Paktes über bürgerliche und politische Rechte.

11 Joseph H. Carens, Fremde und Bürger: Weshalb Grenzen offen sein sollten, in: *Migration und Ethik*, hg. von Andreas Cassee / Anna Goppel, 2012, S. 31, Hervorhebung im Original.

12 David Miller, Einwanderung: Das Argument für Beschränkungen, in: *Migration und Ethik*, hg. von Andreas Cassee / Anna Goppel, 2012, S. 47–65.

grundlegenden moralischen Rechten zählt. Unter Verweis auf unstrittige Einschränkungen der innerstaatlichen Bewegungsfreiheit etwa durch Privateigentum oder
durch Verkehrsregeln bestreitet er aber, dass es sich dabei um ein Recht auf *unbeschränkte* Bewegungsfreiheit handelt: Kaum jemand würde behaupten, dass Geschwindigkeitsbegrenzungen oder das Verbot des Hausfriedensbruchs als Verletzun-
gen des Menschenrechts auf Bewegungsfreiheit zu werten seien. *Miller* schlägt deshalb vor, das Recht auf Bewegungsfreiheit von vornherein nur als ein Recht auf *genügend* Bewegungsfreiheit zu verstehen:[13]

> Worauf Menschen legitimerweise einen Anspruch erheben können, ist der Zugang zu einem
> *angemessenen* Angebot an Optionen – eine vernünftige Auswahl hinsichtlich Beruf, Religion,
> kulturellen Aktivitäten, Ehepartnern und so weiter.

Dafür sei ein Recht auf zwischenstaatliche Bewegungsfreiheit aber (normalerweise)
nicht notwendig: Wer im Herkunftsland bereits über eine angemessene Auswahl an
Optionen verfügt, müsse sich nicht frei über Staatsgrenzen bewegen können, um in
seinen grundlegenden Rechten geschützt zu sein.

Was ist von dieser Argumentation zu halten? Soweit es um *positive* Anspruchs-
rechte wie beispielsweise das Recht auf Bildung geht, mag Millers suffizienzorien-
tiertes Kriterium eine diskussionswürdige Möglichkeit sein: Der Staat ist kaum dazu
verpflichtet, unbegrenzt Mittel zu investieren, um mir Bildungsoptionen zu eröff-
nen, und die Idee einer „angemessenen Auswahl" ist ein ernstzunehmender Vorschlag (wenn auch nicht der einzige Vorschlag) dafür, wie hier eine Grenze gezogen
werden könnte.

Mit Blick auf *negative* Freiheitsrechte scheint mir *Millers* Position aber einigerma-
ßen abwegig. Nehmen wir einmal an, dass mir aktuell in allen Lebensbereichen das
Doppelte der Optionen zur Verfügung steht, die für eine angemessene Auswahl
oder ein „anständiges Leben" mindestens notwendig wären. Unter dieser Annahme
folgt aus *Millers* Argumentation nicht nur, dass mir der Schweizer Staat Reisen in die
westliche Hälfte des Landes einfach mit dem Argument verweigern dürfte, die östli-
che Landeshälfte biete mir ja genügend andere Möglichkeiten. *Millers* Position impliziert auch, dass es völlig unproblematisch wäre, mir beispielsweise intime Beziehungen mit Menschen zu untersagen, deren Name mit den Buchstaben A – M beginnt, oder mir die Teilnahme an Kundgebungen zu verbieten, die an ungeraden
Kalendertagen stattfinden: Der Annahme zufolge wäre ich nach einer solchen Hal-
bierung meiner Optionen immer noch im Genuss einer angemessenen Auswahl,
und nur darauf besteht angeblich ein moralischer Anspruch.[14]

Von einem *common sense* Verständnis negativer Freiheitsrechte ist *Miller* damit
weit entfernt. So wird etwa das Recht auf Meinungsäußerungsfreiheit normalerweise
nicht dahingehend verstanden, dass der Staat uns bloß eine genügend lange Liste
mit Meinungen lassen muss, die legal geäußert werden dürfen, und ansonsten beliebige Einschränkungen vornehmen darf. Das Recht auf Meinungsäußerungsfreiheit
ist vielmehr ein Recht, sich ohne staatliche Eingriffe frei zu äußern, und erstreckt
sich als solches auf alle Meinungen, die zu äußern uns in den Sinn kommt (jedenfalls wenn sie nicht verleumderisch sind oder unter andere relevante Einschränkungen fallen). Und ebenso verhält es sich beim Recht auf Bewegungsfreiheit: Es ist

---

13   Miller (Fn. 12), S. 51, Hervorhebung im Original.
14   Für ähnliche Gegenbeispiele und zum Ganzen vgl. Oberman (Fn. 2), S. 9 ff.

nicht ein Recht auf genügend Auslauf, sondern ein Recht, sich frei zu bewegen. Dass ich statt nach Genf auch nach Chur oder nach St. Gallen reisen könnte, ist unter der Standardinterpretation der innerstaatlichen Bewegungsfreiheit kein hinreichender Rechtfertigungsgrund, mir eine Reise nach Genf zu untersagen. Und die Frage bleibt, weshalb der Verweis auf eine angemessene Auswahl an Optionen im Herkunftsland dann genügen soll, um Restriktionen der zwischenstaatlichen Bewegungsfreiheit zu rechtfertigen.

Nun kann *Miller* an dieser Stelle natürlich in den sauren Apfel beißen und zugeben, dass seine Interpretation der Bewegungsfreiheit revisionistisch ist bzw. dass er das Menschenrecht auf innerstaatliche Bewegungsfreiheit unter der Standardinterpretation zurückweist. Wie jeder Analogieschluss lässt auch der hier diskutierte, wenn er denn überzeugend ist, immer noch zwei praktische Konsequenzen zu: Man kann das Recht auf globale Bewegungsfreiheit akzeptieren – oder aber das Recht auf innerstaatliche Bewegungsfreiheit (unter der Standardinterpretation) zurückweisen.

Allerdings wäre dies in der Tat ein ziemlich saurer Apfel. Und die gegenteilige Annahme, dass das Recht auf Bewegungsfreiheit in seiner Reichweite grundsätzlich unbeschränkt ist, legt uns keineswegs auf die unplausible Ansicht fest, dass Einschränkungen der innerstaatlichen Bewegungsfreiheit durch Verkehrsregeln oder Privateigentum immer schon als Rechtsverletzungen zu werten sind. Die naheliegende Rechtfertigung scheint mir hier einfach die zu sein, dass das Recht auf Bewegungsfreiheit nicht der einzige moralische Anspruch ist, den es für eine gerechte Ordnung zu berücksichtigen gilt. Der Punkt ist nicht, dass beispielsweise Geschwindigkeitsbegrenzungen das Recht auf Bewegungsfreiheit überhaupt nicht tangieren, wie *Miller* suggeriert. Der Punkt ist vielmehr, dass gerechte Verkehrsgesetze nicht nur das Recht der verschiedenen Verkehrsteilnehmerinnen auf Bewegungsfreiheit berücksichtigen müssen, sondern auch den Anspruch der Verkehrsteilnehmerinnen und unbeteiligter Dritter auf physische Integrität sowie gewisse Ansprüche darauf, nicht übermäßig mit Emissionen wie Lärm oder Abgasen behelligt zu werden. Wäre schnelles Fahren völlig ungefährlich und mit keinerlei negativen Externalitäten verbunden, so wären Tempolimiten tatsächlich problematisch.

Ich möchte nun wie gesagt nicht bestreiten, dass die Einschränkungen, denen die Bewegungsfreiheit im innerstaatlichen Fall normalerweise unterliegt, auch im internationalen Fall gelten sollten: Auch internationale Migrantinnen dürfen nicht in Privaträume eindringen oder die Höchstgeschwindigkeit auf der Autobahn übertreten. Und ich möchte auch nicht ausschließen, dass es zusätzliche Rechtfertigungsgründe für Restriktionen der zwischenstaatlichen Bewegungsfreiheit geben könnte. Was ich bisher hoffe deutlich gemacht zu haben, ist nur, dass diesbezüglich ein Rechtfertigungsbedarf besteht: Wer an der These festhalten will, dass Staaten die Einwanderung beschränken dürfen, muss etwas dazu sagen, welcher andere moralische Anspruch den Anspruch auf Bewegungsfreiheit im internationalen Fall überwiegt.

2. Identitäre und institutionalistische Antwortstrategien

Welcher moralische Anspruch könnte herangezogen werden, um Einwanderungsbeschränkungen zu verteidigen? Wenn es darum geht, Restriktionen der globalen Bewegungsfreiheit *unter bestimmten kontingenten Bedingungen* zu rechtfertigen, kommt eine ganze Palette von Ansprüchen in Betracht. So könnte man ein Recht auf Erhalt der eigenen Sprache geltend machen, um für Restriktionen in bestimmten linguistischen Situationen zu argumentieren; ein Anspruch auf Erhalt einer gerechten Ordnung könnte herangezogen werden, um Restriktionen zu rechtfertigen, wenn eine hohe Einwanderungsrate tatsächlich zu einer Gefährdung der öffentlichen Ordnung führt etc. So weit es aber darum geht, ein *allgemeines* Recht auf Ausschluss zu verteidigen, dürfte der vielversprechendste Kandidat ein irgendwie gearteter Anspruch auf kollektive Selbstbestimmung sein.[15] Diesem Anspruch werden in der Debatte allerdings sehr unterschiedliche Deutungen gegeben.

Traditionelle kommunitaristische[16] und „liberal-nationalistische"[17] Ansätze verstehen das einschlägige Recht auf kollektive Selbstbestimmung zunächst als ein Recht, das *Nationen* als kulturellen oder identitären Gemeinschaften zukommt – Staaten haben ein solches Recht nur deshalb (und nur dann?), weil (und wenn?) ihre Grenzen zumindest grob mit den Grenzen nationaler Identitäten zusammenfallen. Der relevante Unterschied zwischen Nationalstaaten, die ein Recht auf Ausschluss haben, und subnationalen politischen Einheiten wie Gemeinden, Kantonen oder Bundesländern, die kein solches Recht haben, besteht diesen Ansätzen zufolge darin, dass wir es bei der innerstaatlichen Wanderung (normalerweise) mit *co-nationals* oder „Unseresgleichen" zu tun haben, wohingegen es im internationalen Fall um die Aufnahme von „Fremden" geht. Im Hintergrund steht dabei die Annahme, dass sich Menschen in der internationalen Arena in moralisch erheblicher Hinsicht nicht als Individuen, sondern als Angehörige verschiedener „Völker" oder Nationen begegnen.[18]

Ich halte diese Annahme für fragwürdig, doch ich werde nicht versuchen, diesen Punkt hier zu verteidigen. Stattdessen möchte ich im Folgenden zwei neuere Ansätze diskutieren, die für sich in Anspruch nehmen, ein Recht auf Ausschluss rechtfertigen zu können, *ohne* auf die identitäre Dimension des Nationalstaates Bezug zu nehmen. Diesen „institutionalistischen" Argumenten zufolge haben die Bürger alleine aufgrund ihrer *institutionellen* Zugehörigkeit zum jeweiligen Staat das Recht, über dessen zukünftige Einwohnerschaft zu entscheiden.

---

15 Vgl. dazu die Unterscheidung zwischen „Kontrollargumenten" (die ein allgemeines Recht auf Ausschluss rechtfertigen) und „Schutzargumenten", denen zufolge die Einwanderung dann eingeschränkt werden darf, wenn dies im Einzelfall notwendig ist, um ein bestimmtes Gut zu schützen, bei Oberman (Fn. 2), S. 17 f.

16 Vgl. Michael Walzer, *Spheres of Justice. A Defense of Pluralism and Equality*, 1983.

17 Vgl. David Miller, *National Responsibility and Global Justice*, 2007; Will Kymlicka, *Multicultural Citizenship. A Liberal Theory of Minority Rights*, 1995.

18 Vgl. John Rawls, The Law of Peoples, *Critical Inquiry* 20 (1) (1993), S. 36–68.

IV. Staaten als Clubs? Wellman über Assoziationsfreiheit

„Staaten sind wie Clubs: Es ist an den bisherigen Mitgliedern zu entscheiden, wen sie als neues Mitglied in ihre Gemeinschaft aufnehmen wollen." – So lautet eine verbreitete Intuition zur Einwanderungsfrage.

Die Analogie zwischen Staaten und privaten Vereinen wird in der philosophischen Debatte über Einwanderungsbeschränkungen immer wieder vorgebracht.[19] Niemand hat diese Analogie aber so wörtlich genommen wie *Christopher H. Wellman*. *Wellmans* Ansicht nach haben Staaten und private Vereine nicht nur gleichermaßen ein Recht auf Ausschluss; sie haben dieses Recht auch aus demselben Grund, nämlich auf Grundlage der Assoziationsfreiheit.[20]

Wellmans Argument erfolgt in drei Schritten. Die erste Prämisse lautet, dass legitime Staaten, welche die Menschenrechte in vernünftigem Maß schützen, ein Recht auf Selbstbestimmung haben. Selbst wenn beispielsweise die norwegischen Verkehrsgesetze suboptimal seien und zu einer erhöhten Zahl an Verkehrstoten führten, dürfe Schweden die Norwegerinnen nicht dazu zwingen, unter schwedischen Verkehrsregeln zu leben. Dieses staatliche Recht auf Selbstbestimmung beinhalte zweitens ein Recht auf Vereinigungs- bzw. Assoziationsfreiheit. Genau wie zur individuellen Selbstbestimmung das Recht gehöre, im gegenseitigen Einverständnis eine Ehe einzugehen oder einen Verein zu gründen, gehöre auch zur staatlichen Selbstbestimmung ein Recht, sich frei zu vereinigen. Deshalb dürfe ein Staat beispielsweise selbst entscheiden, ob er einer überstaatlichen Organisation wie der EU beitreten möchte. Und dieses Recht auf Assoziationsfreiheit beinhalte drittens auch das Recht, eine Assoziation mit einem assoziationswilligen Gegenüber *nicht* einzugehen. Genau wie Individuen dazu berechtigt sind, eine Ehe mit einem heiratswilligen Partner abzulehnen, seien deshalb auch Staaten dazu berechtigt, Einwanderungswillige abzuweisen.[21]

Die Attraktivität von *Wellmans* Vorschlag besteht darin, dass er eine dezidiert universalistische Rechtfertigung für Einwanderungsbeschränkungen verspricht, die ohne problematische Annahmen über die empirische oder normative Bedeutung nationaler Kulturgrenzen auskommt: Die Mitglieder eines Golfclubs haben das Recht zu beschließen, dass sie keine neuen Mitglieder aufnehmen wollen. Sie brauchen dafür nicht zu zeigen, dass potenzielle Neumitglieder ihnen fremd sind oder dass die bisherigen Mitglieder einander kulturell besonders nahe stehen. Und ebenso verhält es sich *Wellman* zufolge bei staatlichen Gemeinschaften: Sie haben ein Recht auf Ausschluss unabhängig davon, ob ihre bisherigen Mitglieder eine gemeinsame Kultur pflegen, die sie von Nichtmitgliedern unterscheidet.[22]

---

19 Für eine frühe Erwähnung der Club-Analogie vgl. Walzer (Fn. 16), S. 40 f.
20 Christopher Heath Wellman, Immigration and Freedom of Association, *Ethics* 119 (1) (2008), S. 109–141; ders., Freedom of Association and the Right to Exclude, in: *Debating the Ethics of Immigration: Is There a Right to Exclude?*, hg. von Christopher Heath Wellman / Phillip Cole, 2011, S. 11–155.
21 Wellman, Freedom of Association (Fn. 20), S. 13 ff.
22 Wellman, Immigration (Fn. 20), S. 117 f.

1. WENN STAATEN WIE CLUBS WÄREN...

Nehmen wir einmal an, *Wellmans* Argumentation sei überzeugend und die Aufnahmepolitik von Staaten sei mit derjenigen privater Vereinen vergleichbar. Was genau würde in praktischer Hinsicht daraus folgen? Ich möchte behaupten: in jeweils unterschiedlichen Hinsichten weniger, etwas ganz anderes bzw. viel mehr, als *Wellman* meint.

Der erste Punkt hat damit zu tun, dass *Wellman* nicht genügend deutlich zwischen negativen Anspruchsrechten und Immunitäten einerseits und moralischen Freiheiten andererseits unterscheidet.[23] Es ist eine Sache zu behaupten, dass Vereine oder Staaten mit Blick auf ihre Aufnahmepolitik ein Recht auf *Nichteingriff* genießen sollten. Die These lautet dann, dass niemand einen Verein oder einen Staat dazu *zwingen* darf, Beitrittswillige aufzunehmen (ein negatives Anspruchsrecht), und vielleicht auch, dass Verpflichtungen aus erzwungenen Assoziationen nichtig sind (eine Immunität). Es ist etwas ganz anderes zu behaupten, dass es Vereinen oder Staaten *moralisch freisteht*, Beitrittswillige aufzunehmen oder auch nicht, ganz wie es ihnen beliebt. Die letztere Ansicht, dass Aufnahmeentscheidungen in einer „moralfreien Zone" stattfinden, scheint mir schon bei Vereinen problematisch,[24] und ich glaube nicht, dass *Wellman* ein überzeugendes Argument dafür liefert, dies für Staaten anzunehmen.

In seiner Argumentation beruft sich *Wellman* immer wieder auf Intuitionen, die sich auf Nichteingriffsrechte beziehen. So macht er im Beispiel der norwegischen Verkehrsgesetze nicht etwa die Ansicht stark, dass die Norwegerinnen keinerlei moralische Pflicht haben, bei der Festlegung ihrer Verkehrsgesetze eine übermäßige Zahl von Verkehrstoten zu vermeiden (was eine ziemlich steile These wäre). Worauf sich *Wellman* beruft, ist lediglich die Intuition, dass die Norwegerinnen diesbezüglich ein Recht auf Nichteingriff haben: Der schwedische Staat darf ihnen nicht die Entscheidungshoheit über ihre Verkehrsgesetze entziehen. Wenn das staatliche Recht auf Selbstbestimmung in Wellmans erster Prämisse aber nur ein Recht auf Nichteingriff ist, so ist unklar, weshalb am Ende der Argumentationskette eine moralische Freiheit herauskommen soll. Wenn überhaupt, würde *Wellmans* Argumentation also nur zeigen, dass niemand einen Staat dazu zwingen darf, seine Einwanderungspolitik zu ändern. Und diese These ist durchaus mit der Ansicht vereinbar, dass Staaten ihrerseits moralisch verpflichtet sein könnten, ein Recht auf Einwanderung zu anerkennen.[25]

---

23 Zum Hohfeldt'schen Vokabular, das hier verwendet wird, vgl. Leif Wenar, The Nature of Rights, *Philosophy & Public Affairs* 33 (3) (2005), S. 223–252. Für eine ähnliche Kritik an Argumenten über die staatliche Souveränität vgl. Oberman (Fn. 2), S. 19 ff.

24 Vgl. dazu etwa Peter Singers Beispiel eines privaten Vereins, der einen Atombunker bauen lässt und nach Eintreten der Katastrophe Nichtmitglieder der Verstrahlung anheimstellt, damit die Mitglieder im Bunker nicht auf einen Tennis-Court verzichten müssen. Man kann sich natürlich darüber streiten, ob dieses Beispiel eine geeignete Analogie für den Umgang wohlhabender Staaten mit Wirtschaftsflüchtlingen darstellt. Dass die Aufnahmeentscheidung *im Beispiel* eine ist, in der moralische Überlegungen einschlägig sind, scheint mir aber schwer zu bestreiten. Vgl. Peter Singer, *Practical Ethics*, 2. Aufl. 1993, S. 247 ff.

25 Eine solche „kompatibilistische" Position vertritt Oliviero Angeli, Das Recht auf Einwanderung und das Recht auf Ausschluss, *Zeitschrift für Politische Theorie* 2 (2) (2011), S. 171–184.

In einer anderen Hinsicht folgt aus *Wellmans* Argument (jedenfalls auf den ersten Blick) etwas ganz *anderes*, als dieser meint. Denn Assoziationsrechte beziehen sich normalerweise nicht auf den Aufenthalt an einem Ort im Raum, sondern auf die Mitgliedschaft in einer Gemeinschaft. So hat beispielsweise ein Yoga-Club, der im Central Park in New York praktiziert, ein Recht auf Assoziationsfreiheit: Die bisherigen Mitglieder dürfen darüber entscheiden, wen sie als neues Mitglied in ihre Gemeinschaft aufnehmen. Doch der Yoga-Club hat deshalb noch lange kein Recht, Außenstehenden den Zugang zum Central Park zu verwehren.[26] Die Club-Analogie scheint also eher auf ein Recht auf *Nichteinbürgerung* hinauszulaufen als auf ein Recht, Nichtmitgliedern den Aufenthalt auf dem Staatsgebiet zu verweigern.[27]

In einer dritten Hinsicht schließlich folgt aus der Club-Analogie *viel mehr*, als *Wellman* deutlich macht. Denn private Vereine haben nicht nur das Recht, „Außenstehende" von der Mitgliedschaft auszuschließen. Sie haben auch das Recht, Nachkommen von Mitgliedern die Aufnahme zu verweigern, und zwar selbst dann, wenn diese im Clubhaus zur Welt gekommen sind. Und Vereine können auch bisherigen Mitgliedern die Mitgliedschaft wieder entziehen. Wenn Staaten wie Clubs wären, so müssten sie also auch das Recht haben, unliebsame Bürgerinnen aus der staatlichen Gemeinschaft auszuschließen oder auf dem Territorium geborene Nachkommen von Mitgliedern der Staatenlosigkeit anheimzustellen. Den Einzelnen müssten im Gegenzug aber ebenfalls zusätzliche Rechte eingeräumt werden: Wie bei Vereinen müsste es ein Recht geben, neue Staaten zu gründen, und Individuen müssten auch das Recht haben, gar keinem Staat anzugehören.

Das alles dürfte bei Territorialstaaten, wie wir sie heute kennen, kaum möglich sein. Um die Club-Analogie vollständig durchzuhalten, müssten wir wohl an ein Szenario mit Staaten ohne territoriale Monopolstellung und ohne Zwangsmitgliedschaft denken: Es wäre jederzeit möglich, neue Staaten zu gründen oder alte aufzulösen, und es würde auch ein Recht bestehen, bisherige Mitglieder aus einem Staat auszuschließen. Diese würden dann zu Staatenlosen, bis ihnen gegebenenfalls ein anderer Staat die Mitgliedschaft anböte. Wer aus einem Staat ausgeschlossen würde, müsste allerdings nicht wegziehen oder aus privaten Assoziationen wie Wohngemeinschaften austreten; Staaten wären nicht im Genuss *territorialer* Exklusionsrechte.

2. Territorialstaaten als unfreiwillige „Container-Assoziationen"

Nun meint natürlich auch *Wellman* nicht, dass Staaten so radikal wie Vereine aussehen sollten. Er bestreitet weder die Legitimität der obligatorischen Mitgliedschaft im

---

26   Das Beispiel stammt von Sarah Fine, Freedom of Association Is Not the Answer, *Ethics* 120 (2) (2010), S. 338–356 (354).

27   Zu einem Argument für ein Recht auf *territorialen* Ausschluss wird die Assoziationsfreiheit bei Wellman erst durch ein (weitgehend implizites) Hilfsargument: Mit Walzer (Fn. 16), S. 52 ff., argumentiert Wellman, Immigration (Fn. 20), S. 133 f., dass Staaten *kein* Recht haben, langfristig niedergelassenen Immigrantinnen die Aufnahme in die politische Gemeinschaft zu verweigern. Gleichzeitig müssen die Mitglieder einer politischen Gemeinschaft seiner Ansicht nach aber doch irgendwie die Möglichkeit haben, über die Aufnahme neuer Mitglieder zu entscheiden. Das Recht auf territorialen Ausschluss tritt dann als eine Art Ersatzrecht an die Stelle des Rechts auf politischen Ausschluss. Vgl. für diese Rekonstruktion des Arguments Fine (Fn. 26), S. 343 f.

Staat, noch postuliert er ein Recht der Staaten, auf dem Territorium geborenen Nachkommen von Mitgliedern die Aufnahme zu verweigern. Auch *Wellman* glaubt also nicht, dass bei Staaten *alle* Assoziationsrechte gelten, die wir privaten Vereinen normalerweise zuschreiben. Das ist grundsätzlich nicht inkohärent: *Wellman* betont, das Recht auf Assoziationsfreiheit sei ein nicht-absolutes Recht, das durch andere Ansprüche überwogen werden könne.[28] Dennoch machen die Hinsichten, in denen Staaten *Wellmans* eigener Ansicht nach nicht wie Clubs aussehen, sein Argument aus zwei Gründen zweifelhaft.

Erstens fragt sich natürlich, worin die von *Wellman* nicht bestrittenen Unterschiede zwischen Vereinen und Staaten begründet sein könnten. Ein Teil der Antwort ist sicher, dass beide Assoziationsformen sehr unterschiedlichen Zwecken dienen: Private Vereine sind dazu da, dass wir mit Personen der eigenen Wahl mehr oder weniger beliebige persönliche Projekte verfolgen können. Deshalb ist es wichtig, ein Recht zu haben, einem Verein nicht beizutreten: Das Recht auf Assoziationsfreiheit schützt uns davor, bei partikulären Projekten mitmachen zu müssen, die nicht die unseren sind. Staaten hingegen dienen (idealerweise) nicht beliebigen persönlichen Zielen irgendeiner Gruppe, sondern der Aufrechterhaltung einer gerechten Ordnung. Deshalb erachten wir es gemeinhin als unproblematisch, dass wir gezwungen werden, uns auch mit Menschen in einer staatlichen Gemeinschaft zu assoziieren, deren Ansichten und Ziele wir nicht teilen. Wenn das richtig ist, liegt aber die Frage nahe, weshalb ein analoges Argument nicht auch für die kollektiven Ausschlussrechte gelten soll: Im Fall privater Vereinigungen schützen uns diese Rechte davor, unsere persönlichen Projekte für Außenstehende öffnen zu müssen, bis sie irgendwann nicht mehr *unsere* Projekte sind. Beim Staat hingegen haben wir es von vornherein nicht mit einem partikulären Projekt einer bestimmten Gruppe zu tun. Das macht zweifelhaft, ob wir der Assoziationsfreiheit bei Staaten dasselbe Gewicht einräumen sollten wie bei privaten Vereinigungen.[29]

Davon unabhängig ist zweitens aber auch unklar, ob die Assoziationsfreiheit überhaupt dafür spricht, Territorialstaaten ein Recht auf Ausschluss zuzugestehen. Denn Territorialstaaten sind „Container-Assoziationen", die eine ganze Reihe von *anderen* Vereinigungsformen in sich einschließen. Staaten ein Recht auf territorialen Ausschluss zuzugestehen, bedeutet deshalb, die Vereinigungsfreiheit für diverse private Vereinigungen erheblich einzuschränken: In einer Welt mit einem staatlichen Recht auf Ausschluss können wir mit Menschen aus anderen Ländern keine Wohngemeinschaften, Fußballclubs oder politischen Vereinigungen gründen, ohne dass jemand von uns in der Rolle eines Bittstellers einen Staat um eine Aufenthaltsbewilligung ersuchen muss.

Weshalb sollten die Ausschlussrechte *einer* Assoziationsform so wichtig sein, dass sie eine Einschränkung der Assoziationsrechte mit Blick auf (fast) *alle anderen* Vereinigungsformen rechtfertigen? Eine Antwort könnte vielleicht lauten, dass die meisten Menschen schlicht mehr Wert darauf legen, kollektiv die Einwanderung beschränken zu können, als je individuell die Möglichkeit zu haben, mit einer Nigerianerin eine Wohngemeinschaft zu gründen. Ich glaube aber, dass wir vorsichtig

---

28   Wellman, Immigration (Fn. 20), S. 117
29   Für eine nuancierte Diskussion der Bedeutung der Assoziationsfreiheit bei unterschiedlichen Vereinigungsformen vgl. Michael Blake, Immigration, Association, and Antidiscrimination, *Ethics* 122 (4) (2012), S. 748–762.

sein sollten, die Schwere eines Eingriffs in die Freiheitsrechte daran zu bemessen, wie sehr dieser unter einem restriktiven Regime überhaupt als Eingriff wahrgenommen wird. So mag es in einer segregierten Gesellschaft, in der Mischehen gesetzlich verboten sind, nur wenige geben, für die eine Ehe mit einer andersfarbigen Person überhaupt in Betracht kommen würde, und viele, die Wert darauf legen, als Weiße (bzw. möglicherweise auch als Schwarze) unter sich zu bleiben. Wenn wir dennoch der Überzeugung sind, dass das Verbot von Mischehen einen massiven Verstoß gegen die Assoziationsfreiheit darstellt, so scheint mir das auf der Ansicht zu beruhen, dass wir den individuellen Assoziationsrechten gegenüber kollektiven Verfügungswünschen den Vorrang geben sollten. Und wie das folgende Beispiel verdeutlichen soll, gilt das nicht nur, wenn eine Einschränkung der individuellen Assoziationsrechte aus rassistischen Motiven erfolgt, wie dies beim Verbot von Mischehen der Fall ist.

Als ich eingeschult wurde, wurden wir Kinder in zwei Gruppen eingeteilt: die Roten und die Blauen. Ich weiß nicht mehr genau, welchen administrativen Zwecken diese Einteilung diente, aber ich erinnere mich, dass auf dem Pausenhof eine Zeit lang Slogans wie „Die Blauen sind die Schlauen!" oder „Die Roten sind die Toten!" zu hören waren. Die Identifikation hat sich schnell verflüchtigt. Doch stellen wir uns einmal vor, sie hätte sich noch gesteigert, die Roten und die Blauen seien später im Berufs- wie im Privatleben weitgehend unter sich geblieben, und irgendwann würden besonders eifrige Angehörige beider Gruppen die folgende Forderung erheben: Der gesamte öffentliche und private Raum der Stadt soll in eine rote und eine blaue Zone unterteilt werden, die grundsätzlich nur noch den Roten bzw. den Blauen offen steht. Die Einteilung in die beiden Gruppen soll neu schon bei der Geburt erfolgen, wobei Kinder die Farbe ihrer Eltern übernehmen. Individuelle Eigentümer von roten oder blauen Grundstücken dürfen zwar vorübergehend Blaue bzw. Rote zu sich einladen, wenn sie entsprechende Garantien für sie abgeben.[30] Doch „violette" Wohngemeinschaften, Firmen oder Familien sollen nicht mehr möglich sein: Wenn eine rote und eine blaue Person eine längerfristige Verbindung eingehen wollen, muss eine von ihnen die Farbe wechseln. Dafür soll aber die Zustimmung der jeweiligen Gruppe notwendig sein.

Wäre dieser Vorschlag im Sinne der Assoziationsfreiheit? Ich bezweifle es. Natürlich dürften „rote" und „blaue" Individuen beschließen, *selbst* nur private Assoziationen mit „Gleichfarbigen" einzugehen. Doch sie dürfen es *anderen* Individuen nicht verbieten, sich ihrerseits mit „Andersfarbigen" einzulassen; das würde gegen deren Assoziationsfreiheit verstoßen.

Zumindest was die Struktur des geforderten Ausschlussrechts angeht, ist das Beispiel völlig analog zum Einwanderungsfall: Es geht in beiden Fällen nicht einfach um das Recht, andere von der Mitgliedschaft in einer Vereinigung auszuschließen (die Roten und die Blauen dürften selbstverständlich Vereine gründen, in die nur Rote bzw. Blaue aufgenommen werden). Es geht auch nicht um das Recht, Außenstehende aus einem bestimmten privaten Raum auszuschließen (die Roten und die Blauen dürften Clubhäuser kaufen oder mieten, zu denen sie nur Angehörigen

---

30   Dieser Aspekt des Beispiels entspricht dem Zugeständnis von Wellman, dass einzelne Bürgerinnen Menschen im Ausland vorübergehend zu sich einladen dürfen, sofern sie entsprechende Garantien für sie abgeben. Vgl. Wellman, Immigration (Fn. 20), S. 134.

der jeweiligen Farbe Zutritt gewähren). Die Forderung geht vielmehr dahin, dass der *gesamte* öffentliche und private Raum eine Art privater Raum zweiter Ordnung sein soll, der unter der Kontrolle von Gruppen steht, die ihre ursprüngliche Zusammensetzung einer Zuteilung per Geburt verdanken. Ein *solches* Recht gewähren wir keinem Verein, und die Club-Analogie liefert deshalb auch keinen überzeugenden Grund, ein solches Recht für Staaten anzunehmen.

V. Staaten als kollektives Eigentum? Die Position von *Pevnick*

„Das ist unser Land! Wir haben es zu dem gemacht, was es heute ist, und es ist an uns zu entscheiden, mit wem wir die Früchte unserer Zusammenarbeit teilen wollen." – So lautet eine weitere verbreitete Überzeugung.

Im Hintergrund steht dabei die Ansicht, dass staatliche Institutionen als eine Art kollektives Eigentum ihrer Bürger anzusehen sind. In diesem Abschnitt sollen die Aussichten einer solchen eigentumsrechtlichen Rechtfertigung von Einwanderungsbeschränkungen geprüft werden, wobei ich mich auf die wohl am weitesten ausgearbeitete theoretische Entwicklung dieser Position stütze, nämlich auf *Ryan Pevnicks associative ownership view*.[31]

Pevnicks Position hat zunächst viel mit derjenigen von *Wellman* gemeinsam: Beide grenzen sich gegen die Lehre einer absoluten staatlichen Souveränität ebenso ab wie gegen (liberal-)nationalistische Positionen, die ein Recht auf Ausschluss aus der Bedeutung identitärer oder kultureller Verbindungen unter *co-nationals* abzuleiten versuchen. Genau wie *Wellman* sieht *Pevnick* das Recht auf Ausschluss nicht in einem Recht auf *nationale* Selbstbestimmung, sondern in einem Recht auf *staatliche* Selbstbestimmung begründet.[32]

Ernster als *Wellman* nimmt *Pevnick* jedoch die Tatsache, dass staatliche Gemeinschaften keine freiwilligen Vereinigungen sind. Anders als bei freiwilligen Vereinigungen sei es bei Staaten nicht möglich, ein Recht auf kollektive Selbstbestimmung direkt aus dem Selbstbestimmungsrecht der Individuen abzuleiten, so *Pevnick* – immerhin sei es denkbar, dass ein Kollektiv gegen die Interessen einzelner Mitglieder handelt, die ihrerseits gar nicht Teil des Kollektivs sein wollen. Aus diesem Grund sei auch Wellmans Argumentation über die Assoziationsfreiheit zurückzuweisen:[33]

> Because citizens do not associate with one another freely, it is a mistake to think that the actions of the state might be justified by the right of citizens to associate as they choose.

Stattdessen sieht *Pevnick* das Recht auf staatliche Selbstbestimmung durch eigentumsrechtliche Überlegungen begründet. Dabei stützt er sich auf den berühmten Gedanken von *John Locke*, dass das Erzeugen von (Mehr-)wert durch Arbeit eigentumsrechtliche Ansprüche generiert.[34] Während *Locke* dabei primär die Rechtfertigung individueller Eigentumsrechte im Blick hat, wendet *Pevnick* diesen Gedanken auf kollektiver Ebene an: Die Mitglieder einer staatlichen Vereinigung haben ihm

---

31 Ryan Pevnick, *Immigration and the Constraints of Justice. Between Open Borders and Absolute Sovereignty*, 2011.
32 Pevnick (Fn. 31), S. 20 ff., 133 ff.
33 Pevnick (Fn. 31), S. 29 f.
34 John Locke, *Two Treatises of Government* (1698), Laslett-Ausgabe, 1988.

zufolge einen besonderen Anspruch auf die Institutionen, die sie durch ihre Beiträge (etwa durch das Entrichten von Steuern) überhaupt erst in die Welt bringen.

Die Version der lockeanischen Eigentumstheorie, auf die sich *Pevnick* beruft, stammt von *Lawrence Becker*. Dieser schreibt:[35]

> When the labor is (1) beyond what is required, morally, that one do for others; (2) produces something which would not have existed except for it; and (3) its product is something which others lose nothing by being excluded from; then (4) it is not wrong for producers to exclude others from the possession, use, etc. of the fruits of their labors. It is not so much that the producers *deserve* the produce of their labors. It is rather that no one else does, and it is not wrong for the laborer to have them.

Auf dieser Grundlage haben beispielsweise die Mitglieder einer religiösen Gemeinschaft *Pevnick* zufolge ein Eigentumsrecht an den karitativen Werken, die sie gemeinsam aufrechterhalten: Ohne die Beiträge der Mitglieder würden diese Institutionen gar nicht existieren, und in diesem Sinn verlieren Außenstehende nichts, wenn ihnen der Zugang zu diesen Institutionen verwehrt bleibt. Und ebenso verhalte es sich bei staatlichen Institutionen: Diejenigen, die zu ihrem Bestehen beitragen, haben einen Eigentumsanspruch an diesen Institutionen, der auch einen Anspruch beinhaltet, darüber zu verfügen, wer in Zukunft zu diesen Institutionen beitragen und von ihnen profitieren darf.[36]

Pevnicks Argumentation hat auf den ersten Blick eine große Überzeugungskraft: Staatliche Institutionen sind nicht „wie Manna vom Himmel gefallen"[37], und es scheint mir durchaus plausibel, dass aus den Beiträgen, die einzelne Personen zum Bestehen staatlicher Institutionen leisten, besondere moralische Ansprüche erwachsen. Kaum jemand würde beispielsweise behaupten wollen, dass ein Arbeitsloser in Österreich denselben Anspruch auf Gelder aus der Schweizer Arbeitslosenversicherung hat wie eine Arbeitslose in der Schweiz, die Beiträge in diese Versicherung einbezahlt hat.

Dennoch scheint mir *Pevnicks* Versuch, Einwanderungsbeschränkungen mit dem kollektiven Eigentum an staatlichen Institutionen zu rechtfertigen, an mindestens drei Stellen problematisch. Das erste Problem, das zwar nicht unbedingt den normativen Kern von *Pevnicks* Argument, wohl aber seine praktischen Konklusionen zweifelhaft macht, hat mit historischem Unrecht zu tun. Ein zweites Problem betrifft den territorialen Aspekt der Einwanderung: Selbst wenn die Bürgerinnen ein Verfügungsrecht darüber haben sollten, wer beispielsweise in die Arbeitslosenversicherung einzahlen und Leistungen daraus beziehen darf, ist nicht klar, weshalb dies ein Recht auf *territorialen* Ausschluss begründen soll. Und drittens arbeitet *Pevnick* wesentlich mit Analogien, die sich auf freiwillige Vereinigungen beziehen, was zweifelhaft macht, wie einschlägig diese Beispiele für den Staat als unfreiwillige Vereinigung sind.

---

35 Lawrence C. Becker, *Property Rights: Philosophical Foundations*, 1977, S. 41, zitiert nach Pevnick (Fn. 31), S. 34, Hervorhebung im Original.
36 Pevnick (Fn. 31), S. 33 ff.
37 Pevnick (Fn. 31), S. 112 f.

1. Historisches Unrecht

Selbst wenn *Pevnicks* normative Theorie völlig richtig wäre, wäre immer noch eine empirische Annahme nötig, um den Bürgerinnen eines konkreten, real existierenden Staates ein Recht auf Ausschluss zuschreiben zu können – die Annahme nämlich, dass die Bürgerinnen (und nur sie) tatsächlich in der geforderten „eigentumsbegründenden" Relation zum fraglichen Staat und seinem Territorium stehen.

An manchen Stellen scheint *Pevnick* zu suggerieren, dass diese Relation im *aktuellen* Beitragen zu den jeweiligen Institutionen besteht. Die entscheidende Annahme würde dann lauten, dass sich der Fortbestand erfolgreicher Institutionen (ausschließlich) auf die Beträge der jeweiligen Bürgerinnen zurückführen lässt. *Pevnicks* Aussagen über Gastarbeiter und Sans-Papiers machen aber deutlich, dass sich seine Theorie höchstens teilweise an *aktuellen* Beiträgen orientiert. *Pevnick* meint, nur wer von den bisherigen Eigentümern als neuer Miteigentümer aufgenommen werde, erwerbe durch seine Beiträge Ansprüche auf das assoziative Eigentum an staatlichen Institutionen. Wer (wie Sans-Papiers) gegen den Willen der bisherigen Mitglieder Beiträge leistet oder (wie Gastarbeiter) eine Einladung annimmt, gegen Bezahlung gewisse Beiträge zu leisten, ohne die Mitgliedschaft zu erwerben, hat *Pevnick* zufolge hingegen keinen Anspruch auf das gemeinschaftliche Eigentum an den jeweiligen Institutionen.[38]

Damit verlagert sich die fragliche empirische Annahme in die Vergangenheit: Um das Ausschlussrecht eines konkreten Staates zu begründen, muss *Pevnicks* Theorie zufolge zwar nicht gezeigt werden, dass das Bestehen dieses Staates *aktuell* das ausschließliche Verdienst seiner Mitglieder ist. Aber es muss gezeigt werden, dass die aktuellen Mitglieder ihren Anspruch auf diesen Staat durch legitime Übertragung von früheren Generationen geerbt haben, die ihrerseits keine Rechte Dritter verletzt haben.

Das allerdings dürfte historisch eher die Ausnahme als die Regel sein, denn die Geschichte nationalstaatlicher Grenzziehungen und -verschiebungen entspricht keineswegs dem friedlichen Bild leerer Landstriche, die sich eine Gründergeneration unschuldig aneignet. Die Geschichte nationalstaatlicher Grenzen ist vielmehr von Gewalt und Kolonialismus geprägt, und dies macht zweifelhaft, wie weit die aktuellen Bürger real existierender Staaten *gemäß Pevnicks eigener Theorie* überhaupt einen eigentumsrechtlichen Anspruch auf „ihr" Land geltend machen können.

Pevnick gesteht grundsätzlich zu, dass vergangenes Unrecht die Eigentumsansprüche der gegenwärtigen Bürger eines Staates trüben kann, meint aber, dies sei kein grundsätzliches Problem für seine Theorie. Vielmehr gelte es im Einzelfall zu prüfen, ob historisches Unrecht das Eigentumsrecht der Bürger an ihrem Staat zweifelhaft mache.[39] Im Anwendungskapitel seines Buches, in dem *Pevnick* Empfehlungen für den Umgang der USA mit der irregulären Migration aus Mexiko ausspricht, sind solche Erwägungen dann allerdings auffallend abwesend.[40] Mit keinem Wort erwähnt wird beispielsweise die Tatsache, dass typische Destinationen mexikanischer „Illegaler" wie Kalifornien zu Mexiko gehörten, bis die Vereinigten Staaten das

---

38 Pevnick (Fn. 31), S. 163 ff.
39 Pevnick (Fn. 31), S. 41 ff.
40 Pevnick (Fn. 31), S. 163 ff.

Nachbarland Mitte des 19. Jahrhunderts mit militärischen Mitteln zwangen, einen Teil seines Territoriums abzutreten.

Ich möchte hier keine positive These darüber vertreten, welche Kompensationspflichten die USA gegenüber den Mexikanern gegebenenfalls haben oder ob die ehemaligen europäischen Kolonialmächte verpflichtet sein könnten, einwanderungswillige Nachfahren ihrer Opfer aus Kompensationsgründen einreisen zu lassen. Aber wer wie *Pevnick* eine „historische" Gerechtigkeitstheorie[41] vertritt, sollte diese Fragen meines Erachtens ernst nehmen.

2. TERRITORIALITÄT

Ein zweites, grundsätzlicheres Problem für *Pevnicks* Argument hat mit dem territorialen Aspekt der Einwanderung zu tun. Selbst wenn wir für den Moment annehmen, dass die Bürger eines Staates einen Eigentumsanspruch an *kollektiv hergestellten Gütern* wie einer funktionierenden Rechtspflege oder sozialstaatlichen Institutionen haben, ist unklar, weshalb sich damit ein Recht auf *territorialen* Ausschluss begründen lassen soll. Denn das Territorium selbst haben die Bürger natürlich *nicht* durch ihre Arbeit geschaffen. Das folgende Beispiel illustriert das Problem:[42]

Ein Quartierverein beschließt, in einem öffentlichen Park kostenlos Suppe an die Quartierbewohner auszuschenken. Da sich normalerweise fast nur Quartierbewohner im Park aufhalten, wird die Suppe einfach an alle Anwesenden verteilt. Nach einiger Zeit stellt sich jedoch heraus, dass die Suppe zunehmend auch Arme aus anderen Stadtteilen in den Park lockt.

Darf der Quartierverein den Zugang zum öffentlichen Park kontrollieren, weil Außenstehende keinen Anspruch auf die Suppe haben? Wohl kaum. Der Verein könnte zwar beschließen, die Suppe nur noch an Menschen auszuschenken, die einen Nachweis ihrer Quartieransässigkeit erbringen. Aber das Eigentumsrecht an der Suppe gibt dem Verein noch lange kein Recht, andere vom Betreten des Parks abzuhalten.

In seiner Erwiderung auf diesen Einwand macht *Pevnick* in erster Linie geltend, dass die meisten Migrationswilligen nicht etwa der schönen Natur wegen, sondern aufgrund der Rechtssicherheit, des funktionierenden Arbeitsmarkts und anderer institutioneller Faktoren in ein Land einwandern möchten. Um Außenstehenden Zugang zu natürlichen Ressourcen wie der Landschaft zu gewähren, sei es zwar vielleicht gefordert, Ausländerinnen beschränkte Besuchsrechte einzuräumen oder sie finanziell abzugelten. Aber einer typischen Arbeitsmigrantin tue man kein Unrecht, wenn man sie an der Einwanderung hindere; schließlich hätte sie gar kein Interesse an der Einwanderung, wenn diese ihr nicht Zugang zu einem funktionierenden Staat verschaffen würde.[43]

Was *Pevnicks* Aussagen über den Wert des territorialen Zugangs angeht, so scheint mir die Frage naheliegend, ob sich tatsächlich der *ganze* Wert des territorialen

---

41 Zur Unterscheidung zwischen historischen Theorien und Endzustands-Theorien der Gerechtigkeit vgl. Robert Nozick, *Anarchy, State, and Utopia*, 1974, S. 153 ff.

42 Dieses Beispiel ist eine Variation eines Beispiels aus Michael Huemer, Is There a Right to Immigrate?, *Social Theory and Practice* 36 (3) (2010), S. 429–461 (442).

43 Pevnick (Fn. 31), S. 54 ff.

Zugangs aus den Bestandteilen „Wert der natürlichen Ressourcen" und „Wert der staatlichen Ressourcen" zusammensetzt. Ein wesentlicher Grund für die Einwanderung besteht nämlich zweifellos in der Möglichkeit, auf vielfältige Weise mit *einzelnen Bürgerinnen* zu interagieren.

Doch selbst wenn wir für den Moment annehmen, dass *Pevnicks* Annahmen über den *Wert* des territorialen Zugangs richtig sind, ist nicht klar, ob dies genügt, um ein *Recht* auf territorialen Zugang zurückzuweisen. Um nochmals das Beispiel des Quartiervereins aufzugreifen: Selbst wenn der Park für Arme aus anderen Quartieren völlig unattraktiv wäre, wenn dort keine Suppe ausgegeben würde, folgt daraus nicht, dass der Quartierverein sie aus dem Park ausschließen darf. Möglicherweise hätten sie kein Interesse mehr, sich dort aufzuhalten, würde der Verein den Suppenausschank einstellen oder auf Quartieransässige beschränken, aber daraus folgt natürlich nicht, dass sie das entsprechende Recht nicht haben.

Nun würde *Pevnick* an dieser Stelle vielleicht einwenden, dass die Suppe ohne Weiteres nur an einen Teil der im Park Anwesenden verteilt werden kann, wohingegen dies bei staatlichen Leistungen nicht möglich sei. In diese Richtung deutet jedenfalls seine Behauptung, dass die territoriale Kontrolle notwendig sei, um *free-riding* zu verhindern.[44] Allerdings fragt sich natürlich, *weshalb* es nicht möglich sein soll, *free-riding* dadurch zu verhindern, dass staatliche Leistungen nur für einen Teil der auf dem Territorium Anwesenden erbracht werden. Hier sind zwei Antworten denkbar: Entweder beruht das Argument auf der Annahme, dass es *faktisch unmöglich* sei, territorial Anwesenden den Zugang zu den entsprechenden Gütern zu verweigern. Oder aber es basiert auf der Ansicht, dass es *normativ unhaltbar* wäre, dies zu tun. In keiner der beiden Versionen scheint mir das Argument allerdings besonders überzeugend.

Mit Blick auf die erste Version des Arguments ist zunächst unklar, wie weit die Diagnose der Nichtausschließbarkeit überhaupt zutrifft. Es wäre nämlich durchaus *möglich*, Nichtbürgern auf dem Territorium nicht nur jegliche Sozialleistungen, sondern etwa auch den Zugang zu den Institutionen der Rechtspflege zu verweigern: Die Polizei würde einfach nicht mehr ausrücken, wenn ein Nichtbürger einen Notruf absetzt, Gerichte würden nicht auf Klagen von Nichtbürgern eintreten etc. Kurzum: Den Nichtbürgern könnte jegliche direkte Nutznießung an staatlichen Leistungen verweigert werden.

Vielleicht würden sie dennoch einen gewissen indirekten Nutzen aus den staatlichen Institutionen ziehen. Es könnte beispielsweise sein, dass Nichtbürger davon profitieren würden, dass potenzielle Rechtsverletzer nicht genau wissen können, ob ihr potenzielles Opfer nun Rechtsschutz genießt oder nicht. Doch wenn staatlicher Rechtsschutz wie ein beliebiges privates Gut zu behandeln ist, so ist alles andere als klar, weshalb die blosse Existenz positiver Externalitäten ein Recht zur Folge haben soll, Menschen von einem Teil der Erdoberfläche auszuschließen, auf dem sie sich in Abwesenheit dieser positiven Externalitäten aufhalten dürften. Wenn eine Gruppe von Anwohnern unseres öffentlichen Parks auf ihren Balkonen wunderschöne Gärten unterhält, mag dies positive Externalitäten auf die Besucherinnen des Parks haben. Doch daraus folgt natürlich nicht automatisch, dass die Besitzer der Balkone andere unter Zwang vom Park fernhalten dürfen, und zwar selbst dann nicht, wenn

---

44 Pevnick (Fn. 31), S. 57.

es keine andere Möglichkeit gäbe, die Gärten dem Blick von Außenstehenden zu entziehen.

In der zweiten Version geht das Argument dahin, dass Staaten Nichtbürger auf ihrem Territorium aus *moralischen Gründen* nicht von staatlichen Leistungen ausschließen dürfen. Dass staatliche Leistungen (zumindest soweit sie grundlegende Rechte betreffen) in diesem Sinn nichtausschließbar sind, scheint mir durchaus überzeugend. Immerhin gibt es beispielsweise ein anerkanntes Menschenrecht auf Zugang zur Rechtspflege. Mindestens ebenso plausibel wie *Pevnicks* eigene Konklusion scheint mir dann aber die Schlussfolgerung, dass Staaten eben *nicht* dieselben Exklusionsrechte haben wie unser Quartierverein, sondern ihre „Suppe" an alle ausschöpfen müssen, die in den „Park" kommen (wobei Staaten im Gegenzug natürlich Beiträge in Form von Steuern von den Neuankömmlingen einfordern dürfen).

Die zweite Version des Nichtausschließbarkeits-Arguments lässt sich mit dem folgenden Dreischritt zusammenfassen:

1. Wir sind verpflichtet, staatliche Leistungen für alle Menschen zu erbringen, die sich im Staatsgebiet aufhalten
2. Wir sind nicht verpflichtet, staatliche Leistungen für Menschen im Ausland zu erbringen.
3. Also dürfen wir Menschen im Ausland an der Einwanderung hindern.

Genau dieselbe Struktur hat allerdings das folgende Argument eines Strandbesuchers, das kaum jemanden überzeugen dürfte: „Ich bin nicht verpflichtet, Nothilfe für einen Schwimmer zu leisten, der außerhalb meiner Hör- und Sichtweite in Not gerät. Ich bin sehr wohl verpflichtet, Nothilfe zu leisten, wenn ein Schwimmer in Hör- und Sichtweite des Strandes in Not gerät, an dem mich selbst aufhalte. Also darf ich Menschen daran hindern, in der Nähe ‚meines' Strandes zu schwimmen."

Dass wir gegenüber einer bestimmten Gruppe von Individuen besondere Verpflichtungen haben, heißt nicht automatisch, dass wir ein Recht haben, den *Zugang* zu dieser Gruppe zu kontrollieren. So weit der oben skizzierte Dreischritt auf den ersten Blick doch eine gewisse Plausibilität hat, so scheint mir dies auf der Intuition zu beruhen, dass sich die Sache bei staatlichen Verpflichtungen etwa wie bei vertraglichen Verpflichtungen verhalten muss, die wir nur mit unserer Zustimmung erwerben können;[45] zur Gruppe der Menschen, denen ich vertraglich verpflichtet bin, kann niemand gegen meinen Willen hinzutreten. Auf die Vermutung einer Parallelität staatlicher Verpflichtungen mit vertraglichen Verpflichtungen sollten wir uns allerdings nicht zu sehr verlassen. Denn während vertragliche Verpflichtungen auf dem Prinzip der Freiwilligkeit beruhen, sind Staaten gerade *keine* freiwilligen Vereinigungen (dazu gleich mehr). Und die erste Prämisse des Arguments, das hier zur Diskussion steht, lautete gerade, dass staatliche Verpflichtungen insofern *nicht* wie vertragliche Verpflichtungen sind, als wir sie allen Menschen gegenüber haben, die sich auf demselben Territorium befinden wie wir.

45 Ein Argument für ein Recht auf Ausschluss, das explizit auf dieser Annahme beruht, formuliert Michael Blake, Immigration, Jurisdiction, and Exclusion, *Philosophy & Public Affairs* 41 (2) (2013), S. 103–130.

Das Problem des *free-riding*, auf das *Pevnick* verweist, sollten wir durchaus ernst nehmen. Doch dieses Problem kann auf unterschiedliche Weisen gelöst werden. Einwanderungsbeschränkungen sind *eine* Möglichkeit zu verhindern, dass Außenstehende von staatlichen Institutionen profitieren, ohne selbst einen Beitrag zu leisten. Alternativ könnte das Problem aber auch gelöst werden, indem gewisse Leistungen nur für einen Teil der Menschen auf dem Territorium erbracht werden. Oder es könnten Leistungen für alle Aufenthalter erbracht, aber auch obligatorische Beiträge von allen auf dem Territorium Anwesenden eingefordert werden. Diese Alternativen stellen *Pevnick* meines Erachtens vor ein Dilemma: Entweder hält er die Analogie zwischen staatlichen und privaten Gütern durch. Dann dürfte die zweite Lösung die angemessene sein: Staaten sollten sich schlicht nicht verpflichtet sehen, Leistungen für alle Menschen auf ihrem Territorium zu erbringen. Oder aber *Pevnick* gibt zu, dass jedenfalls für einige staatliche Güter *anders* als für private Güter ein Prinzip des universellen Zugangs gilt. Dann drängt sich aber die dritte Lösung auf: Statt den Zugang zum Territorium zu beschränken, sollten obligatorische Beiträge von allen Menschen auf dem Territorium verlangt werden.

3. Unfreiwilligkeit

Wie schon Wellman leitet auch *Pevnick* das staatliche Recht auf Ausschluss aus moralischen Prinzipien ab, die zunächst auf freiwillige Assoziationen zugeschnitten sind. Und wenngleich ich bei der Darstellung seiner Position geschrieben habe, dass *Pevnick* die Unfreiwilligkeit der staatlichen Vereinigung ernster nimmt als Wellman, so nimmt er sie meines Erachtens doch nicht ernst genug.

Es scheint mir hilfreich, hier nochmals an *Beckers* Bedingungen für die Aneignung von Eigentum durch Arbeit zu erinnern. Die erste dieser Bedingungen lautete, dass die Arbeit jenseits dessen liegen muss, was wir für andere zu tun verpflichtet sind. Wenn wir aber glauben, dass bei Staaten gerechtfertigtermaßen die obligatorische Mitgliedschaft gilt und Steuern auch gegen den Willen der Individuen eingetrieben werden, dann wohl deshalb, weil wir annehmen, dass es *sehr wohl* eine Pflicht gibt, mit anderen „in einen rechtlichen Zustand zu treten" und reziprok zur Aufrechterhaltung einer gerechten staatlichen Ordnung beizutragen.[46] Einen fairen Beitrag zur institutionellen Gewährleistung von Rechtssicherheit und Gerechtigkeit zu leisten, liegt eben *nicht* jenseits dessen, was wir für andere zu tun verpflichtet sind.

Nun bestreitet auch *Pevnick* nicht, dass wir gegenüber *einigen* Menschen eine solche Pflicht haben, mit ihnen eine reziproke staatliche Verbindung einzugehen: Er verlangt beispielsweise nicht, dass sich Individuen einfach vom Staat lossagen und die Steuern verweigern dürfen oder dass die bisherigen Mitglieder einer staatlichen Gemeinschaft kollektiv beschließen dürfen, auf dem Territorium geborenen Nachkommen von Mitgliedern die Aufnahme zu verweigern. Und mit Blick auf die Nachkommen irregulärer Migranten schreibt *Pevnick* sogar explizit, dass diese ein Recht hätten, als Vollmitglieder in die staatliche Gemeinschaft aufgenommen zu werden. Ein überzeugendes Argument dafür, weshalb wir verpflichtet sind, mit *eini-*

---

46   Eine klassische Verteidigung einer solchen Pflicht findet sich bei Immanuel Kant, *Die Metaphysik der Sitten*, Akademie-Ausgabe, Band 6, 2. Aufl. 1914, § 44, S. 312 f.

gen Menschen in ein reziprokes staatliches Verhältnis zu treten, aber gleichzeitig das Recht haben sollen, *anderen* diese Art der Zusammenarbeit zu verweigern, bleibt Pevnick indes schuldig. Sein einziges Argument dafür, dass „Illegale" der zweiten Generation ein Spezialfall sind, lautet wie folgt:[47]

> [S]uch individuals find themselves – through no choice of their own – enmeshed within a system of cooperation (and protection) that importantly influences – and to a large part *determines* – their life chances.

Dass sie in das jeweilige Kooperationssystem verstrickt sind und ihre Lebenschancen wesentlich von der Behandlung durch den jeweiligen Staat abhängen, dürfte nach einer gewissen Aufenthaltsdauer allerdings auch für irreguläre Migrantinnen der ersten Generation gelten. Wäre dies das entscheidende Kriterium, so würde daraus einfach folgen, dass Migrantinnen erst nach einer gewissen Aufenthaltsdauer einen Anspruch haben, die Staatsbürgerschaft zu erwerben, was ich hier nicht bestreiten möchte. Der entscheidende Unterschied zwischen der ersten und der zweiten Generation irregulärer Migrantinnen muss also darin bestehen, dass „Illegale" der zweiten Generation *through no choice of their own* in diese Situation geraten sind. Damit wird aber einfach vorausgesetzt, was es eigentlich zu zeigen gilt, nämlich dass eine moralische Asymmetrie besteht zwischen Menschen, die durch Geburt in ein Staatsgebiet gelangen, und solchen, die durch Einwanderung hinzukommen.

Am nächsten an eine explizite Verteidigung dieser Asymmetrie kommt *Pevnick* wohl da, wo er den Staat mit einem Familienbetrieb vergleicht, der von Generation zu Generation weitergegeben wird: Die Nachkommen der Bürger sind die legitimen *Erben* des jeweiligen Gemeinwesens, so die Idee, und das unterscheidet sie in moralisch erheblicher Weise von Einwanderungswilligen.[48] Die Pflicht, mit gewissen Menschen in eine staatliche Gemeinschaft zu treten, würde demzufolge auf Erbschaft beruhen (wobei nicht ganz klar ist, wie die Aufnahmepflicht gegenüber irregulären Migrantinnen der zweiten Generation in dieses Bild passt).

Um das Erbschaftsargument durchzubringen, muss sich *Pevnick* allerdings nicht nur gegen den aus der Debatte über Erbschaftssteuern bekannten Vorwurf wehren, ein uneingeschränkter Anspruch auf Vererbung sei unvereinbar mit der Wahrung eines Mindestmaßes an Chancengleichheit.[49] *Pevnick* muss auch zeigen, dass es so etwas wie eine „natürliche" Erbfolge gibt. Die naheliegende aneignungstheoretische Rechtfertigung für Erbschaften geht nämlich nicht von Ansprüchen der *Erbenden* aus, sondern von einem Anspruch der *Vererbenden*, frei darüber zu verfügen, was nach dem Tod mit ihrem Vermögen geschehen soll. *Pevnick* behauptet allerdings *nicht*, dass die gegenwärtigen Bürgerinnen individuell darüber entscheiden können sollten, an wen sie ihren Anteil am jeweiligen Gemeinwesen weitergeben wollen. Und er verlangt auch nicht, dass die gegenwärtige Generation der Bürgerinnen kollektiv beschließen darf, den Staat an eine Gruppe ihrer Wahl weiterzugeben. Pevnick geht vielmehr von einem System mit Pflichtanteilen aus, das einem traditionellen

---

47 Pevnick, Immigration (Fn. 31), S. 65, Hervorhebung im Original.
48 Pevnick, Immigration (Fn. 31), S. 37 ff.
49 Vgl. dazu den Vorwurf bei Carens, Aliens (Fn. 2), S. 252, die Staatsbürgerschaft in einem wohlhabenden Land sei unter dem migrationspolitischen Status quo mit einem feudalen Privileg vergleichbar, da sie einer Gruppe von Menschen von Geburt an massiv bessere Lebenschancen garantiert.

Erbrecht mit fixen Anteilen für Verwandte unterschiedlichen Grades entspricht. Damit scheint sich *Pevnick* letztlich auf eine Art natürliche Zugehörigkeit der Individuen zu staatlichen Gemeinschaften zu stützen, die der traditionalistischen Auffassung der Zugehörigkeit zu einer Familie analog ist. Mit eigentumsrechtlichen Überlegungen allein lässt sich diese Annahme aber kaum rechtfertigen. Wie schon Wellman zehrt damit auch *Pevnick* letztlich von Voraussetzungen, die seine Theorie nicht hergibt.

VI. Fazit

Wer das Recht auf innerstaatliche Bewegungsfreiheit akzeptiert, hat gute Gründe, an der Legitimität von Einwanderungsbeschränkungen, wie wir sie heute kennen, zu zweifeln. Weder die Assoziationsfreiheit noch eigentumsrechtliche Überlegungen vermögen ein staatliches Recht auf Ausschluss überzeugend zu rechtfertigen.

Damit sind natürlich nicht alle Bedenken gegenüber einem Recht auf globale Bewegungsfreiheit ausgeräumt. Um zu einem abschließenden Urteil zu kommen, müssten auch Argumente für ein allgemeines Recht auf Ausschluss geprüft werden, die explizit von kulturellen oder identitären Prämissen ausgehen. Nicht geäußert habe ich mich zudem zu der Frage, wie weit die Bewegungsfreiheit unter besonderen Umständen eingeschränkt werden darf, etwa wenn von einer hohen Einwanderungsrate eine konkrete Gefährdung einer gerechten Ordnung ausgeht.

Dennoch hoffe ich, in diesem Beitrag erste Zweifel an der Vertretbarkeit einer Praxis gesät zu haben, die im politischen Diskurs kaum je in Frage gestellt wird: Es ist alles andere als klar, worin der Zwang gerechtfertigt sein könnte, der in den Ausschaffungsgefängnissen und an den europäischen Außengrenzen tagtäglich gegen unerwünschte Migrantinnen ausgeübt wird.

Literatur

Angeli Oliviero, Das Recht auf Einwanderung und das Recht auf Ausschluss, *Zeitschrift für Politische Theorie* 2 (2) (2011), S. 171–184

Becker Lawrence C., *Property Rights*, London/New York 1977

Blake Michael, Immigration, Association, and Antidiscrimination, *Ethics* 122 (4) (2012), S. 748–762

Blake Michael, Immigration, Jurisdiction, and Exclusion, *Philosophy & Public Affairs* 41 (2) (2013), S. 103–130

Carens Joseph H., Aliens and Citizens: The Case for Open Borders, *The Review of Politics* 49 (2) (1987), S. 251–273

Carens Joseph H., Fremde und Bürger: Weshalb Grenzen offen sein sollten, in: *Migration und Ethik*, hg. von Andreas Cassee / Anna Goppel, Münster 2012, S. 23–46

Cassee Andreas, Ein Recht auf globale Bewegungsfreiheit? Einwanderungsbeschränkung und individuelle Selbstbestimmung, *Polar* 15 (2013), S. 73–77

Fine Sarah, Freedom of Association Is Not the Answer, *Ethics* 120 (2) (2010), S. 338–356

Huemer Michael, Is There a Right to Immigrate?, *Social Theory and Practice* 36 (3) (2010), S. 429–461

Kant Immanuel, Die Metaphysik der Sitten, *Werke*, hg. von der königlich-preußischen Akademie der Wissenschaften, Band 6, 2. Aufl. Berlin 1914

Kymlicka Will, *Multicultural Citizenship. A Liberal Theory of Minority Rights*, Oxford 1995

Locke John, *Two Treatises of Government*, hg. von Peter Laslett, Cambridge 1988

Miller David, Einwanderung: Das Argument für Beschränkungen, in: *Migration und Ethik*, hg. von Andreas Cassee / Anna Goppel, Münster 2012, S. 47–66

Miller David, *National Responsibility and Global Justice*, Oxford 2007

Mona Martino, *Das Recht auf Immigration. Rechtsphilosophische Begründung eines originären Rechts auf Einwanderung im liberalen Staat*, Basel 2007

Nozick Robert, *Anarchy, State, and Utopia*, New York 1974

Oberman Kieran, *Immigration as a Human Right*, 2012, http://ssrn.com/abstract=2164939 (letzter Zugriff: 13. September 2013)

Oberman Kieran, Immigration, Global Poverty and the Right to Stay, *Political Studies* 59 (2011), S. 253–268

Pevnick Ryan, *Immigration and the Constraints of Justice. Between Open Borders and Absolute Sovereignty*, Cambridge 2011

Rawls John, The Law of Peoples, *Critical Inquiry* 20 (1) (1993), S. 36–68

Schaber Peter, Das Recht auf Einwanderung: Ein Recht worauf?, in: *Migration und Ethik*, hg. von Andreas Cassee / Anna Goppel, Münster 2012, S. 185–198

Schlothfeldt Stephan, Ökonomische Migration und globale Verteilungsgerechtigkeit, in: *Was schulden wir Flüchtlingen und Migranten? Grundlagen einer gerechten Zuwanderungspolitik*, hg. von Alfredo Märker / Stephan Schlothfeldt, Wiesbaden 2002, S. 93–109

Shacknove Andrew E., Who is a Refugee?, *Ethics* 95 (2) (1985), S. 274–284

Singer Peter, *Practical Ethics*, 2. Aufl. Cambridge 1993

Walzer Michael, *Spheres of Justice. A Defense of Pluralism and Equality*, New York 1983

Wellman Christopher Heath, Freedom of Association and the Right to Exclude, in: *Debating the Ethics of Immigration: Is There a Right to Exclude?*, hg. von Christopher Heath Wellman / Phillip Cole, Oxford 2011, S. 13–157

Wellman Christopher Heath, Immigration and Freedom of Association, *Ethics* 119 (1) (2008), S. 109–141

Wenar Leif, The Nature of Rights, *Philosophy & Public Affairs* 33 (3) (2005), S. 223–252

BALTHASAR GLÄTTLI

EIN MORALISCHES RECHT AUF WIRTSCHAFTSMIGRATION?

EIN DISKUSSIONSBEITRAG ALS REPLIK AUF DEN VORTRAG VON ANDREAS CASSEE

Dass Überlegungen zu einem „Recht auf Einwanderung" aus wirtschaftlichen Gründen überhaupt zu einer engagierten philosophisch-moralischen und einer erhitzten öffentlichen Debatte Anlass geben können, und nicht bloss zu einer emotionsloseren Debatte über die Bewegungsfreiheit im Zusammenhang mit nationalen Grenzen, verweist darauf, dass auf einer tieferen, grundlegenden Ebene ein moralisches Problem vorhanden ist: Eine Gerechtigkeitslücke in der weltweiten Verteilung der individuellen Chancen auf ein geglücktes Leben.

Diese Gerechtigkeitslücke hängt nicht nur mit der völlig ungleichen weltweiten Verteilung notwendiger Lebensgrundlagen materieller Art wie Wasser, fruchtbarem Land und Nahrungsmitteln zusammen sowie mit dem extrem unterschiedlichen Zugang etwa zu Gesundheitsversorgung oder Bildung. Vielmehr wird dieser Graben vertieft durch eine ungerechte Verteilung des Mehrwerts, der sich aus der wirtschaftlichen Tätigkeit ergibt, und zu dessen Sicherung auch die Migrationsregimes ihren wesentlichen Teil beitragen.

I. MIGRATION ALS KÖNIGSWEG ZUR GERECHTIGKEIT?

Dennoch bin ich persönlich entschieden der Meinung, dass es falsch wäre, Migration nur mit dem Argument zuzulassen oder gar zu fördern, dass sie der Königsweg zur Aufhebung oder Linderung dieser Gerechtigkeitslücke sei. Allerdings trifft man dieses Argument immer wieder an. Und zwar nicht nur bei linken VerfechterInnen einer Fairness-Argumentation, sondern durchaus auch in neoliberalem Kleid.

Letzteres verwundert nur auf den ersten Blick. Die Frage, mit welchen Argumenten die Vertreter einer neoliberalen, alles durchdringenden Marktlogik überhaupt für Zuwanderungsschranken argumentieren können, wäre nicht einfach zu beantworten! Immerhin ist die Freiheit zur wirtschaftlich motivierten Migration oder – in der Sprache der Wirtschafts-Liberalen – die Personenfreizügigkeit ja eine der vier Freiheiten des europäischen Binnenmarktes. Freier Waren-, Personen-, Dienstleistungs- und Kapitalverkehr verschränken sich. Selten allerdings sind jene, die auch für Menschen ausserhalb der Wohlstands-Festungen die Personenfreizügigkeit einfordern. Aber es gibt oder gab sie auch.

Ich zitiere als Zeugen für eine Annäherung an diese Position *Roger Köppel*, den damaligen Herausgeber der schweizerischen Wochenzeitung „Die Weltwoche", was angesichts seiner heutigen national-konservativ geprägten politischen Stellungnahmen erstaunen mag. *Köppel* hielt in der Weltwoche vom 7.11.2002 in einem Editorial unter dem Titel „Fluten und Dämme" den Kritikern der Migrations-Beschränkungen mit sozialdarwinistisch inspirierten Gegenargumenten vor, sie führten einen Kampf, der längerfristig zwingend dem Misserfolg geweiht sei. Über protektionistische Massnahmen könne der verweichlichte Wohlstandsraum, die soziale Hängematte Schweiz nicht vor dem Ansturm hungriger, leistungswilliger, hart und billig arbeitender Migrantinnen und Migranten gerettet werden. *Köppel* zitierte zur Unterstützung seiner Thesen zustimmend den liberalen Ökonomen und Flüchtling *Wilhelm Röpke,* der 1945 zum Schluss gekommen sei „dass [nur] die unbeschränkte Freizügigkeit der Menschen und des Kapitals die relative Armut eines Landes zu einem selbstgewählten Schicksal machen würde." Man mag den Glauben der Wirtschaftsliberalen an die positive Kraft der Marktwirtschaft teilen oder nicht. Eins ist klar: nur wenn sie auch über die Grenzen sogenannter Binnenmärkte hinaus die Personenfreizügigkeit anstreben, bleiben sie ihrer Vision treu. Mit aller Sprengkraft gegenüber den Härten der heutigen Migrationsregimes – und aller Härte gegenüber besonders den sozial schwächeren BewohnerInnen der heutigen Wohlstandszonen.

Es gibt also linke bis rechte Positionen, welche die globale Personen-Freizügigkeit zu jenem Mittel erklären, das ein nicht optimal funktionierendes System in einen besseren Zustand bringen würde. Beide produzieren auch je ihre eigenen Heldenbilder, die aber sicher ebenso viel einer komplexen Realität verdrängen, wie sie zu enthüllen vorgeben: Links steht die Heldenfigur des illegalisierten Sans-Papiers, der oder die quasi als Robin Hood in die protegierten Wohlstandsräume einbricht und sich selbst einen Teil des Wohlstands nimmt. Rechts wird der leistungsbereite New-Frontier Migrant verherrlicht, der mithilft, verkrustete Lohngefüge und Wohlfahrts-Bürokratie aufzubrechen.

II. Tatsächlichen Migrationsbewegungen sind geringer als angenommen

Eine zweite und kürzere Vorbemerkung betrifft die tatsächliche Grösse des Problems. Bei der meist emotional geführten Debatte wird ein Aspekt vernachlässigt, welcher – unabhängig von der jeweiligen Haltung zur Personenfreizügigkeit – die ganze Diskussion entkrampfen würde: Die Tatsache nämlich, dass die weltweite wie auch die regionale Migration viel kleiner ist, als man angesichts der extremen Wohlstandsunterschiede zwischen verschiedenen Regionen und Staaten erwarten würde. Offenbar sind es nicht nur Erwägungen über ökonomische Chancen, Bildungsmöglichkeiten oder Entwicklungsperspektiven, die eine individuelle Migrationsentscheidung beeinflussen. Sondern es gibt ebenso sehr auch – jenseits der Hindernisse finanzieller und rechtlicher Art – gute Gründe zum Verbleib an jenem Ort und in jenem sozialen Umfeld, in dem man sich befindet.

III. Ein Recht auf Auswanderung ohne das Recht auf Einwanderung?

Wechseln wir die Perspektive und wenden wir unseren Blick auf die völkerrechtliche Ebene. Schon oft wurde hier eine offensichtliche Asymmetrie zwischen dem explizit festgehaltenen Recht auf Auswanderung und dem fehlenden Komplement eines Rechtes, in einen anderen Staat einzuwandern, festgestellt. Artikel 13 der allgemeinen Erklärung der Menschenrechte[1] hält bekanntlich nicht nur die Niederlas-

---

1   Allgemeine Erklärung der Menschenrechte (http://www.ohchr.org/en/udhr/pages/Language. aspx?LangID=ger).

sungsfreiheit innerhalb jeden Landes als Menschenrecht fest, sondern auch das Recht, jedes Land zu verlassen:

> Artikel 13
> (1) Jeder hat das Recht, sich innerhalb eines Staates frei zu bewegen und seinen Aufenthaltsort frei zu wählen.
> (2) Jeder hat das Recht, jedes Land, einschliesslich seines eigenen, zu verlassen und in sein Land zurückzukehren.

An die Völkerrechtler wäre hier die Frage zu stellen, was der Status eines solch asymmetrisch formulierten Rechts ist – und ob sich nicht innerhalb der allgemeinen Erklärung der Menschenrechte eine Begründung finden lasst, weshalb diese Asymmetrie zu unzulässigen Folgen führen kann.

Während das unbedingte Recht, ein beliebiges (fremdes) Land zu verlassen, immerhin durch das unbedingte Recht komplementiert wird, wenigstens in sein eigenes Land zurückzukehren, hat das unbedingte Recht, auch sein eigenes Land zu verlassen, ganz offensichtlich kein entsprechendes Gegenstück. Mittelbar könnte dieses Gegenstück höchstens konstruiert werden durch eine weite Auslegung von Artikel 30, der lautet:

> Artikel 30
> Keine Bestimmung dieser Erklärung darf dahin ausgelegt werden, dass sie für einen Staat, eine Gruppe oder eine Person irgendein Recht begründet, eine Tätigkeit auszuüben oder eine Handlung zu begehen, welche die Beseitigung der in dieser Erklärung verkündeten Rechte und Freiheiten zum Ziel hat.

Die Durchsetzung restriktiver Migrationspolitiken im Sinne weitgehender Einwanderungsbeschränkungen liesse sich dann als Handlung eines Staates auslegen, welche in ihrer Konsequenz die Beseitigung des in Artikel 13 Absatz 2 formulierten Rechts der Auswanderung aus jedem beliebigen Staat zur Folge hat.

Selbst bei einer solchen, wohl eher gewagten, Interpretation stellte sich allerdings die dringende Frage, an welche Institution sich eine einzelne Person zur Durchsetzung dieses Rechts in einem konkreten Fall wenden sollte.

IV. DER NATIONALSTAAT ALS GARANT DER UNIVERSELLEN MENSCHENRECHTE?

Diese Problematik musste aufgrund der Anlage seiner Argumentation auch *Andreas Cassee* in seinem Referat ausblenden, dass nämlich die aktuelle Form der Allgemeinen Erklärung der Menschenrechte dem Individuum zwar höchst persönliche und unveräusserliche Rechte garantiert, diese Rechte aber mit keinem persönlich direkt einklagbaren Anspruch auf ihre Einlösung verbindet. Die Verantwortung zur Garantie der Menschenrechte liegt vielmehr bei den Subjekten des Völkerrechts, den Staaten, welche die Menschenrechtserklärung ratifiziert haben.

Umso wesentlicher ist vor diesem Hintergrund der Artikel 15 der Erklärung, der jedem Menschen seinerseits das Recht auf eine Staatsangehörigkeit garantiert. Diese Garantie erscheint als konkrete Umsetzung des „Rechts, Rechte zu haben", das *Hannah Arendt* im Licht der Flüchtlingstragödien und Vernichtungserfahrung des zweiten Weltkriegs immer wieder als grundlegendstes respektive gar als „einziges Menschenrecht" thematisiert und eingefordert hat.[2] Sie beklagt im Zusammenhang mit der Problematik der staatenlosen Flüchtlinge, dass „es […] zu den Aporien moderner Erfahrung [gehört], daß es leichter zu sein scheint, einen völlig Unschuldigen seiner Legalität zu berauben als einen Mann, der eine politisch feindselige Handlung verübt oder ein gewöhnliches Verbrechen begangen hat."[3]

Selbst die in einer bürgerlich-kapitalistischen Gesellschaft so basalen Rechte wie das Recht auf Eigentum[4] können auf einer universellen Ebene nicht eingeklagt und durchgesetzt werden, sondern nur gemäss dem Recht der jeweiligen Nationalstaaten.

V. Asymmetrie von Rechten und Pflichten?

Allerdings führt diese Ausgestaltung der Menschenrechtsidee dazu, dass kein Gleichgewicht zwischen den Menschenrechten einzelner Personen und entsprechender Garantie-Pflichten eines bestimmten Staates besteht. Diese Asymmetrie ist bereits dort verschärft, wo ein Ausländer nicht Bürger des Staates ist, in dem er lebt, und sie wird vollends prekär, wenn eine ausländische Einzelperson Rechte gegenüber einem Staat einfordern möchte, in dem sie gar (noch) nicht lebt.

So wird die Zusicherung eines Lebens in Würde, die Artikel 22 der Allgemeinen Erklärung der Menschenrechte enthält, *de facto* auf eine Zielvorgabe im direkten Verantwortungsbereich jedes Staates für sein Hoheitsgebiet reduziert:

> Artikel 22
> Jeder hat als Mitglied der Gesellschaft das Recht auf soziale Sicherheit und Anspruch darauf, durch innerstaatliche Maßnahmen und internationale Zusammenarbeit sowie unter Berücksichtigung der Organisation und der Mittel jedes Staates in den Genuß der wirtschaftlichen, sozialen und kulturellen Rechte zu gelangen, die für seine Würde und die freie Entwicklung seiner Persönlichkeit unentbehrlich sind.

Keinesfalls jedoch impliziert eine solche Formulierung etwa eine Verpflichtung eines reichen Staates im Bereich der Entwicklungszusammenarbeit, und ebenso wenig – in unserem Kontext treffender – eine allfällige Verpflichtung einzelner reicher Staaten, im Rahmen der internationalen Zusammenarbeit auch eine Erleichterung der wirtschaftlichen Zuwanderung vorzunehmen.

VI. Nach dem Recht auf Freizügigkeit: Ein Recht auf Gleichbehandlung?

Nicht verschweigen möchte ich zum Schluss, dass sich bei der Annahme eines Rechts auf Freizügigkeit und damit auch auf Wirtschaftsmigration durchaus heikle Folgefragen ergeben, die ich an dieser Stelle nur stichwortartig ansprechen kann, die aber auf politischer Ebene für sich allein schon zu hitzigen Diskussionen Anlass geben dürften.

2   Hannah Arendt, Es gibt nur ein einziges Menschenrecht, *Die Wandlung* 1949, S. 754–770 (vgl. http://hannaharendt.net/documents/menschenrechtV.html, besucht am 11.9.2010).
3   Arendt, Menschenrecht (Fn. 2), S. 757.
4   Allgemeine Erklärung der Menschenrechte (Fn. 1), Art. 17.

Aus dem Recht auf Personenfreizügigkeit lässt sich nicht automatisch ein Recht jedes Arbeitsmigranten/jeder Arbeitsmigrantin auf absolute Gleichbehandlung in einem bestimmten Land ableiten. Es stellt sich weiterhin die Frage, mit welcher moralischen oder ethischen Begründung ein umfassendes Gleichheitsgebot im Sinne eines weitreichenden Schutzes vor jeder Art der Diskriminierung untermauert werden kann – oder ob sich hier auch Ausnahmen und unterschiedliche Behandlungen rechtfertigen lassen, getreu dem Motto „Gleiches gleich und Ungleiches ungleich behandeln". Am drängendsten stellt sich dieses Problem wohl bei der Frage des Zugangs zum Arbeitsmarkt und im Bereich der Sozialversicherungen. Darf es einen Inländer-Vorrang bei der Besetzung freier Stellen geben oder nicht? Und lassen sich unterschiedliche Bedingungen für den Bezug von Sozialleistungen rechtfertigen – insbesondere dort, wo diese, wie bei der Fürsorge, nicht nach dem Versicherungs- sondern nach dem Solidaritätsprinzip im Sinne eines unbedingten Grundrechts zur Existenzsicherung ausgestaltet sind?

Ebenfalls absehbar sind harte Diskussionen, wenn wir das Recht des Staates resp. seiner BürgerInnen auf den Entzug einer Aufenthaltsbewilligung und ein Recht auf Ausweisung von AusländerInnen zur Debatte stellen.

Und schliesslich stellt sich in einem nächsten fundamentalen Schritt sogar die Frage, inwieweit auch die Idee der demokratischen BürgerInnen-Mitsprache (Citizenship) in der Konsequenz der Einführung eines liberalen Migrationsregimes angepasst und durch ein Konzept der *Denizenship*[5] ersetzt oder zumindest ergänzt werden müsste.

VII. Fazit

Ich ziehe ein dreifaches Fazit. Erstens wehre ich mich gegen allzu grosse Hoffnungen darin, dass ein offeneres Migrationsregime die eklatanten Gerechtigkeitslücken zwischen Menschen in unterschiedlichen Regionen und Erdteilen grundsätzlich überwinden könnte – dies im vollen Wissen darum, dass die Rücküberweisungen legaler und illegalisierter ArbeitsmigrantInnen gemäss verschiedensten Quellen den Umfang aller staatlichen und privaten Entwicklungshilfe übertreffen.

Zweitens halte ich umgekehrt die asymmetrische Formulierung des Grundrechtes auf Verlassen eines Landes für problematisch und sehe einen dringenden Bedarf, auch völkerrechtlich zu klären, was die Verantwortung eines Ziellandes gegenüber individuellen Migrantinnen und Migranten umfasst, welche nicht als Asylsuchende gemäss Artikel 14 und gemäss Genfer Flüchtlingskonvention Recht auf Schutz haben.

So unterstützungswürdig ich persönlich aus politischen wie moralischen Gründen eine offenere Haltung gegenüber der Wirtschaftsmigration auch aus nicht-europäischen Staaten halte, ist mir aber drittens auch klar bewusst, dass selbst die unwahrscheinliche Durchsetzung dieser Forderung bloss eine erste Tür zu neuen und ebenso umstrittenen Fragen aufstossen würde. Wie soll eine nichtdiskriminierende

---

5   Vgl. dazu Ece Ozlem Atikcan, *Citizenship or Denizenship: The Treatment of Third Country Nationals in the European Union*, 2006; Meghan Benton, *A Theory of Denizenship*, 2010 (http://discovery.ucl.ac.uk/624490/).

Ausländerpolitik und damit eine gerechte Politik gegenüber allen BewohnerInnen eines Landes aussehen? Zu welcher angemessenen Form müsste sich die Demokratie in einer noch stärker als heute von Migration geprägten Zukunft wandeln, um ihren eigenen Ansprüchen einer „Regierung der Regierten" innerhalb eines rechtstaatlichen Rahmens gerecht zu werden? Diese beiden Fragen wären auch durch eine Abschaffung restriktiver Einwanderungsregimes noch lange nicht beantwortet.

Literatur

Arendt Hannah, Es gibt nur ein einziges Menschenrecht, *Die Wandlung* 1949, S. 754–770

Atikcan Ece Ozlem, *Citizenship or Denizenship: The Treatment of Third Country Nationals in the EU*, Sussex European Institute Working Papers, no. 85 (2006)

Benton Meghan, *A Theory of Denizenship*, Doctoral thesis, UCL (University College London) 2010, abrufbar unter : http://discovery.ucl.ac.uk/624490/

Philippe Avramov / Francesca Magistro

La protection juridique des réfugiés écologiques

Rétrospectives et prospectives: du droit archaïque
au droit international contemporain

Introduction

Depuis sa création, l'homme a toujours été confronté à l'exil et au déplacement tantôt volontaire, tantôt forcé.[1] En effet, les migrations humaines préhistoriques furent causées par un climat hostile qui provoquait une insuffisance chronique des ressources naturelles.[2] Ces mouvements du Sud vers le Nord font partie de l'histoire scientifique de l'homme moderne.[3] Les textes, à l'image de la Bible, nous enseignent qu'Adam et Eve furent chassés du paradis, leur patrie, et ont dès lors revêtu le statut de réfugiés.[4] De même, le Christ dut s'enfuir en Egypte pour y rester jusqu'à nouvel ordre.[5] L'encadrement juridique des personnes réfugiées n'a cessé d'évoluer au cours des millénaires jusqu'à être figé dans le courant du 20e siècle par des conventions-cadres onusiennes.[6]

A l'heure actuelle, la communauté internationale observe un phénomène causal entre les changements climatiques engendrant de multiples catastrophes naturelles et de grands déplacements humains. Ainsi, les variations de climat redonnent naissance à un phénomène ancestral et préhistorique de migration massive. La sécheresse, la déforestation ou encore la désertification peuvent toutes mener à l'insécurité et au conflit tant interne que transfrontalier par de vastes mouvements de population. Or, il est paradoxal de constater qu'au 21e siècle, les réfugiés écologiques ne sont guère protégés juridiquement par les Etats.[7] Les requérants d'asile issus d'un cataclysme environnemental sont hors champ d'application à la fois des instruments juridiques onusiens et nationaux relatifs aux migrants. Toutefois, s'agissant de ce

---

1 Martina Caroni / Tobias Meyer / Lisa Ott, *Migrationsrecht*, 2. Aufl. 2011, S. 5.
2 Caroni/Meyer/Ott (Fn. 1), S. 9 f.
3 Tony Fitzpatrick, New Analysis Shows Three Human Migrations out of Africa – Replacement Theory ‚Demolished', *Newsroom of the Washington University in St. Louis* vom 2. Februar 2006; Ann Gibbons, Modern Men Trace Ancestry to African Migrants, *Science* 292 (11. Mai 2001), S. 1051–1052.
4 Gn 3:1–13; Gn 22–24.
5 Mt 2:13–23.
6 Convention relative au statut des réfugiés du 28 juillet 1951 (RS 0142.30); Protocole relatif au statut des réfugiés du 31 janvier 1967 (RS 0.142.301).
7 La doctrine emploie généralement les deux expressions servant à qualifier cette nouvelle vague de réfugiés sur la scène internationale des Etats. Voir, Astrid Epiney, Réfugiés écologiques et droit international, in: *The Right to Life*, hg. von Christian Tomuschat u. a., 2010, S. 371 ff.; Laura Westra, *Environmental Justice and the Rights of Ecological Refugees*, 2009; Essam El Hinnawi, *Environmental refugees*, Nairobi: United Environmental Programm (UNEP), 1985. De nombreux autres termes sont utilisés (réfugiés climatiques, éco-réfugiés, personnes déplacées en raison d'une catastrophe naturelle, etc.), voir Christel Cournil, Les réfugiés écologiques: Quelle(s) protection(s), quel(s) statut(s)?, *Revue de droit public* 4 (2006), S. 1035–1066 (1038).

problème migratoire, les principes de droit international public semblent de plus en plus s'aligner sur la pensée judéo-chrétienne en lien avec le non-refoulement de son prochain, ce qui laisse entrevoir un espoir de solution juridique pour les réfugiés écologiques.

Il convient alors de considérer les origines juridiques de l'asile pour constater l'évolution constante de ce concept depuis plus de trois millénaires (partie 1). Alors que les réfugiés écologiques bénéficiaient d'une protection de la part des autorités administratives et religieuses durant l'Antiquité, ils furent littéralement écartés du droit l'asile dès l'avènement des Etats modernes. Puis, il s'agira de relever la dépendance intrinsèque du droit positif moderne en matière d'asile avec l'essor économique d'un Etat. Depuis le début du 20ᵉ siècle, l'économie semble être à la fois le baromètre et le garde-fou des textes législatifs en matière de migration. Nous analyserons ainsi le sort des réfugiés écologiques dans la seconde moitié du 20ᵉ siècle, toujours au sens du droit suisse et des conventions onusiennes de l'après-guerre (partie 2). Enfin, il sera question de prendre en considération les diverses obligations et principes de droit international en lien avec la thématique des réfugiés écologiques (partie 3). Ces principes régissant le droit international public moderne semblent marquer un retour vers les sources archaïques et bibliques en matière d'asile. En ce sens, ils peuvent être à même d'apporter une solution à une problématique se présentant comme le grand défi du Haut-Commissariat des Nations Unies pour les réfugiés dans les quelques années à venir.[8]

I. Evolution historique du droit d'asile

1. La notion archaïque, romaine et judéo-chrétienne du droit d'asile

L'acte de migration implique par définition un sens dynamique. Issu du latin *migrare* ou *migratio*, des individus quittent de manière volontaire ou involontaire un lieu pour se rendre dans une place sécurisée. Or, ce dynamisme n'est guère compris dans les origines mêmes du droit d'asile.

En effet, au 18ᵉ siècle avant J.-C., le roi Hammurabi qualifie son royaume de „refuge" apparenté à une terre d'asile. Tout individu qui réside à l'intérieur des murs gouvernés par ce roi divin de Babylone mérite que justice lui soit rendue et qu'il y vive en paix. Le code de lois qu'Hammurabi a inscrit sur une stèle n'est donc pas qu'un outil politique lui permettant d'affirmer son autorité, mais aussi un signe d'amour envers ses sujets:[9]

> I have note been careless or negligent toward humankind, granted to my care by god Enlil, and with whose shephering the god Marduk charged me. I have sought fot them peaceful places, I removed serious difficulties, I spread light over them. With the mighty weapon which the gods

8   Voir les points de presse sur les déplacés climatiques: www.unhcr.fr.
9   Martha T. Roth, Laws of Hammurabi, in: *Laws Collections from Mesopotamia and Asia Minor*, hg. von Piotr Michalowski, 2. Aufl. 1997, S. 133 (Epilogue). Voir également la traduction française: André Funet, *Le Code de Hammurabi*, 5. Aufl. 2004, S. 141–142 (Epilogue): „[…] je n'ai laissé personne les tourmenter. Grâce à ma Protectrice ils ont prospéré, je n'ai cessé de les gouverner dans la paix ; grâce à ma sagesse je les ai abrités". Egalement, *Code Hammurabi*, où dans l'Epilogue apparaît le terme „refuge".

Zababa and Ishtar bestowed upon me, with the wisdom which the god Ea allotted to me, with the ability which the god Marduk gave me, I annihilated enemies everywhere, I put an end to wars, I enhanced the wellbeing of the land, I made the people of all settlements lie in safe pastures, I did not tolerate anyone intimidating them. [...] My benevolent shade is spread over my city, I held the people of the lands of Sumer and Akkad safely on my lap. They prospered under my protective spirit, I maintened them in peace, with my skillful wisdom I sheltered them.

Etant donné que le droit est légiféré par un roi divin, l'asile est symbolisé tant par le Code – parole divine, que par Hammurabi lui-même. En ce sens, l'équité, la justice et la paix sont à la portée de tout homme qui suit les préceptes du Code. La protection de l'individu et l'asile se trouvent dans le droit appliqué en ce lieu clos – le royaume de Babylone.[10] Par conséquent, il n'est nul fait distinction entre les individus qui, persécutés par une quelconque cause physique ou humaine, souhaitent s'y réfugier, et ceux qui s'assujettissent simplement au Code. L'asile est le droit inscrit dans le Code qui est garanti à tout individu – peu importe les raisons qui l'auraient poussé à migrer. En d'autres termes, le droit d'asile s'offre à tout homme, peu importe ses origines, sa confession ou les circonstances qui l'ont forcé à l'exode en direction de Babylone. Il suffit simplement que le requérant respecte les lois figurant dans le Code.

Alors que l'acception archaïque de l'asile renvoie à un ordre juridique administrant un territoire précis, le droit romain classique nous enseigne que l'asile se rapporte à un espace matériel délimité. L'étymologie[11] latine – *asylum* désigne la maison d'un citoyen romain ou ses terres qui peuvent servir de refuge inviolable.[12] Il est donc à relever que le droit romain conserve une acception de l'asile en lien avec

---

10 L'idée d'asile s'apparentant à des lois d'équité qui s'appliquent à l'intérieure d'une enceinte murale se retrouvera plus tard dans la légende de Romulus – fondateur de Rome. Pour peupler cette ville, Romulus offre l'asile à l'intérieur de l'enceinte close marquant les contours de la ville, sans discrimination, tous ceux qui veulent suivre sa destinée et se soumettre aux lois édictées. Tite-Live, Histoire romaine, Œuvres, Band 1, 1839, II.1, I.8: *„Eo ex finitimis populis turba omnis sine discrimine, liber an sevus esset, avida novarum rerum perfugit: idque primum ad coeptam magnitudinem roboris fuit"*. Pour une analyse détaillée de la conception d'asile dans la Rome antique: Pierre Timbal, *Le droit d'asile*, 1939, S. 25 ff.

11 L'étymologie grecque *„asulon"* renvoie à un temple ou à un lieu sacré en rapport avec le culte religieux et prône pour une inviolabilité totale. De même, *„asylos"* désigne ce qui ne peut pas être pillé ou violenté. Ainsi, le sens étymologique premier semble désigner un lieu précis, sacré et par conséquent inviolable pour les réfugiés à la recherche d'un abri. Michelle Guillon et al., *Asile politique entre deux chaises : droit de l'homme et gestion des flux migratoires*, 2003, S. 20: „[L]es sanctuaires, temples, églises et autres lieux de culte sont censés échapper au pouvoir humain et par conséquent, les auteurs de crimes, vols et autres délits peuvent y trouver refuge en se plaçant sous la protection de la justice divine". Timbal (Fn. 10), S. 12, où le droit d'asile dans les peuples de l'orient méditerranéen s'apparente à un asile religieux: „des criminels, des débiteurs et des esclaves trouvent une protection efficace en se réfugiant dans les lieux sacrés".

12 Gaius, D.2.4.18: „[...] *domus tutissimum cuique refugium atque receptaculum sit* [...]". Ulpianus, D.11.3.1.2: „[...] *est proprie recipere, refugium abscondendi causa servo praestare, vel in suo agro vel in alieno loco, aedificiove* [...]". Egalement, Ulpianus, D.21.1.17.12. Pour une discussion autour de la signification de l'asile dans la Rome antique, voir François Crépeau, *Du droit d'asile: de l'hospitalité aux contrôles migratoires*, 1995, S. 424; Florence Savioz, *Non-entrée en matière, construction d'une catégorie administrative excluante en politique d'asile : comparaison de la mise en œuvre dans le canton de Vaud et dans le canton de Valais*, mémoire, Lausanne, 2009, S. 18 : „[Durant l'Antiquité], l'asile religieux a joué une fonction sociale importante qui a permis de contrer la tendance à la vengeance dans la justice privée et à pallier la faiblesse de la police et de la justice".

un lieu clos. L'individu n'est qu'indirectement concerné, puisque le champ d'application de l'asile se rapporte à sa terre ou à sa demeure qui constitue un refuge inviolable.

A la fin du 4e siècle après J.-C., Théodose Ier promulgue le culte catholique orthodoxe comme religion officielle de l'Empire.[13] C'est alors que le droit d'asile de la Rome classique se christianise. Le Codex de Justinien qualifie les églises de Constantinople de lieu de piété, de bâtisses desquelles nul ne peut être arraché.[14] Les économes et les défenseurs du culte se proposent d'offrir au requérant d'asile réfugié en leurs murs tout ce qui lui est nécessaire pour survivre – *ut ei aliquid vicatualium rerum*[15]. La christianisation du droit d'asile est lancée ; fondé sur la charité, le droit se rattache désormais à la personne. Des individus pourchassés par les administrations de l'Etat ou ceux qui souhaitent échapper à leurs débiteurs se précipitent dans les lieux saints.[16] Face à ce phénomène social, l'Empire réagit en déclarant les esclaves et les citoyens frauduleux notamment à l'égard du fisc comme *personae non grata* hors champ d'application du droit d'asile.[17] C'est donc par l'affirmation de la souveraineté de l'Etat face à l'église que le droit d‹asile va être individualisé: il passe d‹un droit se rapportant à certains immeubles à un droit décrivant quels individus sont susceptibles de bénéficier d'une protection.

Tandis que l'Etat cherche dès la fin du 4e siècle après J.-C. à encadrer le droit d'asile par l'exclusion de certains individus, l'église prône le devoir d'accueil de tous les êtres humains – créatures divines.[18] Le droit d'asile chrétien se construit autour d'une éthique de solidarité envers les défavorisés, les pauvres et les opprimés.[19] L'église agit en tant que communauté favorisant les rencontres et offre son espace comme refuge à tous les hommes sans égard quant à leur motivation.[20] Ainsi, la religion chrétienne endosse le rôle d'objecteur de conscience pour ses fidèles. La Bible enseigne donc l'égalité de traitement entre les hommes, peu importe leurs origines, leur vécu ou leur statut social.[21]

---

13   Edit de Thessalonique, Codex Th., 16.1.2 ; Timbal (Fn. 10), S. 38 ff.

14   Codex Just., 1.12.2.

15   Codex Just., 1.12.5.

16   Philippe Segur, *La crise du droit d'asile*, 1998, S. 69, qui précise que l'„effet principal de l'asile était de suspendre les procédures judiciaires". Anne Ducloux, *Ad ecclesiam confugere. Naissance du droit d'asile dans les églises (4e-milieu du 5e s.)*, 1994.

17   Codex Just., 1.12.1–3; Codex Just., 1.12.5pr; Codex Just., 1.12.5.4–5.

18   Mt 25:38–40, où l'on assiste à la naissance du principe du bon Samaritain. L'on se doit de traiter l'étranger de la manière que Dieu nous aurait traité. En d'autres termes, l'étranger est un frère qui mérite refuge, soins et asile. Il doit être traité de manière égale par les autochtones.

19   Dt 10:17–18: „En effet, l'Eternel, votre Dieu, est le Dieu des dieux, le Seigneur des seigneurs, le Dieu grand, fort et redoutable. Il ne fait pas de favoritisme et n'accepte pas de pot-de-vin, il fait droit à l'orphelin et à la veuve, il aime l'étranger et lui donne de la nourriture et des vêtements". Pour une analyse des différents fragments de la Bible qui décrivent l'attitude à avoir à l'égard de l'étranger – son prochain, voir Marie Castelnau, *Les églises et la prise de position politique: un exemple, le „droit d'asile" en Suisse (1985–86)*, mémoire, Genève, 1987, S. 52 ff.; Ange Lusanga, *La problématique de la migration et de l'asile: étude des textes bibliques, des documents de l'Eglise et des instruments juridiques nationaux*, mémoire, Fribourg, 2006, S. 44 ff.

20   Ex 23:9: „Tu n'opprimeras pas l'étranger. Vous-mêmes, vous savez ce qu'éprouve l'étranger car vous avez été étrangers en Egypte".

21   Pour une égalité de traitement dans et devant la loi, voir notamment Nb 15:29: „Que l'on

2. LA NOTION MODERNE DU DROIT D'ASILE

A la fin du 18e siècle, le droit d'asile relève de la compétence étatique.[22] Toutefois, les valeurs chrétiennes prônant une égalité de traitement et l'acceptation de son prochain quel qu'il soit inspirent le législateur tant américain que français.

La *Declaration of Independence* stipule en 1776 : „[…] *all men are created equal, that they are endowed by their Creator with certain unalienable Rights, that among these are Life, Liberty and the pursuit of Happiness.*“ En 1789, le législateur français reprend à son tour l'idée du bonheur (Préambule) et de l'égalité de traitement (Art. 1) entre les hommes lors de la promulgation de la *Déclaration des droits de l'homme et du citoyen*. Il est toutefois à constater que le droit d'asile peine à trouver sa place et ne figure pas *in fine* aux côtés des droits fondamentaux énoncés. Il faut attendre la *Constitution de l'an I* (24 juin 1793) pour que le droit d'asile apparaisse en tant que droit individuel directement applicable rangé au chapitre „Des rapports de la République française avec les nations étrangères“. „Le peuple français donne asile aux étrangers bannis de leur patrie pour la cause de la liberté. Il le refuse aux tyrans“ (Art. 120). Le législateur français cadre le droit d'asile dans deux phrases. En premier lieu, il n'oublie pas de rappeler l'histoire de l'asile qui se rapporte aux lieux inviolables. La France se qualifie elle-même de refuge pour les étrangers (uniquement) qui ne bénéficient pas de la liberté naturelle – droit fondamental par excellence. En second lieu, le législateur républicain souhaitant affirmer sa suprématie face à l'église choisissant de n'accorder le privilège de l'asile qu'à certains individus.[23]

C'est donc à la toute fin du 18e siècle que naît le droit d'asile moderne: un droit ne ciblant que des cas particuliers de persécution. Ces cas renvoient aux persécutions politiques et ciblent l'individu „qui, en raison de ses idées ou de son activité politique, est recherché personnellement dans sa patrie ou dans l'Etat d'où il vient, ou y est poursuivi de quelque autre manière que ce soit“[24]. L'Etat se laisse ainsi le choix de filtrer les entrées d'individus sur son territoire dans le but d'une meilleure sécurité intérieure.[25] L'on assiste à un paradoxe auquel les Etats modernes sont confrontés: les valeurs humanistes et universelles avec celles de l'Etat-nation.[26] Dans

---

soit israélite ou étranger, il y aura pour vous une même loi quand on péchera involontairement“. Egalement, Lv 20:2, Lv 24:16, Lv 24:22.

22 Segur (Fn. 16), 87, qui précise que c'est à partir du renforcement royal au 13e siècle que l'asile chrétien connaît une extinction. D'un droit religieux, il passe entre les mains de l'Etat et devient un sujet majeur dans la politique interne durant le 16e siècle.

23 Marie-Claire Caloz-Tschopp, *Le tamis helvétique: des réfugiés politiques au „nouveaux réfugiés“*, 1982, S. 24, où l'on décrit la Suisse du début du 19e siècle comme un territoire d'accueil pour les opposants aux diverses monarchies occidentales (russe, autrichienne, prussienne). Un nombre important de journalistes qui ne bénéficient plus d'une totale liberté choisissent de s'établir à Genève, à Bâle ou en Argovie.

24 Bulletin officiel de l'Assemblée fédérale, 30 janvier 1958, S. 19.

25 Franck Moderne, *Le droit constitutionnel d'asile dans les Etats de l'Union européenne*, 1998, S. 174; Marc Vuilleumier, *Immigrés et réfugiés en Suisse: aperçu historique*, 1987, S. 12, où l'auteur décrit l'accueil privilégié réservé aux Huguenots au 16–17e siècle par les Suisses. Les protestants stimulent favorablement l'économie locale dans la région où ils s'installent, ce qui leur assure la sympathie de la population et les avantages de la politique d'immigration.

26 Assemblée fédérale (Fn. 27), S. 19: „En principe, l'exercice du droit d'asile, commandé par les exigences de la souveraineté et de l'humanité, est illimité. Il connaît cependant des bornes que lui impose la raison d'Etat. Son usage, en effet, ne doit pas mettre en danger l'indépendance

le courant du 20ᵉ siècle, les lois nationales sur l'asile définissent le statut de réfugié de manière de plus en plus restrictive. Cette pratique justifiée par la politique spécifique menée par chaque Etat conduit inévitablement à vider progressivement la notion d'asile de son contenu judéo-chrétien.

3. Conclusion intermédiaire

L'évolution historique de l'asile démontre qu'à Babylone le droit d'asile ne se rattachait pas à un individu mais renvoyait au droit dans son entier. Tout individu qui souhaitait en général vivre en paix, à l'abri des persécutions, pouvait demander l'asile. La seule condition était l'assujettissement au roi de Babylone et à son Code de lois. Il n'importait pas de connaître les motivations ayant conduit l'individu en question à se présenter devant les murs du royaume. En outre, il n'existait aucune discrimination quant à la race ou au culte des requérants. Autrement dit, l'asile se rapportait à un système normatif défendant l'équité et la justice.

Le droit romain associait le droit d'asile à des lieux inviolables par les autorités administratives. Les Romains avaient donc une vision bien plus matérialiste s'agissant de l'asile que les babyloniens. Tels furent alors considérées les terres et les maisons des citoyens de Rome. C'est avec l'arrivée du christianisme durant la période Empire que l'asile allait progressivement plonger dans la subjectivité en érigeant l'homme en tant qu'ayant droit juridique. Tout individu pourchassé ou en détresse pouvait ainsi revendiquer l'accueil, le gîte et le minimum vital aux religieux.

Malgré une acception différente de l'asile, les personnes ayant tout perdu à la suite d'une catastrophe naturelle ou à cause d'un conflit armé étaient accueillies sans distinction – à Babylone et à Rome. L'on peut également relever, depuis la période d'Hammurabi jusqu'à la fin du 3ᵉ siècle après J.-C. l'existence tacite d'un principe de non-refoulement envers tous les requérants d'asile se présentant devant un lieu inviolable par l'Etat.

Le champ d'application du droit d'asile désormais „subjectivé" fut une première fois épuré par les empereurs romains au 4ᵉ siècle après J.-C., excluant ceux qui avaient des dettes, étaient esclaves ou avaient commis un délit. L'affirmation de la souveraineté de l'Etat face à l'église et à la pensée judéo-chrétienne d'empathie envers son prochain eut pour effet de restreindre le champ des bénéficiaires d'asile.

Enfin, ce n'est qu'à la fin du 18ᵉ siècle et sous l'impulsion de la première vague des droits fondamentaux que l'asile devait être restreint une seconde fois. Le droit d'asile était attribué aux opposants politiques et libres penseurs opprimés dans leur Etat d'origine. Ce droit ne concernait que les victimes d'un régime tyrannique à cause de leurs idées politiques. Par l'affirmation de sa compétence en matière d'immigration, l'Etat souhaite désormais avoir le contrôle total sur la sécurité intérieure, tout en se réservant le choix des individus bénéficiant d'un droit d'établissement sur son territoire.

de l'Etat qui accorde l'asile. Il résulte de ces considérations que l'admission de réfugiés est un droit appartenant à l'Etat et que celui-ci n'a aucune obligation quelconque d'accorder l'asile. Les réfugiés n'ont donc aucun droit à l'asile en Suisse".

Avec cette évolution historique du droit d'asile, l'Etat moderne ne reconnaît aujourd'hui ce même droit qu'à un nombre très restreint d'individus. Les réfugiés écologiques en sont exclus et sombrent dans la catégorie des migrants que seuls les lieux de culte pourraient accueillir. Or, l'immunité ecclésiastique n'est pas reconnue par les autorités administratives.[27] Dès lors, les réfugiés écologiques deviennent les orphelins de la politique nationale d'immigration.

II. LA POLITIQUE D'ASILE SUISSE DURANT LA SECONDE MOITIÉ DU 20ᴱ SIÈCLE

1. LA CONVENTION RELATIVE AU STATUT DES RÉFUGIÉS DE 1951

Avec la fin du second conflit armé mondial, l'Assemblée générale de l'ONU adopte la Déclaration universelle des droits de l'homme le 10 décembre 1948. Sous l'impulsion des droits de l'homme de la première génération[28] et afin de ne pas revivre les mêmes dérives qu'entre 1939–45 à l'égard des réfugiés, la Déclaration inscrit le droit de fuir et de se déplacer vers un Etat neutre (Art. 14 al. 1). Dans le but de compléter et de renforcer les droits des personnes fuyant des persécutions, le principe de non-refoulement est ancré dans la Convention onusienne relative au statut des réfugiés en 1951 (Art. 33). Les deux textes onusiens sont fondateurs en matière d'asile et fixent les principes directeurs pour la politique d'immigration.

En effet, bien que le droit de fuir et de se déplacer vers un autre Etat soit garanti par la Déclaration universelle des droits de l'homme, aucune contrainte n'existe obligeant à accorder par la suite l'asile au sens de la Convention de 1951. En d'autres termes, la Déclaration universelle garantit simplement que les Etats parties n'ont pas le droit de refouler immédiatement les réfugiés se présentant à leurs frontières, sous réserve que le requérant n'ait pas commis un crime de droit commun dans le pays de provenance (Art. 14 al. 2). Les autorités administratives doivent examiner la situation de chaque migrant, tout en tenant compte du danger en provenance du pays d'origine et menaçant l'individu en cause. La Convention de 1951 définit le terme „réfugié" comme suit (Art. 1A al. 2):

> Qui, par suite d'événements survenus avant le premier janvier 1951 et craignant avec raison d'être persécutée du fait de sa race, de sa religion, de sa nationalité, de son appartenance à un certain groupe social ou de ses opinions politiques, se trouve hors du pays dont elle a la nationalité et qui ne peut ou, du fait de cette crainte, ne veut se réclamer de la protection de ce pays ; ou qui, si elle n'a pas de nationalité et se trouve hors du pays dans lequel elle avait sa résidence habituelle à la suite de tels événements, ne peut ou, en raison de ladite crainte, ne veut y retourner.

Cette définition oblige les Etats à ne plus faire de distinction entre les réfugiés politiques et raciaux. Avec le début de la guerre froide, la Convention de 1951 marque un tournant dans la politique d'immigration, favorisant des pratiques plus libérales notamment à l'égard des réfugiés du bloc socialiste.

Il s'avère qu'aujourd'hui cette convention, tout en restant un texte cadre pour la politique nationale en matière d'asile, n'apporte pas de solution face aux grandes

---

27 Office fédéral des réfugiés, *L'asile en Suisse. Un aperçu du domaine de l'asile et des réfugiés*, 2001, S. 32.

28 Voir le *Préambule* de ladite Convention (RS 0.142.30).

vagues migratoires. En effet, elle s'est inscrite dans une période de scission mondiale entre les idéaux socialistes et capitalistes. Or, la définition et les principes énoncés dans ce texte onusien ne sont plus en adéquation avec certaines causes actuelles expliquant les flux migratoires. La Convention de 1951 ne mentionne pas la forte croissance de la population mondiale, la stagnation des marchés économiques et les cataclysmes écologiques – tous favorisant l'exil. Ainsi, les motifs de fuite actuels sont de moins en moins calqués sur ceux de la Convention, ce qui provoque l'effondrement du taux d'entrée en matière s'agissant des requêtes d'asile.[29]

2. La politique suisse en matière d'asile

Les traités internationaux restent le noyau dur de la politique d'asile en Suisse. Depuis l'entrée en vigueur de la Convention relative au statut des réfugiés pour la Suisse le 21 avril 1955 (RS 0.142.30) et jusqu'aux débuts des années 1980, la politique d'asile nationale s'est caractérisée par une relative tolérance à l'égard des réfugiés.[30]

La première loi fédérale en matière d'asile (LAsi, RS 142.31) arrive en 1981, ce qui marque un tournant vers des pratiques moins libérales.[31] En effet, dès la fin des années 1970, les effets du choc pétrolier se font ressentir provoquant un ralentissement à la prospérité économique suisse de l'après-guerre et un besoin moins accru en main d'œuvre peu qualifiée. Les années 1990 poussent la Suisse dans une période de crise où le chômage gagne des pourcents dans les statistiques fédérales. Cette situation a pour conséquence de rendre l'insertion des réfugiés de plus en plus difficile.[32] Les années 2000 reflètent une consommation en baisse sous les effets d'une économie de plus en plus mondialisée. En conséquence, le marché du travail ne répond plus face à une offre de main d'œuvre faiblement qualifié (hôtellerie, restauration, commerce de détail, etc.) et souvent composée par des immigrés.

Formellement, la loi suisse sur l'asile reprend la définition de la Convention de 1951, ne faisant ainsi plus de distinction entre les différentes catégories de réfugiés – politiques et raciaux, comme jusqu'en 1944. Il en ressort toutefois une définition relativement stricte avec une faible liberté d'appréciation pour les autorités administratives (Art. 3 LAsi):

> 1. Sont des réfugiés les personnes qui, dans leur Etat d'origine ou dans le pays de leur dernière résidence, sont exposées à de sérieux préjudices ou craignent à juste titre de l'être en raison de leur race, de leur religion, de leur nationalité, de leur appartenance à un groupe social déterminé ou de leurs opinions politiques.

29 Etienne Piguet, *L'immigration en Suisse: 60 ans d'entrouverture*, 2. Aufl. 2009, S. 90.
30 Tobias Hagman / Stanislas Frossard, La réforme de la politique d'asile suisse à travers les mesures d'urgence, *Cahiers de l'IDHEAP* 191 (2000), S. 1. Pour la politique de la migration suisse depuis 1948, Hans Mahnig (Hg.), *Histoire de la politique de migration, d'asile et d'intégration en Suisse depuis 1948*, 2005.
31 La LAsi fut révisée et complétée de manière substantielle à de multiples reprises entre 1983 et 2006. Pour un débat autour de cette frénésie législative, Piguet (Fn. 29), S. 84 f.; Hagman/ Frossard (Fn. 30), S. 13 f.; Pour les dérives et la pratique de l'asile durant la seconde moitié des années 1980, Ligue Suisse des droits de l'homme, Deux anciens collaborateurs de l'OFP témoignent, Lausanne: Comité Suisse pour la défense du droit d'asile, 1986.
32 Piguet (Fn. 29), S. 93.

2. Sont notamment considérées comme de sérieux préjudices la mise en danger de la vie, de l'intégrité corporelle ou de la liberté, de même que les mesures qui entraînent une pression psychique insupportable. Il y a lieu de tenir compte des motifs de fuite spécifique aux femmes.

Cette définition a engendré la rédaction d'un art. 4 LAsi[33] visant à apporter un peu plus de souplesse dans le traitement des requêtes. L'art. 4 LAsi concerne les réfugiés dits de violence qui sont exposés à un danger grave, notamment durant une guerre civile.[34] Ces personnes bénéficient d'une admission provisoire suite à la décision négative quant à la demande d'asile. Le droit suisse nuance ainsi nettement entre le rendu d'une décision négative répondant à la requête en matière d'asile et son exécution qui peut s'avérer impossible au vu de la situation politique du pays d'accueil.[35] Ainsi, la rigueur d'une définition en matière d'asile est compensée par une procédure plus difficile quant au renvoi des requérants déboutés. La législation suisse se veut ainsi rester conforme aux deux conventions onusiennes.

De plus, de par la définition figurant dans la LAsi, le législateur souhaite faire une stricte distinction entre les volets humanitaires et économiques de la politique d'immigration. En ce sens, la politique intérieure ne devrait pas tenir compte des fluctuations économiques pour accepter des requêtes d'asile. Or, l'adhésion de la Suisse à l'espace Schengen[36] et les accords de libre circulation des personnes avec l'Union Européenne (UE)[37] sont une contrepartie des échanges économiques entre la Suisse et ses voisins.[38] Au vu du nombre croissant d'échanges économiques bilatéraux entre l'UE et la Suisse, les accords de libre circulation règlent *de facto* la plupart des aspects de la politique d'immigration.[39] C'est essentiellement dans ce contexte[40] qu'en 2005, entre en vigueur la loi fédérale sur les étrangers (LEtr)[41] rem-

---

33 „La Suisse peut accorder la protection provisoire à des personnes à protéger aussi longtemps qu'elles sont exposées à un danger général grave, notamment pendant une guerre ou une guerre civile ou lors de situations de violence généralisée".

34 Hagman/Frossard (Fn. 30), S. 9 f.

35 Pour un résumé de la procédure en droit d'asile suisse, le rendu de la décision, le renvoi et l'exécution, voir Nicolas Wisard, *Les renvois et leur exécution en droit des étrangers et en droit d'asile*, 1997, S. 36 ff.

36 Conseil fédéral, Arrêté du 17 août 2005 constatant le résultat de la votation populaire du 5 juin 2005, FF 2005 4891.

37 Conseil fédéral, Arrêté du 15 novembre 2005 portant approbation et mise en œuvre du protocole relatif à l'extension de l'accord entre la Confédération suisse, d'une part, et la Communauté européenne et ses Etats membres, d'autre part, sur la libre circulation des personnes aux nouveaux Etats membres de la Communauté européenne et portant approbation de la révision des mesures d'accompagnement concernant la libre circulation des personnes, FF 2005 6467.

38 L'UE est le principal partenaire économique de la Suisse. Près de 60 % des exportations suisses sont dirigées vers les Etats membres. Voir le communiqué du Département fédéral des affaires étrangères du 19.2.2013.

39 Piguet (Fn. 29), S. 117; Dario Lopreno, Suisse: limiter l'asile et l'immigration à travers la politique contre les clandestins, in: *Action sociale, action humanitaire de la protection à la contrainte*, hg. von Brigitte Fichet et al., Cahiers du CEMRIC, N°16–17, 2002, S. 146 f.

40 Voir Conseil fédéral, message du 8 mars 2002 concernant la loi sur les étrangers, FF 2002 3473.

41 Loi fédérale du 16 décembre 2005 sur les étrangers (RS 142.20); Piguet (Fn. 29), S. 117: „Le principe de base est celui d'une fermeture des frontières, assortie d'exceptions destinées aux personnes disposant de qualifications élevées. Ces dernières ne pourront obtenir d'autorisation que dans le cadre de contingents annuels limités et si aucun travailleur national, résidant ou ressortissant de l'UE/AELE présentant des profils similaires n'a pu être trouvé"; Office fédéral des réfugiés (Fn. 27), S. 20.

plaçant l'ancienne LSEE. En conséquence, le droit d'asile et plus généralement celui des étrangers devient un droit régi par les différentes catégories de permis de séjour.[42] La LEtr a pour objectif de favoriser les ressortissants de l'UE, car cette dernière est le premier partenaire économique de la Suisse. L'élaboration d'une „politique européenne commune"[43] conduit à qualifier d'„étranger" tout individu non ressortissant d'un Etat membre de l'UE. Enfin, bien que le droit suisse reconnaisse l'asile et l'immigration comme deux domaines séparés, respectant ainsi la Convention de 1951, la quête de bénéfices économiques annuels pousse les autorités à être très strictes à l'égard des requérants. En effet, accorder un titre de séjour valable aux requérants d'asile serait synonyme de concurrence (déloyale) en matière de main d'œuvre avec celle issue de l'UE. Or, le marché helvétique ne pourrait intégrer tous ces nouveaux travailleurs.[44]

Il semble que face aux nombreux motifs actuels de fuite et de migration qui pèsent sur la population mondiale – conditions de vie déplorables, guerres, violences, catastrophes naturelles, crise des marchés financiers, le législateur suisse ait choisi de fixer des conditions d'entrée sur son territoire en fonction de son économie intérieure. La Suisse mène une politique axée sur la libre circulation des marchandises et capitaux, privilégiant par-là même les individus en provenance des Etats partenaires à son économie. La LEtr sert ainsi essentiellement à définir les conditions d'immigration pour les ressortissants du reste du monde, exception faite pour ceux de l'UE. Il ressort que les enjeux actuels et futurs de l'immigration passent par une évaluation des besoins économiques d'un pays, érigeant ainsi l'intérêt national en critère principal par rapport aux besoins humanitaires.

3. LA NOTION DE PERSÉCUTION AU SENS DE LA JURISPRUDENCE EN MATIÈRE D'ASILE

La reconnaissance du statut de réfugié et l'octroi de l'asile dépendent des critères énoncés à l'art. 3 LAsi mentionnés ci-dessus.[45] En d'autres termes, „est considérée comme une demande d'asile toute manifestation de volonté par laquelle une personne demande à la Suisse de la protéger contre des persécutions » (Art. 18 LAsi).

Le terme de persécution s'inscrit dans le texte de plusieurs alinéas formant la loi sur l'asile.[46] Il implique grammaticalement l'idée d'une relation triangulaire entre un acte dommageable, un auteur et une victime. L'acte et l'auteur doivent émaner

---

42   Office fédéral des migrations pour tous les permis relatifs aux étrangers ; le permis N concerne les requérants d'asile: http://www.bfm.admin.ch.

43   Commission des Communautés européennes, Une politique communautaire en matière d'immigration, Bruxelles, 22.11.2003, 3 [cité par Lopreno (Fn. 39), S. 146].

44   Office fédéral des réfugiés (Fn. 27), S. 6, où l'on expose que „les facteurs économiques influent sur les politiques d'immigration de nombreux Etats". Ainsi, „la plupart des Etats, dont la Suisse, fixent les conditions d'entrée sur leur territoire en fonction des besoins de leur marché du travail". Affirmant que la majorité des étrangers proviennent de l'UE, seuls les travailleurs qualifiés et diplômés auront de la chance à trouver un emploi, ce qui favorise l'essor des entrées illégales en Suisse.

45   Voir notamment l'arrêt JICRA 2003/8, S. 50–53, consid. 5–6a, où l'administration examine les critères figurant à l'art. 3 LAsi avant d'octroyer l'asile.

46   Art. 6a; art. 18; art. 33 al. 3b; art. 34 al. 1 (le terme de persécution figure dans le titre de l'article 34); art. 35; art. 69 al. 2; art. 76 al. 3.

d'un ou plusieurs individus, voir d'une autorité, mais ne peut résulter d'une cause naturelle : „le mot ‚persécution' sous-tend l'idée que le préjudice subi ou craint a été causé à dessein par une personne, un groupe de personnes ou une autorité, et non par un événement naturel comme un cas de force majeure, qui surviendrait de l'extérieur sans intervention humaine (catastrophes naturelles, famine consécutive à une longue période de sécheresse extrême, etc.). Le mot ‚persécution' est également incompatible avec l'hypothèse du cas fortuit"[47].

En associant de manière stricte les persécutions à des actes humains ou étatiques contre des civils, le législateur reste cohérent avec l'évolution historique du droit d'asile depuis la fin du siècle des Lumières. Seules les persécutions politiques rentrent dans le champ du droit d'asile.[48] La protection est ainsi offerte aux personnes menacées dans leurs droits fondamentaux primaires que sont la vie, la confession ou leur appartenance ethnique. Il n'est nullement question d'accorder l'asile en droit suisse aux individus ayant été privés de tous leurs biens matériels et ressources naturelles à la suite d'un quelconque cataclysme météorologique. Tout individu qui se retrouve persécuté à cause d'un séisme, d'un tsunami ou à cause d'une quelconque force majeure physique et naturelle se voit alors frappé d'une décision de non-entrée en matière par l'administration.[49] La LAsi permet un examen sommaire de la demande d'asile et participe à la politique de dissuasion menée par la Suisse à l'égard des requérants.[50] Toutefois, le rendu d'une telle décision de non-entrée en matière n'aboutit pas automatiquement au renvoi du requérant.[51] En effet, la légalité quant à l'exécution d'une décision de non-entrée en matière doit être analysée sous l'angle de l'art. 3 CEDH[52].[53]

4. CONCLUSION INTERMÉDIAIRE

Les requérants d'asile se retrouvent aujourd'hui victimes de l'attitude contradictoire des pays industrialisés à l'image de la Suisse, qui oscillent entre compassion et rejet de l'immigration en masse. La politique de l'immigration est dépendante des aléas économiques et du développement des marchés mondiaux. La pression sur les épaules des politiciens et du législateur provient du fait qu'ils doivent se conformer

---

47 JICRA 2003/18, 114.

48 Message du 4 décembre 1995 sur la révision totale de la loi sur l'asile et sur la modification de la loi fédérale sur le séjour et l'établissement des étrangers, FF 1996 II, S. 12, 15: „Le droit d'asile sert à protéger les victimes de persécutions politiques".

49 Art. 32 al.1 LAsi qui renvoie à l'art. 18 LAsi; art. 34 ff. LAsi, art. 34 al. 2 let. d, qui renvoie à l'Accord entre la Confédération suisse et la Communauté européenne relatif aux critères et aux mécanismes permettant de déterminer l'Etat responsable de l'examen d'une demande d'asile introduite dans un Etat membre ou en Suisse du 26.10.2004 (RS 0.142.392.68).

50 Savioz (Fn. 12), S. 12; Margarita Sanchez-Mazas, *La construction de l'invisibilité. Suppression de l'aide sociale dans le domaine de l'asile*, 2011, S. 36 ff., 117 ff.

51 Il est possible de se voir accorder une protection provisoire, JICRA 2003/18, S. 116.

52 Convention du 4 novembre 1950 de sauvegarde des droits de l'homme et des libertés fondamentales (CEDH; RS 0.101).

53 Voir ACEDH Bensaid c. Royaume-Uni, 44599/98, du 6 février 2001; Yann Golay, La jurisprudence de la Commissions suisse de recours en matière d'asile durant l'année 2003, *ASYL 2* (2004), S. 19–38 (26).

aux exigences des conventions internationales, tout en déjouant les pressions économiques. A l'échelle européenne, l'accès au marché des échanges de biens et de marchandises passe par une libre circulation des personnes issues des Etats membres de l'UE. Les citoyens des différents Etats membres de l'UE bénéficient d'un régime particulier quant aux autorisations de séjour et l'intégration au marché du travail. Cette harmonisation pour les citoyens communautaires reposant sur l'idée d'un marché commun écarte tous les autres „individus-étrangers" qui se présentent aux postes frontières nationaux. L'immigration en provenance des Etats non membres de l'UE et du reste du monde est perçue comme une main d'œuvre excessive susceptible de déstabiliser (encore un peu plus) les paramètres du marché du travail. Les choix législatifs en matière d'immigration pour tous les ressortissants issus d'un Etat non membre de l'UE renvoient à des quotas fixés tous les ans. En conséquence, le terme „étranger" qualifiant politiquement un individu se réfère à toutes les personnes qui ne sont pas citoyens communautaires. Les étrangers représentent un risque pour l'économie intérieure suisse. L'on arrive alors à une politique restrictive en matière de migration humaine qui ne reconnaît que la notion de réfugié politique comme seule catégorie protégée au sens de la Convention de 1951 et du droit interne. Tout autre acte de persécution qui ne serait pas issu de la main de l'homme pousse les autorités au rendu d'une décision de non-entrée en matière.[54]

Le durcissement général de la politique suisse se ressent avec le projet de révision de la loi sur l'asile qui fut soumis au peuple le 9 juin 2013.[55] En ce sens, le projet prévoit que les demandes d'asile ne pourront plus être déposées dans les ambassades, mais uniquement aux postes frontières officiels.[56] En outre, le projet de révision soumis au peuple comprend un nouvel alinéa visant à compléter la définition du terme réfugié: „Ne sont pas des réfugiés les personnes qui, au motif qu'elles ont refusé de servir ou déserté, sont exposées à de sérieux préjudices ou craignent à juste titre de l'être. Les dispositions de la Convention du 28 juillet 1951 relative au statut des réfugiés sont réservées".[57] Dans cette campagne de restriction voulant évacuer toute liberté d'appréciation pouvant être issue de la Convention de 1951 en matière d'asile, les perspectives s'assombrissent pour les réfugiés écologiques.

---

54 Pour l'impact psychologique et l'état de stress post-traumatique qui pèse sur les requérants d'asile, voir Laurent Subilia, Impact du durcissement de la politique d'asile sur la santé physique et mentale des requérants d'asile en Suisse, in: *Cultures et société: Action sociale, action humanitaire, de la protection à la contrainte*, hg. von Brigitte Fichet et al. (Fn. 39), S. 173–181.

55 La révision urgente de la LAsi fut plébiscitée par les suisses (78,5 % en faveur).

56 FF 2010 4035, 4048: „Si l'on présume, dans un cas d'espèce, que la personne qui s'adresse à une représentation suisse est exposée à une menace sérieuse et risque d'être directement et sérieusement mise en danger, son entrée en Suisse peut être autorisée par l'octroi d'un visa selon une procédure simple (art. 2, al. 4, de l'ordonnance sur l'entrée et l'octroi de visas, OEV, RS 142.204; se référer au commentaire de l'art. 20 LAsi). En outre, la Suisse conserve la possibilité d'accueillir directement des réfugiés qui se trouvent à l'étranger. Elle préserve ainsi sa tradition humanitaire".

57 Art. 3 al. 3 LAsi (introduit par un arrêté fédéral urgent du 28.9.2012 et en vigueur depuis le 29.9.2012 jusqu'au 28.9.2015, RO 2012 5359, FF 2010 4035, FF 2011 6735).

III. De lege lata ou de lege ferenda?

Comme nous l'avons démontré, l'évolution de la conception de „réfugié" a fait en sorte que les personnes qui chercheraient refuge, leur lieu d'habitation étant devenu inadéquat pour des questions écologiques, ne pourraient se prévaloir de la protection réservée aux réfugiés tels qu'on les entend aujourd'hui. Si, ainsi que nous le verrons, certains auteurs préconisent l'adoption d'une convention spéciale pour la protection des réfugiés écologiques, le droit actuel peut offrir des solutions.

1. La question de la nécessité d'une convention internationale

Une convention internationale protégeant les droits des réfugiés écologiques serait, il est vrai, souhaitable.[58] En effet, il n'existe pour l'heure aucun texte juridiquement contraignant protégeant les droits de cette catégorie de réfugiés.[59]

Un tel texte demanderait une grande réflexion, étant donné la complexité de la matière à traiter. La première difficulté rencontrée dans sa rédaction serait la définition même du réfugié écologique qui devrait tenir compte des différentes raisons des migrations écologiques.[60] Puis viendrait la question du traitement des réfugiés internes et inter-étatiques et du type de protection la plus appropriée à ces deux cas[61] ainsi que de la durée de la migration.[62] Par ailleurs, l'approche individualiste qui paraît inappropriée[63] devrait céder le pas à une protection collective plus adaptée au problème. Enfin, les principes du respect de la souveraineté des Etats et le principe de non-ingérence devraient subir des limitations pour la protection des réfugiés écologiques.[64] La proposition d'introduire dans une telle convention le principe de non-refoulement de manière collective est très intéressante.[65] Un Projet de convention a d'ailleurs vu le jour en 2010.[66]

Si nous n'excluons pas l'utilité d'un tel instrument, il n'en demeure pas moins que la probabilité de sa ratification par un nombre important d'Etats nous semble étique à court terme. Les Etats riches susceptibles de pouvoir accueillir les réfugiés traversent en effet actuellement une période de difficulté économique importante qui limite leur élan de solidarité. Même s'ils ratifiaient un tel traité, ils auraient des difficultés à accueillir ces réfugiés faute de moyens financiers. Les négociations ne s'annoncent dès lors pas des plus faciles. Et le temps presse au vu des prévisions météorologiques peu réjouissantes annoncées pour les prochaines décennies.[67]

---

58 Cf. Cournil (Fn. 7); Epiney (Fn. 7).
59 Cournil (Fn. 7), S. 1040.
60 Cournil (Fn. 7), S. 1055, l'auteur recense notamment divers travaux qui dressent une typologie des départs. Pour des propositions de définition, voir Silke Marie Christiansen, *Environmental refugees: a legal perspective*, 2010, S. 68.
61 Cournil (Fn. 7), S. 1059.
62 Cournil (Fn. 7), S. 1063.
63 Cournil (Fn. 7), S. 1065.
64 Cournil (Fn. 7), S. 1065.
65 Epiney (Fn. 7), S. 399.
66 Projet de Convention relative au statut international des déplacés environnementaux, mai 2010 (Projet de Limoges).
67 Westra (Fn. 7), S. 9, en 2080 des millions de personnes ne pourront plus vivre sur certaines côtes

2. L'inadaptation de la Convention de 1951

Le Programme des Nations Unies pour l'environnement a défini les réfugiés environnementaux dans un rapport de 1985 comme „ceux qui sont forcés de quitter leur lieu de vie temporairement ou de façon permanente à cause d'une rupture environnementale (d'origine naturelle ou humaine) qui a mis en péril leur existence ou sérieusement affecté leurs conditions de vie".[68]

La doctrine soulève l'inadaptation de la Convention de 1951 à la problématique des réfugiés écologiques.[69] Nous le rappelons, l'article 1er A al. 2 de cette convention définit le réfugié comme la personne

> Qui, par suite d'événements survenus avant le premier janvier 1951 et craignant avec raison d'être persécutée du fait de sa race, de sa religion, de sa nationalité, de son appartenance à un certain groupe social ou de ses opinions politiques, se trouve hors du pays dont elle a la nationalité et qui ne peut ou, du fait de cette crainte, ne veut se réclamer de la protection de ce pays; ou qui, si elle n'a pas de nationalité et se trouve hors du pays dans lequel elle avait sa résidence habituelle à la suite de tels événements, ne peut ou, en raison de ladite crainte, ne veut y retourner.

L'idée d'un amendement à la Convention de 1951 a été avancée. Certains la jugent pourtant inappropriée[70]. Le Haut-Commissariat des Nations Unies pour les réfugiés estime quant à lui que cette solution présente „le risque d'une renégociation de la Convention de 1951, ce qui, dans le climat actuel, pourrait aboutir à un abaissement des normes de protection pour les réfugiés, voire saper complètement le régime international de protection des réfugiés".[71]

En l'état actuel, l'application de cette convention aux réfugiés écologiques paraît difficile pour plusieurs raisons.[72] Tout d'abord, l'application de la convention requiert que la condition de la crainte de la persécution soit remplie. A première vue, cette condition n'est pas donnée dans le cas des réfugiés écologiques si l'on considère par exemple qu'il s'agit de fuites à la suite d'épisodes de sécheresse ou de tsunami et des difficultés et dommages qui en découlent.[73] La notion de persécution ne saurait ainsi s'appliquer *stricto sensu* aux catastrophes naturelles. Puis, la crainte de la persécution doit être en lien avec l'une des causes mentionnées dans l'article qui ne dit mot concernant les causes environnementales. Par ailleurs, dans

---

à cause de la montée des eaux.

68   El Hinnawi (Fn. 7), S. 4, traduction de Cournil (Fn. 7), S. 1038. Pour une critique de cette définition et une classification des différents types de réfugiés écologiques, voir Diane C. Bates, Environmental Refugees? Classifying Human Migrations Caused by Environmental Change, *Population and Environment* 5 (2002), S. 465–477; Christiansen (Fn. 71), S. 12 ff.

69   Voir par exemple Cournil (Fn. 7), S. 1041 ff.

70   Epiney (Fn. 7), S. 396. Egalement, Gaëtan Blaser, Le phénomène des déplacés environnementaux et leur statut en droit international et européen, *ASYL* 1 (2011), S. 15–22 (21), selon lequel même si on adapte la définition à la problématique en question, le système de la Convention de 1951 reste inadapté car il est basé sur une base individuelle et ne s'appliquerait qu'aux migrants internationaux; Christiansen (Fn. 71), S. 66 ff., où l'auteur voit cette convention plutôt comme une limitation aux nombres de réfugiés que comme un instrument de protection.

71   Haut-Commissariat des Nations Unies pour les réfugiés, Changements climatiques, catastrophes naturelles et déplacement humain: une perspective du HCR, 23 octobre 2008, S. 7.

72   Blaser (Fn. 70), S. 16; Westra (Fn. 7), S. 152 f.

73   Cournil (Fn. 7), S. 1042.

la conception de la Convention de 1951, le réfugié est une personne qui se trouve *hors du pays* de nationalité ou de résidence habituelle. Cette condition n'est pas remplie dans les cas des personnes qui se déplacent à l'intérieur d'un même pays.[74] Enfin, le système repose sur une reconnaissance individuelle du statut de réfugié qui est peu compatible avec le phénomène des réfugiés écologiques se déplaçant en grand nombre.[75]

On le conçoit bien, la question la plus emblématique est avant tout celle du concept de persécution.[76] Il ne s'agit pas d'un concept bien défini[77]. Les rédacteurs de la Convention de 1951 préconisaient une interprétation « large » de celle-ci.[78] Dans une perspective d'interprétation large et dynamique de la convention, il serait imaginable de soutenir que le fait de vivre dans un lieu complètement dévasté constituerait une persécution au sens de la convention.[79] Le motif serait donné par l'interprétation de la notion floue[80] d'appartenance à un groupe social[81] qui a permis d'inclure dans la sphère de protection de la convention les persécutions sur les homosexuels, les transsexuels et les femmes victimes de mariages forcés par exemple.[82] Les habitants d'un lieu touché par une catastrophe naturelle constitueraient un groupe social persécuté par la dégradation de l'environnement. Cournil estime qu'il pourrait être question de persécution en cas de privation de ressource naturelle vitale par une multinationale si l'on se lance dans une interprétation extensive qui est toutefois d'après elle peu probable.[83] Nous sommes d'avis que la condition de la persécution serait donnée qu'il s'agisse d'une catastrophe due aux mains de l'homme ou à un fléau naturel sans distinction. La prise en compte des réfugiés écologiques par la Convention de 1951 est donc tout à fait imaginable, même si elle exclurait les réfugiés internes et s'appliquerait de manière individuelle selon le système en vigueur.

3. La responsabilité de l'Etat

Les droits de l'homme pourraient apporter leur contribution à la protection des réfugiés écologiques. Plusieurs droits pourraient jouer en faveur de cette catégorie de réfugiés. On peut citer notamment sur le plan universel le droit à l'alimentation (art.

---

74 Cournil (Fn. 7), S. 1039.
75 Voir par exemple Blaser (Fn. 70), S. 16.
76 Westra (Fn. 7), S. 17; Austin T. Jr Fragomen, The refugee: A problem of definition, *Case Western Journal of International Law* (3) 1970–1971, S. 45–69 (54).
77 Voir Westra (Fn.7), S. 152 f.
78 Fragomen (Fn. 76), S. 48.
79 Ce qui irait à l'encontre d'une décision canadienne *Sinnapu c. Canada* (Ministre de la citoyenneté et de l'immigration) de 1997, 2 CF 791 (1ère instance) qui exclut que la convention puisse s'appliquer à des demandes fondées sur des risques généralisés comme les cas de catastrophes naturelles, citée par Cournil (Fn.7), S. 1041, Fn. 26.
80 Sur la notion floue voir Cournil (Fn. 7), S. 1041, qui cite pour l'analyse des motifs Denis Allan / Catherine Teitgen-Colly, *Traité du droit d'asile*, 2002, S. 418–422.
81 Cournil (Fn. 7), S. 1041 pense que ce critère est „difficilement applicable".
82 Cournil (Fn. 7), S. 1042, Fn. 28.
83 Cournil (Fn. 7), S. 1042.

11 § 1 PIDESC I[84]), le droit à la vie (art. 6 PIDCP[85]), le droit au libre choix du domicile (art. 12 § 1 PIDCP), le droit d'entrer dans son pays (art. 12 § 4 PIDCP)[86] qui pourraient tous être potentiellement touchés par un problème environnemental. Cependant, c'est surtout à titre préventif qu'ils interviendraient, les Etats ayant l'obligation de garantir ces droits et donc de prendre des mesures en amont d'une catastrophe.[87] Les autorités publiques ont certes l'obligation de prendre également des mesures une fois la catastrophe avérée. Il faut toutefois se rendre à l'évidence: selon les situations et dans des circonstances particulièrement graves, l'Etat ne sera pas à même de prendre les mesures qui s'imposent. Les personnes se trouvant sous sa juridiction auront dès lors besoin d'une aide externe. De nos jours, il semble reconnu en droit international que les droits de l'homme n'obligent pas seulement les Etats de s'abstenir d'agir en violation de ces droits, mais les obligent également à prendre des mesures adéquates pour qu'il ne soit pas porté atteinte à ces droits par les privés ou des évènements naturels.[88] Cette obligation est soumise à certaines conditions: l'Etat doit avoir connaissance du risque d'atteinte à un droit fondamental ou pouvoir être au courant de ce risque et prendre les mesures nécessaires pour prévenir l'atteinte sans violer d'autres droits de l'homme.[89] Toutefois, si un Etat n'a pas les moyens financiers et technologiques nécessaires afin de prendre certaines mesures – qu'elles soient de prévention ou d'adaptation –, en principe, il n'engage pas sa responsabilité internationale en ne prenant pas ces mesures.[90] Les catastrophes écologiques se produisant la plupart du temps dans les Etats du sud, principalement en Afrique et en Asie. Ainsi, les Etats en question n'encourraient pas de responsabilité.[91]

La question de la responsabilité de l'Etat tiers, c'est-à-dire de celui qui a participé par ses actions ou omissions à la dégradation de l'environnement dans un autre Etat[92] paraît importante. Les Etats tiers pourraient être tenus de s'abstenir de provoquer de telles nuisances et empêcher qu'elles ne soient perpétrées par des privés.[93] Par ailleurs, si l'on se réfère à la jurisprudence *Fonderie de Trail*[94] qui reconnaît la responsabilité d'un Etat pour pollution transfrontière, les Etats pourraient être amenés à mettre à disposition les moyens qui s'avèrent nécessaires en vue de la prévention et de l'adaptation de mesures dans les pays touchés.[95] En effet, selon cette

---

84   Pacte international du 16 décembre 1966 relatif aux droits économiques, sociaux et culturels (RS 0.103.1).

85   Pacte international du 16 décembre 1966 relatif aux droits civils et politiques (RS 0.103.2).

86   Blaser (Fn. 70), S. 17.

87   Voir par exemple Blaser (Fn. 70), S. 17.

88   Epiney (Fn. 7), S. 382.

89   Epiney (Fn. 7), S. 382 ff.

90   Epiney (Fn. 7), S. 384, qui cite Astrid Epiney, *Die völkerrechtliche Verantwortlichkeit von Staaten für rechtswidriges Verhalten im Zusammenhang mit Aktionen Privater*, 1992, S. 217 ff.

91   Epiney (Fn. 7), S. 384.

92   Epiney (Fn. 7), S. 384.

93   Epiney (Fn. 7), S. 384.

94   Sentence arbitrale du 11 mars 1941, Fonderie de Trail (Etats-Unis c. Canada), Recueil ONU, 1938–1981; sur cette sentence, voir Gerald F. Fitzgerald, Le Canada et le développement du droit international: La contribution de l'Affaire de la fonderie de Trail à la formation du nouveau droit de la pollution atmosphérique transfrontière, Études internationales 11 (3–1980), S. 393–419 ; http://id.erudit.org/iderudit/701072ar; Christiansen (Fn. 71), S. 23 ff.

95   Epiney (Fn. 7), S. 384.

jurisprudence, l'Etat tiers a l'obligation de prévenir la pollution transfrontière et de réparer le dommage causé le cas échéant.[96] Ces obligations ne peuvent néanmoins pas être déduites du droit international actuel, la condition de la causalité naturelle faisant défaut.[97] En l'absence de déterminisme, il est dès lors impossible de désigner un ou plusieurs Etats responsables.[98]

Les Etats ont certes à leur disposition toute une série de manœuvres aptes à „écarter » les réfugiés.[99] L'affaire *Tampa* pourrait toutefois y apporter un début de solution[100]. Dans cette affaire, un cargo norvégien vient en aide à un bateau indonésien en naufrage. Les passagers afghans du bateau voulaient demander l'asile en Australie et être transportés sur l'île Christmas. L'Australie refuse l'entrée du cargo dans les eaux australiennes estimant qu'il revient à la Norvège ou à l'Indonésie d'accueillir ces personnes et nie même les soins médicaux. La solution[101] qui a été trouvée est finalement la suivante: l'Australie a versé 10 millions de dollars en échange d'un accord avec l'île de Nauru pour que cette dernière se charge d'accueillir les requérants d'asile en attendant que les demandes soient traitées avec l'aide du Haut-Commissariat des Nations Unies pour les réfugiés[102]. Cette pratique n'est certes pas des plus satisfaisantes, mais elle pourrait venir en aide „d'urgence" aux personnes fuyant leur pays pour des questions écologiques.

Une responsabilité pour un flux migratoire provoqué peut aussi être envisagée. En effet, un Etat peut être tenu pour responsable s'il a provoqué un flux migratoire vers un autre Etat violant ainsi la souveraineté de ce dernier qui doit dans les faits accueillir ces réfugiés, ce qui lui ôte la possibilité de choisir librement qui peut entrer sur son territoire.[103] La première condition à remplir est celle du flux de réfugiés écologiques dont on ne peut s'attendre à ce qu'ils demeurent dans le pays sinistré mettant leur vie en grave péril.[104] Deuxièmement, un Etat est responsable tant par son action favorisant la dégradation de l'environnement que par ses abstentions. Il importe peu de savoir si c'est l'Etat ou des particuliers qui sont à l'origine de la catastrophe naturelle en question. En effet, lorsque l'Etat ne prend pas les mesures nécessaires visant à prévenir tout risque de catastrophe naturelle, il commet une omission préjudiciable. La causalité entre l'acte d'abstention et les dégâts issus de la catastrophe naturelle lui sont objectivement imputables. L'Etat devra alors répondre du flux migratoire qu'il a causé par son omission.[105] Troisièmement, il faut un lien de causalité entre la migration et la violation de la souveraineté de l'Etat d'accueil qui s'impose lorsque les migrants n'ont pas le choix, le refuge dans un seul Etat étant

---

96 Epiney (Fn. 7), S. 384 ff.
97 Epiney (Fn. 7), S. 385, si l'on pense par exemple au réchauffement climatique; voir également Christiansen (Fn. 81), S. 24.
98 Epiney (Fn. 7), S. 385 ff., se pose la question de la responsabilité „individuelle" de l'Etat au „pro rata" de leur contribution à la pollution, selon le régime du Protocole de Kyoto.
99 Cf. Westra (Fn. 7), S. 50 et les autres exemples.
100 Westra (Fn. 7), S. 50.
101 Appelée la „Pacific solution", Westra (Fn. 7), S. 50 qui cite US Committee for Refugees (USCR) (Hg.), *World Refugee Survey*, 2002.
102 Résumé inspiré de Westra (Fn. 7), S. 50.
103 Epiney (Fn. 7), S. 390.
104 Epiney (Fn. 7), S. 390 f.
105 Epiney (Fn. 7), S. 391.

envisageable.[106] Dans de nombreux cas, ces conditions ne sont pas remplies ce qui exclut une responsabilité étatique.[107]

Enfin, la Déclaration de Stockholm[108] proclame à son principe 21 que

Conformément à la Charte des Nations Unies et aux principes du droit international, les Etats ont le droit souverain d'exploiter leurs propres ressources selon leur politique d'environnement et ils ont le devoir de faire en sorte que les activités exercées dans les limites de leur juridiction ou sous leur contrôle ne causent pas de dommage à l'environnement dans d'autres Etats ou dans des régions ne relevant d'aucune juridiction nationale.

Ce principe a un caractère de droit coutumier largement reconnu et peut donc servir de base pour la reconnaissance de la responsabilité d'un Etat pour dommage à l'environnement.[109]

4. LE PRINCIPE DE NON-REFOULEMENT[110]

La Cour européenne des droits de l'homme a reconnu depuis de nombreuses années le principe de non-refoulement sur la base des articles 3 CEDH (interdiction de la torture, des traitements inhumains ou dégradants)[111] et 2 CEDH (droit à la vie)[112].

[D'après la Cour] les Etats contractants ont, en vertu d'un principe de droit international bien établi et sans préjudice des engagements découlant pour eux des traités internationaux, y compris la Convention, le droit de contrôler l'entrée, le séjour et l'éloignement des non-nationaux. Cependant, l'expulsion d'un étranger par un Etat contractant peut soulever un problème au regard de l'article 3, donc engager la responsabilité de l'Etat en cause au titre de la Convention, lorsqu'il y a des motifs sérieux et avérés de croire que l'intéressé, si on l'expulse vers le pays de destination, y courra un risque réel d'être soumis à un traitement contraire à l'article 3. En pareil cas, cette disposition implique l'obligation de ne pas expulser la personne en question vers ce pays.[113]

S'agissant de l'article 2 CEDH, la Cour n'exclut pas „que la responsabilité d'un Etat contractant puisse être engagée au titre de l'article 2 de la Convention ou de l'article 1 du Protocole no 6 lorsqu'un étranger est renvoyé dans un pays où il court un risque important d'être exécuté en application d'une sentence capitale ou pour une autre raison".[114]

---

106 Epiney (Fn. 7), S. 391.
107 Epiney (Fn. 7), S. 391.
108 Déclaration finale de la Conférence des Nations Unies sur l'environnement, Stockholm 1972.
109 Philippe Sands, *Principles of international environmental law*, Band 1, Frameworks, standards and implementation, 1995, S. 190 f. et S. 194, cité in Christiansen (Fn. 81), S. 26.
110 Sur ce principe, voir Olivier Delas, *Le principe de non-refoulement dans la jurisprudence internationale des droits de l'homme: de la consécration à la contestation*, 2011.
111 Sur la jurisprudence de la Cour sur cette question, voir Agnès Hurwitz, *The Collective Responsibility of States to Protect Refugees*, 2009, S. 189 ff.
112 Voir ACEDH Bader et Kanbor c. Suède, 13284/04, du 8 novembre 2005, §48; D. N. W. c. Suède, 29946/10, du 6 décembre 2012, §33: „The Court finds that the issues under Articles 2 and 3 of the Convention are indissociable and it will therefore examine them together"; ACEDH Müslim c. Turquie, 53566/99, du 26 avril 2005, §§66 ff.
113 ACEDH Bader et Kanbor c. Suède, 13284/04, du 8 novembre 2005, §41.
114 ACEDH Bader et Kanbor c. Suède, 13284/04, du 8 novembre 2005, §42; DCEDH Headley et

Par ailleurs, la Cour rappelle que le droit d'asile n'est pas protégé par la Convention ou ses Protocoles.[115]

D'après sa jurisprudence, le principe de non-refoulement interdit donc le renvoi d'un individu dans un Etat où il serait exposé à un risque réel de traitements inhumains ou dégradants, ou à la torture[116] ou pour sa vie[117].

Sur le plan universel, le Comité des droits de l'homme a lui aussi reconnu le principe de non-refoulement en relation avec l'interdiction de la torture et de traitements inhumains ou dégradants (art. 7 PIDCP).[118] Il faut encore mentionner que l'article 3 de la Convention contre la torture et autres peines ou traitements cruels, inhumains ou dégradants offre une telle protection[119].

Le principe de non-refoulement pourrait être étendu aux réfugiés écologiques dans la mesure où le renvoi de ces derniers dans leur Etat de provenance les exposerait à des traitements inhumains ou mettrait en réel danger leur vie. A la suite d'une catastrophe naturelle, les moyens minimaux de subsistance font défaut (on peut penser au manque de nourriture, d'eau) ce qui met en péril la vie des individus.[120] Par ailleurs, les conditions dans lesquelles ces derniers devraient évoluer pourraient entraîner des cas qualifiés de torture ou traitements inhumains ou dégradants.[121]Il serait alors imaginable d'appliquer le principe de non-refoulement.[122] En effet, bien que le système juridique régi autour du principe de non-refoulement soit basé sur la protection individuelle et semble de prime abord mal adapté à la problématique des réfugiés écologiques[123], son application est néanmoins envisageable lorsque le pays de provenance est touché en totalité par le fléau[124].

5. Le droit à un environnement sain

Le droit à un environnement sain est un droit *jeune* qui va certainement subir des développements ces prochaines années. Suite aux soucis exprimés quant aux dégradations de l'environnement par les scientifiques dès la fin des années 1960[125], l'As-

---

autres c. Royaume-Uni, 39642/03, du 1er mars 2005, S. 7.

115 DCEDH Headley et autres c. Royaume-Uni, 39642/03, du 1er mars 2005, S. 7.

116 ACEDH Soering c. Royaume-Uni, 14038/88, du 7 juillet 1989, §91.

117 ACEDH Bader et Kanbor c. Suède, 13284/04, du 8 novembre 2005, §88.

118 Voir Comité des droits de l'homme, communication 900/1999, M.C.c. Australie, du 13 novembre 2002, §8.5, citée dans Epiney (Fn. 7), S. 386, Fn. 42.

119 Convention contre la torture et autres peines ou traitements cruels, inhumains ou dégradants, du 10 décembre 1984. Voir Balabou Mutombo c. Suisse, Communication 13/1993, JAAC 60.131; Hurwitz (Fn. 111), S. 199 ff.

120 Epiney (Fn. 7), S. 387.

121 Sur ces deux concepts, voir Pascal Mahon / Olivier Bigler, Les aspect constitutionnels et conventionnels du principe de non-refoulement, in: *Le principe de non-refoulement: fondements et enjeux pratiques*, hg. von Cesla Amarelle / Minh Son Nguyen, 2010, S. 22.

122 Epiney (Fn. 7), S. 387 pense que l'on pourrait déduire le principe de non-refoulement en relation avec une dégradation de l'environnement.

123 Blaser (Fn. 70), S. 17.

124 Blaser (Fn. 70), S. 17.

125 Alexandre Kiss / Jean-Pierre Beurier, *Droit international de l'environnement*, 4. Aufl. 2010, S. 40. Voir Janine Delaunay, *Halte à la croissance?: enquête sur le Club de Rome*, 1972, et Donatella H. Meadows et al., *Rapport sur les limites à la croissance*, 1972.

semblée générale des Nations Unies organisa une conférence mondiale sur l'environnement à Stockholm en 1972. La déclaration adoptée à l'issue de cette conférence proclame que „l'homme a un droit fondamental à la liberté, à l'égalité et à des conditions de vie satisfaisantes, dans un environnement dont la qualité lui permette de vivre dans la dignité et le bien-être".[126] Cette déclaration, appartenant à la catégorie juridique de la *soft law*, ou droit mou, en raison de son manque de force juridique contraignante, a engendré d'importantes répercussions sur le plan juridique, de nombreux Etats ayant par la suite consacré le droit à un environnement sain dans leur constitution.[127] Le système de protection des droits de l'homme a également enrichi son catalogue en y inscrivant ce nouveau droit. La Charte africaine des droits de l'homme et des peuples de 1981[128] ainsi qu'un Protocole à la Convention américaine des droits de l'homme de 1969[129] consacrent le droit à un environnement sain.[130]

Le système régional européen des droits de l'homme n'a pas consacré textuellement ce droit. La Cour européenne des droits de l'homme a cependant développé une jurisprudence environnementale extrêmement intéressante[131]. Elle protège, „par ricochet », le droit à un environnement sain, notamment en application du droit à la vie (art. 2 CEDH) et du droit au respect de la vie privée et familiale (art. 8 CEDH). Cette jurisprudence s'applique par exemple aux nuisances sonores provoquées par des avions[132] ou des bars et discothèques durant la nuit[133], aux pollutions chimiques[134], aux risques naturels[135], aux risques liés aux essais nucléaires[136], au stockage de déchets[137] ou à la mauvaise gestion des déchets urbains[138].

---

126 Déclaration de la Conférence des Nations Unies sur l'environnement, Stockholm, juin 1972, premier principe.

127 Par exemple la Constitution portugaise (art. 66), la Constitution belge (art. 23) et la Constitution brésilienne (art. 225); la Constitution genevoise qui entrera en vigueur le 1er juin 2013 (art. 19).

128 Charte africaine des droits de l'homme et des peuples, Nairobi, 27 juin 1981.

129 Protocole additionnel à la Convention américaine relative aux droits de l'homme traitant des droits économiques, sociaux et culturels, San Salvador, 17 novembre 1988.

130 „Tous les peuples ont droit à un environnement satisfaisant et global, propice à leur développement." (art. 24 de la Charte africaine des droits de l'homme et des peuples, du 28 juin 1981); „Toute personne a le droit de vivre dans un environnement salubre et de bénéficier des équipements collectifs essentiels." (art. 11 du Protocole additionnel à la Convention américaine relative aux droits de l'homme traitant des droits économiques, sociaux et culturels, du 17 novembre 1988).

131 Voir par exemple Maguelonne Déjeant-Pons, Les droits de l'homme à l'environnement dans le cadre du Conseil de l'Europe, *RTDH* 2004, S. 861–888; Conseil de l'Europe (Hg.), *Manuel sur les droits de l'homme et l'environnement*, 2. Aufl. 2012.

132 ACEDH Powell et Rayner c. Royaume-Uni, 9310/81, du 21 février 1990.

133 ACEDH Moreno Gómez c. Espagne, 4143/02, du 16 novembre 2004.

134 ACEDH López Ostra c. Espagne, 16798/90, du 9 décembre 1994; ACEDH Guerra et autres c. Italie (GC), 14967/89, du 19 février 1998; ACEDH Taskin et autres c. Turquie, 46117/99, du 10 novembre 2004; ACEDH Tatar c. Roumanie, 67021/01, du 27 janvier 2009.

135 ACEDH Boudaïeva et autres c. Russie, 15339/02 11673/02 15343/02 20058/02 21166/02, du 20 mars 2008.

136 ACEDH L. C. B. c. Royaume-Uni, 23413/94, du 9 juin 1998.

137 ACEDH Giacomelli c. Italie, 59909/00, du 2 novembre 2006; ACEDH (GC) Öneryildiz c. Turquie, 48939/99, du 30 novembre 2004.

138 ACEDH Di Sarno et autres c. Italie, 30765/08, du 10 janvier 2012.

En vertu de cette jurisprudence, les Etats se voient contraints de respecter des obligations positives consistant à prendre des mesures en vue de protéger les droits des individus susceptibles d'être touchés par des nuisances environnementales. Les Etats sont ainsi tenus de fixer un cadre législatif et réglementaire apte à prévenir les dommages à l'environnement qui touchent également les individus.[139] Ils doivent par ailleurs garantir la participation du public au processus décisionnel en matière environnementale et l'accès à l'information.[140] Ces obligations s'imposent aux Etats – que la nuisance provienne d'une entité publique ou privée.[141]

Ce même droit oblige les Etats à prendre des mesures en vue de protéger l'environnement de manière à ce que le bien-être des individus soit garanti. Il a certes un grand rôle à jouer à titre préventif. Alors que certaines catastrophes naturelles sont par définition imprévisibles mais matérialisables, d'autres, par essence prévisibles viennent toujours à se produire. Un balbutiement d'aide au déplacement de personnes vivant dans une zone sinistrée peut s'entrevoir dans la jurisprudence de la Cour européenne des droits de l'homme. La Cour a la compétence d'imposer à l'Etat de prendre des mesures effectives en vue de l'éloignement de la zone des résidents.[142] En effet, si d'après la Cour:[143]

> Il serait excessif de considérer que l'Etat ou l'entreprise polluante avaient l'obligation de reloger gratuitement la requérante et, en tout état de cause, il n'appartient pas à la Cour de dicter les mesures précises que les Etats doivent prendre pour remplir les obligations positives qui leur incombent au titre de l'article 8 de la Convention. En l'espèce, toutefois, l'intéressée ne s'est vu proposer par l'Etat aucune solution effective pour favoriser son éloignement de la zone à risques, alors que la situation écologique aux alentours de l'usine imposait de réserver un traitement spécial aux résidents de la zone concernée.

Il ressort de la jurisprudence que le droit à un environnement sain pourrait jouer un rôle pour les réfugiés écologiques à l'intérieur de leur Etat. Mais on ne saurait en déduire à l'heure actuelle une obligation pour les autres Etats d'accueillir des réfugiés écologiques sur la base du droit à un environnement sain. Il faudrait dès lors faire intervenir le principe de non-refoulement. Si une telle obligation n'est aujourd'hui pas envisageable, elle n'en est pas moins souhaitable. Les phénomènes environnementaux ne s'arrêtant pas aux frontières humaines, il serait intéressant de mener une réflexion sur une potentielle obligation de coopération dans ce cas de figure en lien avec le droit à un environnement sain. Les Etats parties à la Convention européenne des droits de l'homme pourraient être tenus d'accueillir des réfugiés environnementaux au nom du droit à la vie et du droit au respect de la vie privée. Indirectement, du droit à un environnement sain, et ce, en vertu des valeurs communes que le système de protection des droits de l'homme défend. La combinaison du principe de non-refoulement en cas de violation grave du droit à un en-

---

139 ACEDH (GC) Öneryildiz c. Turquie, 48939/99, du 30 novembre 2004, §89; ACEDH Tatar c. Roumanie, 67021/01, du 27 janvier 2009, §88.

140 ACEDH Giacomelli c. Italie, 59909/00, du 2 novembre 2006, §83; ACEDH McGinley et Egan c. Royaume-Uni, 21825/93 23414/94, du 9 juin 1998, §101; ACEDH (GC) Öneryildiz c. Turquie, 48939/99, du 30 novembre 2004, §90.

141 ACEDH Fadeïeva c. Russie, 55723/00, du 9 juin 2005, §89.

142 Vincent Martenet, Un droit fondamental à un air sain?, in: *Le droit de l'environnement dans la pratique* 2007, S. 922–950 (933).

143 ACEDH Fadeïeva c. Russie, 55723/00, du 9 juin 2005, §133; voir également ACEDH López Ostra c. Espagne, 16798/90, du 9 décembre 1994, où la requérante a été relogée gratuitement.

vironnement sain pourrait voir le jour. Elle ne s'appliquerait qu'en cas de violation grave ne permettant pas aux personnes concernées de se déplacer à l'intérieur de leur Etat si ce dernier est totalement dévasté ou a disparu.[144] Mais, en cas de migration interne, la pauvreté des pays qui le plus souvent doivent y faire face constitue une limite d'envergure reléguant ces obligations au rang de buts irréalistes.

6. Conclusion intermédiaire

Si la Convention de 1951 ne semble pas offrir, à première vue, de réponse appropriée au cas de réfugiés écologiques, l'interprétation du concept de persécution pourrait évoluer vers la prise en compte d'une nouvelle cause de migration, comme la cause écologique. Les droits de l'homme et la responsabilité des Etats peuvent, quant à eux, apporter partiellement une réponse au problème des réfugiés écologiques. Néanmoins, le principe de non-refoulement paraît le plus à même, pour l'heure, de proposer une solution au problème. Par ailleurs, l'adoption d'une convention spéciale n'est pas exclue, mais difficilement réalisable à court terme au vu de la mauvaise conjoncture économique actuelle, du long laps de temps nécessaire à la négociation, puis à sa ratification, ou encore du fait de l'hostilité de nos sociétés modernes à l'égard de l'entraide en matière d'immigration. Une réappropriation par les Etats modernes de la définition de l'asile telle qu'elle l'a été dans l'antiquité et dans la doctrine judéo-chrétienne nous semble plus que nécessaire dans les années à venir. En effet, la solidarité exprimée par le fait d'offrir un refuge suite à toutes formes de persécutions humaines ou environnementales serait souhaitable et plus en adéquation avec les flux migratoires potentiels au 21e siècle. Cette solidarité pourrait notamment survenir suite à une prise de conscience globale quant à la dépendance réciproque des Etats: chacun d'entre eux pouvant être confronté un jour ou l'autre à une grave catastrophe écologique.

IV. Conclusion

De par l'origine historique du droit d'asile, l'on constate que la définition juridique n'est pas figée, mais évolutive au fil des siècles. A ses débuts, le droit d'asile intégrait toutes les personnes persécutées, faisant ainsi une totale abstraction des diverses causes qui les poussaient à l'exode. Le droit archaïque du roi Hammurabi, le droit romain classique et la doctrine judéo-chrétienne, en sont le parfait exemple; l'asile fait appel à la tolérance à l'égard de tout être humain craignant pour sa survie. Le pic ascendant de l'histoire du droit d'asile doitt être situé au 5e siècle après J.-C. A partir de cette période, le droit d'asile se circonscrira par des critères visant à exclure le plus possible la masse d'immigrés. En effet, la politique de l'asile se restreint en fonction de l'affirmation de la souveraineté étatique conjuguée avec l'essor économique d'un pays. Les réfugiés écologiques n'y trouvent plus leur place avec la naissance des Etats

---

144 Cas des îles du Pacifique menacées par la montée des eaux, Elise Ruggeri Abonnat, Les droits des populations insulaires face à leur environnement menacé, in: *Changements environnementaux globaux et Droits de l'Homme*, hg. von Christel Cournil / Catherine Colard-Fabregoule, 2012, S. 477–490 (477).

modernes et l'ancrage de la définition de l'asile dans les premières constitutions démocratiques. Le droit d'asile devient depuis la fin du 18ᵉ siècle un droit modulable par les différents politiciens qui se succèdent aux gouvernements. L'asile se retrouve systématiquement au centre des débats gouvernementaux comme le critère par excellence servant au contrôle des mouvements humains transfrontaliers. Le droit d'asile passe d'un droit de tolérance à un droit exclusif ne protégeant qu'une certaine catégorie d'individus et refoulant par des choix arbitraires le plus grand nombre d'entre eux. Cette situation fait basculer un grand nombre de requérants dans l'illégalité. Désormais, la politique de l'immigration est régie par l'essor économique, la surpopulation et la crainte de l'étranger".

Le développement du droit international public par le biais des organisations internationales dès les années 1950, a su engendrer à la fois des principes généraux et directeurs pour les Etats, ainsi qu'un certain nombre de droits de l'homme. En ce sens, la communauté internationale adopte en 1951 la Convention relative au statut des réfugiés. Pourtant, les réfugiés écologiques échappent à nouveau à la définition et au champ de l'asile tel que prévus dans ladite Convention. Avec le début de la mondialisation, la course à l'industrialisation et l'exploitation massive des ressources naturelles dès les années 1960, l'environnement devient la partie faible à cet essor économique. Le réchauffement climatique et l'utilisation stratégique sur le plan de l'économie des ressources naturelles donnent ainsi naissance ces dernières décennies à un flux massif de réfugiés. Ces victimes ayant subi des pertes tant sur un plan matériel qu'écologique ne peuvent plus accéder aux ressources primaires leur permettant de vivre dignement. L'urgence de la situation constatée par le Haut-Commissariat des Nations Unies pour les réfugiés et l'ensemble de la communauté internationale pousse les Etats à faire un choix: adopter un nouveau traité ou réviser la définition d'asile telle que stipulée dans la Convention de 1951. Tant l'adoption d'un traité que la révision de la Convention de 1951 sur la question sont sérieusement compromises par la crise économiques et la crainte de la surpopulation qui constituent les deux grands contre-balanciers d'une politique d'immigration plus libérale.

L'élargissement du concept de persécution par le biais des principes généraux du droit international et de la jurisprudence permettraient d'après la doctrine l'application de la Convention de 1951 aux réfugiés écologiques. L'on retient que la responsabilité de l'Etat, le principe de non-refoulement et le droit à un environnement sain sont à même de permettre à court ou à moyen terme à ce que le droit international intègre les immigrés écologiques.

Il convient en outre de souligner que l'accueil de ces réfugiés doit être un moyen d'aide d'urgence – la priorité étant une intervention humanitaire pour maintenir les individus dans leurs propres frontières nationales et éviter un exode massif.[145] Par ailleurs, la prévention en matière de protection de l'environnement ne doit pas être mise de côté.[146] Il est réjouissant de voir que l'environnement et sa protection sont de plus en plus pris en compte par les ordres juridiques nationaux, à l'image de la nouvelle Constitution genevoise[147].

---

145 Ruggeri Abonnat (Fn. 144), S. 477.
146 Cournil (Fn. 7), S. 1061, sur la sensibilisation aux risques environnementaux.
147 Voir la nouvelle Constitution genevoise, du 14 octobre 2012 (en vigueur dès le 1ᵉʳ juin 2013), qui, non seulement garantit le droit à un environnement sain (art. 19), mais consacre également

Enfin, l'on assiste depuis une dizaine d'années à la création de devoirs prétoriens par le biais des arrêts internationaux en matière d'environnement. Le droit
international public s'est essentiellement construit entre le 16e et le 17e siècle avec
des juristes comme Grotius et Pufendrof. Ils s'appuyèrent sur le concept de „devoir"
pour étayer la panoplie d'obligations naturelles qui s'imposent à tout homme. Parmi
ces devoirs naturels imprescriptibles (envers Dieu[148], envers soi[149] et envers au-
trui[150]), l'on dénote celui de solidarité et de compassion à l'égard de son prochain.[151]
De par les arrêts *Fonderie de Trail* et *Tampa*, la jurisprudence internationale en matière
d'environnement et de personnes déplacées suite à un sinistre écologique semble
ainsi revenir aux sources des *officiis* naturels tels que préconisés par les jusnaturalistes
il y a plus de trois cent ans. Cette nouvelle vague de „devoirs naturels prétoriens" va
également dans le sens d'un renforcement du principe de non-refoulement s'agissant des réfugiés écologiques.

LITERATUR

Allan Denis / Teitgen-Colly Catherine, *Traité du droit d'asile*, Paris 2002
Bates Diane C., Environmental Refugees ? Classifying Human Migrations Caused by Environmental
     Change, *Population and Environment* 5 (2002), S. 465–477
Blaser Gaëtan, Le phénomène des déplacés environnementaux et leur statut en droit international et
     européen, *ASYL* 1 (2011), S. 15–22
Caloz-Tschopp Marie-Claire, *Le tamis helvétique: des réfugiés politiques au "nouveaux réfugiés"*, Lausanne
     1982
Caroni Martina / Meyer Tobias / Ott Lisa, *Migrationsrecht*, 2. Aufl. Bern 2011
Castelnau Marie, *Les églises et la prise de position politique: un exemple, le "droit d'asile" en Suisse (1985–86)*,
     mémoire, Genf, 1987
Commission des Communautés européennes, Une politique communautaire en matière d'immigra-
     tion, Bruxelles, 22.11.2003
Cournil Christel, Les réfugiés écologiques: Quelle(s) protection(s), quel(s) statut(s)?, *Revue de droit
     public* 4 (2006), S. 1035–1066
Crépeau François, *Du droit d'asile: de l'hospitalité aux contrôles migratoires*, Brüssel 1995
Déjeant-Pons Maguelonne, Les droits de l'homme à l'environnement dans le cadre du Conseil de
     l'Europe, *RTDH* 2004, S. 861–888
Delas Olivier, *Le principe de non-refoulement dans la jurisprudence internationale des droits de l'homme: de la
     consécration à la contestation*, Brüssel 2011
Delaunay Janine, *Halte à la croissance?: enquête sur le Club de Rome*, Paris 1972
Ducloux Anne, *Ad ecclesiam confugere. Naissance du droit d'asile dans les églises* (4e-milieu du 5e s.), Paris
     1994

plusieurs articles à la protection de l'environnement, par exemple: art. 157 (principes qui pro-
     tègent les êtres humains et leur environnement), art. 158 (climat), art. 161 (écologie industrielle),
     art. 165 (quartiers durables), art. 169 (énergie nucléaire).
148 Hugo Grotius, *Le droit de la guerre et de la paix*, Band I, Caen: Publications de l'Université de
     Caen. Centre de Philosophie politique et juridique, 1984, Discours préliminaire, §14; 1.1.15.1,
     1.1.17.1, etc.; Samuel Pufendorf, *Les devoirs de l'homme et du citoyen tels qu'ils sont prescrits par la loi
     naturelle*, éd. de Bâle, 1741, Caen: Centre de philosophie politique et juridique, 1984, Kapitel IV.
149 Pufendorf (Fn. 148), Kapitel V.
150 Grotius (Fn. 148), §9; Pufendorf (Fn. 148), Kapitel VI.
151 Voir notamment Grotius (Fn. 148), Discours préliminaire, §7ff.; *Pufendorf* (Fn. 148), 1.2.16,
     2.3.15, etc.

El Hinnawi Essam, Environmental refugees, *United Environmental Programm* (UNEP), Nairobi, Kenya, 1985

Epiney Astrid, *Die völkerrechtliche Verantwortlichkeit von Staaten für rechtswidriges Verhalten im Zusammenhang mit Aktionen Privater*, Baden-Baden 1992

Epiney Astrid, Réfugiés écologiques et droit international, in: *The right to life*, hg. von Christian Tomuschat et al., Leiden/Boston 2010

Fitzgerald Gerald F., Le Canada et le développement du droit international: La contribution de l'Affaire de la fonderie de Trail à la formation du nouveau droit de la pollution atmosphérique transfrontière, *Études internationales* 11 (3–1980), S. 393–419

Fitzpatrick Tony, New analysis shows three human migrations out of Africa – Replacement theory 'demolished', *Newsroom of the Washington University in St. Louis* (2 February 2006)

Fragomen Austin T. Jr, The refugee: A problem of definition, *Case Western Journal of International Law* (3) 1970–1971, S. 45–69

Funet André, *Le Code de Hammurabi*, 5. Aufl. Paris 2004

Gibbons Ann, Modern men trace ancestry to african migrants, *Science* 292 (11 May 2001), 1051–1052

Golay Yann, La jurisprudence de la Commissions suisse de recours en matière d'asile durant l'année 2003, *ASYL* 2 (2004), S. 19–38.

Grotius Hugo, *Le droit de la guerre et de la paix*, vol. I, Caen 1984

Guillon Michelle et al., *Asile politique entre deux chaises: droit de l'homme et gestion des flux migratoires*, Paris 2003

Hagman Tobias / Frossard Stanislas, La réforme de la politique d'asile suisse à travers les mesures d'urgence, *Cahiers de l'IDHEAP* 191 (2000)

Haut-Commissariat des Nations Unies pour les réfugiés, Changements climatiques, catastrophes naturelles et déplacement humain: une perspective du HCR, 23 octobre 2008

Hurwitz Agnès, *The Collective Responsibility of States to Protect Refugees*, Oxford 2009

Kiss Alexandre / Beurier Jean-Pierre, *Droit international de l'environnement*, 4. Aufl. Paris 2010

Ligue Suisse des droits de l'homme, *Deux anciens collaborateurs de l'OFP témoignent*, Lausanne: Comité Suisse pour la défense du droit d'asile, 1986

Lopreno Dario, Suisse: limiter l'asile et l'immigration à travers la politique contre les clandestins, in: *Action sociale, action humanitaire de la protection à la contrainte*, hg. von Brigitte Fichet et al., Strassburg 2002

Lusanga Ange, *La problématique de la migration et de l'asile:* étude des textes bibliques, des documents de l'*Eglise et des instruments juridiques nationaux*, mémoire, Fribourg 2006

Mahnig Hans (Hg.), *Histoire de la politique de migration, d'asile et d'intégration en Suisse depuis 1948*, Zürich 2005

Mahon Pascal / Bigler Olivier, Les aspect constitutionnels et conventionnels du principe de non-refoulement, in: *Le principe de non-refoulement: fondements et enjeux pratiques*, hg. von Cesla Amarelle / Minh Son Nguyen, Bern 2010

Martenet Vincent, Un droit fondamental à un air sain ?, in: *Le droit de l'environnement dans la pratique* 2007, S. 922–950

Donatella H. Meadows et al., *Rapport sur les limites à la croissance*, Paris 1972

Moderne Franck, *Le droit constitutionnel d'asile dans les Etats de l'Union européenne*, Paris 1998

Office fédéral des réfugiés, *L'asile en Suisse. Un aperçu du domaine de l'asile et des réfugiés*, Bern 2001

Piguet Etienne, *L'immigration en Suisse: 60 ans d'entrouverture*, 2. Aufl. Lausanne 2009

Pufendorf Samuel, *Les devoirs de l'homme et du citoyen tels qu'ils sont prescrits par la loi naturelle*, Ausgabe Basel 1741, Caen 1984

Roth Martha T., Laws of Hammurabi, in: *Laws Collections from Mesopotamia and Asia Minor*, hg. von Piotr Michalowski, 2. Aufl. Atlanta 1997

Ruggeri Abonnat Elise, Les droits des populations insulaires face à leur environnement menacé, in : *Changements environnementaux globaux et Droits de l'Homme*, hg. von Christel Cournil / Catherine Colard-Fabregoule, Brüssel 2012, S. 477–490

Sanchez-Mazas Margarita, *La construction de l'invisibilité. Suppression de l'aide sociale dans le domaine de l'asile*, Genf 2011

Sands Philippe / Tarasofsky Richard / Weiss Mary, *Principles of international environmental law*, vol. 1, Frameworks, standards and implementation, Manchester/New York 1995

Savioz Florence, *Non-entrée en matière, construction d'une catégorie administrative excluante en politique d'asile : comparaison de la mise en œuvre dans le canton de Vaud et dans le canton de Valais*, mémoire, Lausanne, 2009

Segur Philippe, *La crise du droit d'asile*, Paris 1998

Silke Marie Christiansen, *Environmental refugees: a legal perspective*, Nijmegen 2010

Subilia Laurent, Impact du durcissement de la politique d'asile sur la santé physique et mentale des requérants d'asile en Suisse, in: *Cultures et société: Action sociale, action humanitaire, de la protection à la contrainte*, hg. von Brigitte Fichet et al., Strassburg 2002, S. 173–181

Timbal Pierre, *Le droit d'asile*, Paris 1939

Tite-Live, Histoire romaine, *Œuvres*, tome 1, Paris 1839

Vuilleumier Marc, *Immigrés et réfugiés en Suisse: aperçu historique*, Zürich 1987

Westra Laura, *Environmental justice & the rights of ecological refugees*, London 2009

Wisard Nicolas, *Les renvois et leur exécution en droit des étrangers et en droit d'asile*, Basel/Frankfurt am Main 1997

MEDIZINALGERECHTIGKEIT

Bernhard Rütsche

Diskriminierungsgefahren in der Gesundheitsversorgung

Einleitende Bemerkungen

Im Gesundheitswesen und in der Medizin generell kann es in ganz unterschiedlicher Weise zu Diskriminierungen kommen. Mit besonderen Diskriminierungsgefahren verbunden sind jene Bereiche, die dem modernen *Biomedizinrecht* zugeordnet werden, namentlich die genetischen Untersuchungen, die Fortpflanzungs- und Transplantationsmedizin sowie die Humanforschung.

Im Bereich der *genetischen Untersuchungen* statuieren die Biomedizinkonvention des Europarates[1] sowie das Bundesgesetz über genetische Untersuchungen beim Menschen[2] allgemeine Diskriminierungsverbote. Diese Verbote erfassen Benachteiligungen von staatlicher oder privater Seite, welche an genetische Prädispositionen als solche anknüpfen, d.h. an mehr oder weniger grosse Wahrscheinlichkeiten, dass der Träger in Zukunft von einer Krankheit oder Behinderung betroffen sein wird. Solche Benachteiligungen aufgrund des Erbgutes können namentlich im Arbeits- und Versicherungsbereich vorkommen. Aber auch in der Gesundheitsversorgung besteht eine gewisse Gefahr, dass Patientinnen und Patienten mit ungünstigen genetischen Veranlagungen Nachteile erfahren, jedenfalls dann, wenn genetische Risikofaktoren in den krankenversicherungsrechtlichen Tarifen (Fallpauschalen) nicht hinreichend abgebildet sind.

Auf dem Gebiet der *Fortpflanzungsmedizin* sind es in erster Linie gesetzliche Regulierungen selber, die im Ergebnis diskriminierend wirken. Das schweizerische Fortpflanzungsmedizinrecht schliesst Alleinstehende sowie gleichgeschlechtliche Paare generell vom Zugang zu den reproduktionsmedizinischen Verfahren aus[3]. Sodann haben nur Ehepaare, nicht aber Konkubinatspaare Zugang zur künstlichen Befruchtung mit gespendeten Samenzellen[4]. Eine Diskriminierung ist ferner darin zu erblicken, dass die Eizellenspende – im Unterschied zur Samenspende – verboten ist[5]. Unfruchtbaren Frauen wird damit die Möglichkeit vorenthalten, eigene Kinder zu bekommen. Der Europäische Gerichtshof für Menschenrechte hat zwar ein entsprechendes österreichisches Verbot mit dem Hinweis geschützt, dass die Zulässigkeit der Samen- und Eizellenspende in den Europaratsstaaten noch keine etablierte Praxis darstelle, sondern ein diesbezüglicher Konsens erst im Entstehen begriffen (*emerging European consensus*) und das angefochtene Verbot daher mit dem

---

1 Vgl. Art. 11 Übereinkommen vom 4. April 1997 zum Schutz der Menschenrechte und der Menschenwürde im Hinblick auf die Anwendung von Biologie und Medizin (SR 0.810.2), in Kraft getreten für die Schweiz am 1. November 2008.

2 Vgl. Art. 4 Bundesgesetz vom 8. Oktober 2004 über genetische Untersuchungen beim Menschen (GUMG; SR 810.12).

3 Art. 3 Abs. 2 Bst. a Bundesgesetz vom 18. Dezember 1998 über die medizinisch unterstützte Fortpflanzung (Fortpflanzungsmedizingesetz, FMedG; SR 810.11).

4 Art. 3 Abs. 3 FMedG.

5 Art. 4 FMedG.

Recht auf Privatsphäre (Art. 8 EMRK) vereinbar sei[6]. Unabhängig von der Frage, ob das Recht auf Privatsphäre eine generelle Zulassung der Keimzellenspende verlangt, ist die Ungleichbehandlung von Samen- und Eizellenspende grundrechtlich kaum haltbar[7].

Im Recht der *Transplantationsmedizin* stellen sich im Zusammenhang mit der Organallokation typische Verteilungsfragen. Art. 17 Abs. 1 Transplantationsgesetz[8] hält fest, dass bei der Zuteilung eines Organs niemand diskriminiert werden darf. Grundsätzlich bedeutet das, dass für Zuteilungsentscheide nur medizinische Kriterien massgebend sein dürfen, nicht aber soziale oder persönlichkeitsbezogene Kriterien wie etwa berufliche Stellung, familiäre Verantwortung, Lebensweise, Alter, Nationalität oder die Fähigkeit von Patienten, sich nach einer Transplantation so zu verhalten, dass deren Erfolg nicht gefährdet wird (sog. *compliance*). Die Tatsache, dass das Transplantationsrecht neben medizinischen Kriterien (medizinische Dringlichkeit und medizinischer Nutzen einer Transplantation) auch die Wartezeit als Allokationskriterium vorsieht[9], wirkt nicht etwa diskriminierend; vielmehr stellt die Wartezeit ein neutrales Kriterium dar, das in einer Knappheitssituation einen Zuteilungsentscheid möglich macht, wenn allein nach medizinischen Massstäben zwei oder mehrere Personen für ein Organ in Frage kommen würden.

Ein spezifisches Diskriminierungsverbot kennt sodann das *Humanforschungsrecht*. Art. 6 des neuen Humanforschungsgesetzes[10] verbietet Diskriminierung im Rahmen der Forschung und hält präzisierend fest, dass bei der Auswahl von Versuchspersonen für Forschungsprojekte keine Personengruppe ohne triftige Gründe übermässig einbezogen oder ausgeschlossen werden darf. Diskriminierend wäre es zum Beispiel, in Forschungsprojekte mit einem Gesundheitsrisiko nur Asylsuchende oder Sozialhilfeempfänger einzubeziehen. In der Forschungspraxis ist jedoch nicht primär der übermässige Einbezug, sondern der Ausschluss ganzer Personengruppen von der Forschung ein Thema. Die Diskussion rund um den gerechten Zugang zur Forschung betrifft insbesondere Kinder, Personen mit seltenen Krankheiten (*orphan diseases*) sowie Frauen im gebärfähigen Alter. Die grösseren normativen und faktischen Schwierigkeiten von Forschungsprojekten mit urteilsunfähigen Personen und Personen mit seltenen Krankheiten sowie die Sorge um die Gesundheit schwangerer Frauen und die ihrer Kinder führen dazu, dass diese Personengruppen oft gar nicht in Studien miteinbezogen werden. Dies kann sich wiederum negativ auf die Gesundheit dieser Personengruppen auswirken, weil aufgrund der unzureichenden Forschung Behandlungsmöglichkeiten fehlen[11].

In den nachfolgenden Beiträgen von MARKUS ZIMMERMANN-ACKLIN und MARGRIT KESSLER stehen indessen nicht solche biomedizinrechtlichen Diskriminierungs-

---

6   EGMR (Grand Chamber), S. H. and others v. Austria, 03.11.2011, no. 57813/00, § 78 ff., insbesondere 96.

7   So EGMR (First Section), S. H. and others v. Austria, 01.04.2010, no. 57813/2000, § 56 ff.

8   Bundesgesetz vom 8. Oktober 2004 über die Transplantation von Organen, Geweben und Zellen (Transplantationsgesetz; SR 810.21).

9   Vgl. Art. 18 Abs. 1 Transplantationsgesetz.

10 Bundesgesetz vom 30. September 2011 über die Forschung am Menschen (Humanforschungsgesetz, HFG; SR 810.30).

11 Vgl. Botschaft vom 21. Oktober 2009 zum Bundesgesetz über die Forschung am Menschen, BBl 2009 8059, 8098.

fragen, sondern Diskriminierungsgefahren in der *Gesundheitsversorgung* im Zentrum. Auf dem Prüfstand steht der rechtsgleiche Zugang zu medizinischen Behandlungen und zu den Infrastrukturen des Gesundheitssystems. Aufgrund des medizinisch-technischen Fortschritts und der gestiegenen Behandlungsbedürfnisse, gepaart mit der veränderten Altersstruktur der Bevölkerung und den allgemeinen Finanzproblemen heutiger Staatshaushalte, stellt der Umgang mit knappen Mitteln gegenwärtig und in absehbarer Zukunft wohl eine der grössten Herausforderungen im Gesundheitswesen dar.

Ob sich diese Herausforderung allein mit Effizienzsteigerungen, insbesondere mit medizinischer Innovation, bewältigen lässt, ist fraglich. Es zwar nicht zu hoffen, jedoch damit zu rechnen, dass zunehmend *Rationierungsentscheidungen* notwendig werden. Im Idealfall werden die sich stellenden Rationierungsfragen im öffentlichen politischen Diskurs erörtert und demokratisch entschieden. Ob und wie weit das demokratische System die Kraft hat, den eigenen Bürgerinnen und Bürgern Selbstbeschränkungen aufzuerlegen, wenn es um das hohe Gut der Gesundheit geht, wird sich weisen. Werden jedoch notwendige Rationierungsentscheide nicht auf dieser Makroebene getroffen, ist absehbar, dass sich die Entscheide auf die Mesoebene der Spitäler und Krankenkassen und allenfalls auch auf die Mikroebene der Arzt-Patienten-Verhältnisse verlagern. Die Gefahr, dass in einem solchen Szenario nach sachfremden – nicht-medizinischen – Kriterien vorgegangen wird, ist dann besonders gross. Insofern kann Diskriminierungsgefahren in der Gesundheitsversorgung auch mit prozeduralen Mitteln vorgebeugt werden: Zu fordern ist, dass der demokratische Gesetzgeber Knappheitssituationen vorausschauend auf mutige und transparente Weise begegnet.

MARKUS ZIMMERMANN[1]

SOZIALE GERECHTIGKEIT UND DISKRIMINIERUNGSGEFAHREN IN DER GESUNDHEITSVERSORGUNG

Die Gesundheit ist ein transzendentales oder Ermöglichungsgut. Das heißt, sie ist Bedingung der Möglichkeit zur Verwirklichung vieler weiterer Güter und Ziele im Leben eines Menschen, darum ist sie von großer Bedeutung für jede Einzelne und jeden Einzelnen.[2] Im Kontext der Verständigungsprozesse über soziale Gerechtigkeit wird danach gefragt, inwieweit eine Gesellschaft den Zugang zu diesem konditionalen Gut der Gesundheit für alle auf die Dauer zu sichern in der Lage und bereit ist. Eine Gesellschaft, so schreibt *Wolfgang Kersting* zu Recht mit Blick auf die Bereitstellung von Ermöglichungsgütern allgemein, in welcher eine selektive Unterversorgung mit transzendentalen Gütern anzutreffen ist und die keine egalitäre Grundversorgung mit transzendentalen Gütern ermöglicht, verdiene nicht das Prädikat einer wohlgeordneten oder gerechten Gesellschaft.[3]

Das Schweizer Rechtssystem kennt kein eigentliches „Recht auf Gesundheit". Es ließe sich wohl auch keine Instanz benennen, welche angesichts der unterschiedlichen gesundheitlichen (Vor-)Belastungen von Menschen und der stets vagen Definition von Gesundheit ein solches Recht einzulösen imstande wäre. Dennoch besteht ein Anspruch darauf, dass sich die Eidgenossenschaft und insbesondere die Kantone im Sinne der sozialen Gerechtigkeit um die Gesundheit ihrer Bürgerinnen und Bürger bemüht. Dieser individuelle Anspruch ist heute rechtlich verankert auf der Grundlage von Art. 12 der Bundesverfassung im Sinne eines Rechts auf Notversorgung und von Art. 41 als Sozialziel, darüber hinaus gemäß Krankenversicherungsgesetz (KVG) im Sinne der Gewährleistung einer gesundheitlichen Basisversorgung.[4] Ethisch legitimiert sind diese rechtlichen Regelungen zum einen mit Hinweis auf die zu wahrende Menschenwürde, welche den Anspruch auf Hilfe in Not legitimiert, zum andern mit Bezugnahme auf das Solidaritäts-, Gemeinwohl- und Versicherungsprinzip, welche eine grundlegende gesundheitlichen Basisversorgung begründen.

Geht es um die gesellschaftlichen Zusammenhänge von Gerechtigkeit und Gesundheit, ist es notwendig oder zumindest sinnvoll, zunächst aus Public Health-Sicht auf allgemeine gesellschaftliche Gesundheitsdeterminanten einzugehen, da diese neben der Gesundheitsversorgung im engeren Sinne großen Einfluss auf Mor-

---

1 Der Text geht auf einen Vortrag zurück, der an der Jahrestagung der Schweizerischen Vereinigung für Rechts- und Sozialphilosophie zum Thema „Soziale Gerechtigkeit heute" am 7.6.2013 an der Universität Bern gehalten wurde.

2 Vgl. Wolfgang Kersting, Egalitäre Grundversorgung und Rationierungsethik. Überlegungen zu den Problemen und Prinzipien einer gerechten Gesundheitsversorgung, in: *Ethik in der Medizin. Ein Studienbuch*, hg. von Urban Wiesing, 4. Aufl. 2012, S. 296–300.

3 Vgl. Kersting (Fn. 2), S. 297 f.

4 Vgl. den Überblick bei Thomas Gächter, Rationierung als Lösung des Problems der Kostenentwicklung? Kommentar eines Rechtswissenschaftlers, in: *Rationierung und Gerechtigkeit im Gesundheitswesen. Beiträge zur Debatte in der Schweiz*, hg. von Markus Zimmermann-Acklin / Hans Halter, 2007, S. 121–131.

bidität und Mortalität einer Bevölkerung haben. In einem Hochlohnland wie der Schweiz mit einer im internationalen Vergleich außerordentlich hohen durchschnittlichen Lebenserwartung ist es naheliegend, sich auf mögliche Diskriminierungspotentiale im engeren Bereich der Gesundheitsversorgung zu konzentrieren, wie im Anschluss an einige Begriffsklärungen gezeigt werden soll.

I. Soziale Gesundheitsdeterminanten

Michael Marmot und die unter seiner Leitung stehende "WHO Commission on Social Determinants of Health"[5] konnten plausibel zeigen, dass die Gesundheit einer Bevölkerung in hohem Maße mit ihren gesellschaftlichen Partizipationsmöglichkeiten, der Möglichkeit zur Kontrolle über das eigene Leben, sozialer Kohäsion und Gleichheit korreliert.[6] Hat eine Gesellschaft einmal einen gewissen sozioökonomischen Standard erreicht, hat der Ausbau der gesundheitlichen Versorgung im engeren Sinne (d. h. der ärztlichen Versorgung oder von Institutionen der Krankenversorgung wie Spitälern oder Fachkliniken) nur noch bedingt Einfluss auf Morbidität und Mortalität ihrer Bürgerinnen und Bürger. Im Hinblick auf die durchschnittliche Lebenserwartung sind dann Faktoren wie Gleichheit, Partizipationsmöglichkeit, Selbstkontrolle (im Sinne der Möglichkeit, ein Leben nach eigenen Vorstellungen führen zu können) und soziale Kohäsion in einer Gesellschaft offensichtlich entscheidender. Sind diese Bedingungen – beispielsweise die Möglichkeit der Teilhabe an wichtigen politischen Entscheidungen für alle – in einer Gesellschaft gegeben, wirken sie sich mit großer Wahrscheinlichkeit in Form einer positiven Rückkopplung auch wiederum auf den Bereich der Gesundheitsversorgung im engeren Sinne aus, indem beispielsweise eine flächendeckende Grundversorgung für Menschen in städtischen wie ländlichen Gebieten geschaffen wird. Trifft diese Vermutung zu, lassen sich die Effekte der Gesundheitsversorgung im engeren Sinne und der allgemeinen gesellschaftlichen Bedingungen zur Förderung von Gesundheit und Lebenserwartung wie Gleichheit, Teilhabe bis hin zur Freiheit, ein Leben nach eigenen Wertvorstellungen leben zu können, nur noch bedingt kausal auseinanderhalten.

Faszinierend ist in diesem Zusammenhang zu sehen, dass es national- oder teilstaatliche Gesellschaften wie das südindische Kerala, Costa Rica, Kuba oder auch Sri Lanka geschafft haben, einen hohen Gesundheitsgrad ihrer Bevölkerung zu erreichen, obgleich ihr Wirtschaftsvolumen und auch die Gesundheitsausgaben in keiner Weise an die Werte der Hochlohnländer der Welt heranreichen. Hier sind offensichtlich soziale Kohäsion, Gleichheit und die Befähigung der Menschen zu einem eigenständigen Leben – in Kerala im Unterschied zu einigen nordindischen Teilstaaten insbesondere der Frauen – wesentliche Kausalfaktoren, welche zu einem hohen Gesundheitsstandard, niedriger Morbiditätsrate und hoher durchschnittlicher Lebenserwartung beitragen. So liegt die durchschnittliche Lebenserwartung bei Geburt in Kerala mit 74 Jahren deutlich über der gesamtindischen mit 64 Jahren.[7] Die

---

5   Vgl. http://www.who.int/social_determinants/en (16.10.2013).
6   Vgl. Michael Marmot, Health in an Unequal World, *The Lancet* 368 (2006), S. 2081–2084.
7   Vgl. United Nations Development Programme (UNDP), *Inequality-adjusted Human Development Index for India's State 2011*, New Delhi 2011, S. 16.

Gesellschaften von Costa Rica (79 Jahre) und Kuba (78 Jahre) erreichten im Jahr 2009 sogar dieselbe durchschnittliche Lebenserwartung wie die von Ungleichheit geprägte USA (79 Jahre).[8] Die Pro-Kopf-Ausgaben für die gesundheitliche Versorgung im engeren Sinne lagen dagegen gleichzeitig in Indien bei lediglich US$ 44,-, in Kuba bei US$ 672,-, in Costa Rica bei US$ 667,-, während in den USA im Jahr 2009 pro Kopf mehr als das zehnfache, nämlich US$ 7'960,- ausgegeben wurden.[9] Offensichtlich stehen eine partizipativ strukturierte Gesellschaft, eine qualitativ gute und sozial finanzierte Gesundheitsversorgung für alle und eine hohe durchschnittliche Lebenserwartung in einem engen Bedingungszusammenhang.

Auch wenn es sich aus dieser Public Health-Sicht lohnen würde, einen Blick auf soziale Gerechtigkeit und Diskriminierungsgefahren mit Auswirkung auf die Gesundheit der Bevölkerung zu werfen[10], beschränke ich mich im Folgenden auf Diskriminierungsgefahren im Teilsystem der gesundheitlichen Versorgung im engeren Sinne. Trotz des enorm hohen Versorgungsstandards in der Schweiz lassen sich hier Diskriminierungsgefahren aufzeigen, welche grundlegende Aspekte der sozialen Gerechtigkeit tangieren und darum öffentliche Aufmerksamkeit verdienen.

Bei meinen Überlegungen gehe ich von folgender Vermutung aus: Entgegen der gemeinhin angenommenen Behauptung, in der Schweiz gäbe es keine so genannte Zweiklassenmedizin, verhält es sich vielmehr so, dass die soziale Segregation, die sich in unterschiedlichen gesellschaftlichen Teilsystemen manifestiert und sich beispielsweise an Vermögens- und Einkommensunterschieden aufzeigen lässt, auch vor dem System der gesundheitlichen Versorgung nicht Halt macht. Bei näherem Hinsehen zeigen sich ähnliche Diskriminierungspotentiale im engeren Bereich der medizinischen Versorgung, wie sie auch aus anderen gesellschaftlichen Teilsystemen bekannt sind, am deutlichsten sichtbar im Umgang mit marginalisierten Menschen wie Sozialhilfeempfängerinnen und -empfängern, drogensüchtigen Personen, chronisch Kranken oder hochaltrigen Menschen. Von daher ist die Rede von der abzuwendenden „Zweiklassenmedizin" bestenfalls metaphorisch im Sinne des Festhaltens am Ideal der Gleichbehandlung aller zu verstehen, in der gesellschaftlichen Realität dagegen ist realistischer Weise von der Existenz einer „Mehrklassenmedizin" auszugehen.[11]

---

8   Vgl. WHO, *World Health Statistics 2012*, 2012, S. 52–59.
9   Vgl. WHO (Fn. 8), S. 39. Die weltweit höchsten Pro-Kopf-Ausgaben für die Gesundheitsversorgung waren 2009 in Luxemburg (US$ 8'262,-) zu verzeichnen, gefolgt von der USA, Norwegen (US$ 7'533,-) und der Schweiz (US$ 7'185,). Die niedrigsten Ausgaben pro Kopf waren dagegen in Eritrea (US$ 11,-), Äthiopien (US$ 16,-), Myanmar (US$ 14,-) zu verzeichnen, im asiatischen Kontinent in Pakistan (US$ 20,-).
10   Vgl. Sudhir Anand / Fabienne Peter / Amartya Sen (Hg.), *Public Health, Ethics, and Equity*, 2006; Jennifer Prah Ruger, *Health and Social Justice*, 2012; Daniel Strech / Georg Marckmann (Hg.), *Public Health Ethik*, 2010, darin besonders: Marion Danis / Donald L. Patrick, Health Policy, Vulnerability, and Vulnerable Populations, S. 211–235.
11   Vgl. die Auseinandersetzung mit der Gerechtigkeit und Ungleichheit im Gesundheitswesen aus sozialethischer Perspektive bei: Martin Dabrowski / Judith Wolf / Karlies Abmeier (Hg.), *Gesundheitssystem und Gerechtigkeit*, 2012; daneben aus interdisziplinärer Perspektive: Gerd Brudermüller / Kurt Seelmann (Hg.), *Zweiklassenmedizin?*, 2012.

II. Begriffsklärungen

Im Rahmen der gesundheitsethischen Debatten haben sich in den letzten Jahren unterschiedliche Gerechtigkeitsverständnisse bzw. -theorien behauptet.[12] Zwei wichtige Ansätze sind einerseits das von *Norman Daniels* im Anschluss an *John Rawls* entwickelte Verständnis von Chancengerechtigkeit im Bereich der gesundheitlichen Versorgung, welches im liberalen Sinne auf den Ausgangspunkt fokussiert und in egalitärer Tradition die Herstellung einer Gleichheit der Ausgangsbedingungen fordert[13], andererseits das an Theorien von *Amartya Sen* und *Martha Nussbaum* anknüpfende Konzept der Befähigungsgerechtigkeit, bei welchem sich im deutschen Sprachraum beispielsweise *Peter Dabrock* auf die Output-Seite der Gesundheitsversorgung konzentriert, anhand der Frage: Trägt das System der Gesundheitsversorgung in einem sinnvollen Maße dazu bei, die Menschen zur realen Teilhabe am gesellschaftlichen Leben zu befähigen und auf diese Weise allen Menschen ein menschenwürdiges Leben zu ermöglichen?[14] Insbesondere sind die gesundheitsethischen Beiträge immer dann mit Fragen der Verteilungsgerechtigkeit konfrontiert, wenn zu bestimmen ist, wer aus welchen Gründen wie weitgehenden Zugang zur Gesundheitsversorgung erhalten soll.[15]

Aus ethischer Sicht sind hierbei Abgrenzungsversuche zwischen dem Gerechten, also dem, was Menschen aufgrund moralischer Rechte zusteht, und dem Guten, dem gelungenen Leben, von großer Bedeutung. Meiner Wahrnehmung nach sind die Fragen betreffend einer gerechten medizinischen Versorgung deshalb so spannend und zu einem guten Teil schwierig zu beantworten, weil sie sich nur unter Bezugnahme auf konkrete Vorstellungen vom guten oder gelungenen Leben präzisieren lassen. Ob beispielsweise die unfreiwillige Kinderlosigkeit eine Krankheit, eine Behinderung oder eine normale natürliche Vorgegebenheit ist, lässt sich im Rahmen der Bestimmung des Gesundheitsbegriffs lediglich unter Bezugnahme auf Vorstellungen von einem gelungenen Leben beantworten: je nach Antwort werden dann unterschiedlich weitgehende Forderungen an die soziale Finanzierung der kostenintensiven Reproduktionsmedizin gestellt.[16]

Unter (negativer) Diskriminierung wird im Folgenden eine ungerechtfertigte Ungleichbehandlung von Menschen verstanden, welche direkt, in Handlungen oder Unterlassungen, oder indirekt, vermittelt über Strukturen, Institutionen oder systemische Gegebenheiten, verursacht werden kann.[17] Eine Ungleichbehandlung an

---

12 Vgl. im Überblick bei Georg Marckmann / Paul Liening / Urban Wiesing (Hg.), *Gerechte Gesundheitsversorgung. Ethische Grundpositionen zur Mittelverteilung im Gesundheitswesen*, 2003.

13 Vgl. Norman Daniels, *Just Health. Meeting Health Needs Fairly*, 2008.

14 Vgl. Peter Dabrock, *Befähigungsgerechtigkeit. Ein Grundkonzept konkreter Ethik in fundamentaltheologischer Perspektive*, 2012, S. 13 und S. 219–286. Darüber hinaus finden libertäre und kommunitaristische Gerechtigkeitsansätze Anwendung, die hier nicht weiter kommentiert werden sollen.

15 Vgl. Markus Zimmermann-Acklin, Die Rationierungsdiskussion in der Schweiz. Beobachtungen aus ethischer Perspektive, in: *DRG und Ethik. Ethische Auswirkungen von ökonomischen Steuerungselementen im Gesundheitswesen*, hg. von Verina Wild / Eliane Pfister / Nikola Biller-Andorno, 2011, S. 127–139.

16 Vgl. Oliver Rauprich / Jochen Vollmann (Hg.), *Die Kosten des Kinderwunsches. Interdisziplinäre Perspektiven zur Finanzierung reproduktionsmedizinischer Behandlungen*, 2012.

17 Vgl. James W. Nickel, Discrimination, in: *Routledge Encyclopedia of Philosophy*, Band 3, 1998, S. 103–106: Anstelle von indirekter ist hier von „institutioneller" Diskriminierung die Rede.

sich ist demnach noch kein hinreichendes Kriterium, um von einem Akt der Diskriminierung sprechen zu können. Allerdings ist sowohl die Frage, was eine *ungerechtfertigte* Form von Ungleichbehandlung kennzeichnet, schwierig zu beantworten, als auch die präzise Bestimmung der Schnittstelle zwischen individueller Verantwortung (beispielsweise einer Ärztin am Krankenbett) und institutionellen Vorgaben (z.B. eines Spitals mit Leitlinien für den Einsatz teuer Maßnahmen).[18] Unter der Bedingung von Ressourcenknappheit im Gesundheitswesen, zumal angesichts sehr unterschiedlicher genetischer Ausgangslagen behandlungsbedürftiger Menschen, sind Ungleichbehandlungen schlicht unvermeidbar. Diese sind aber erst dann Fälle von Diskriminierung, wenn sie aufgrund inakzeptabler Kriterien wie Herkunft, Alter, Weltanschauung, Religion, Geschlecht, Behinderung, Sprache oder sozialer Stellung geschehen.[19] Interessant wären hier Abgrenzungsversuche zum Armutsbegriff, der beispielsweise von *Michael Marmot* aus der Perspektive von Public Health definiert wird als das nicht am gesellschaftlichen Leben partizipieren können und darin begrenzt zu werden, das Leben nach eigenen Wertvorstellungen zu leben.[20] Sowohl Fälle von Diskriminierung als auch von Armut lassen sich schließlich als Phänomene ungerechtfertigter Exklusion beschreiben[21], in beiden Fällen liegt zudem die Vermutung einer Missachtung der Menschenwürde nahe.

Thematisch geht es im Folgenden um den Bereich der Gesundheitsversorgung. Gemäß Ausgangsthese dürften hier grundsätzlich ähnliche soziale Exklusions- und Inklusionsphänomene bestehen wie auch in anderen gesellschaftlichen Bereichen, obgleich die Grundversorgung in der Schweiz sozialpolitisch geregelt ist und solidarisch finanziert wird.

Mit Blick auf Diskriminierungspotentiale oder -gefahren sind zwei unterschiedlich weitreichende Dimensionen voneinander zu unterscheiden: Zum einen die

---

Ethisch begründet wird das Anti-Diskriminierungsprinzip hier mit Hinweis auf die Gleichwertigkeit aller Menschen, die Chancen- und Teilhabegerechtigkeit, schließlich der häufig mit Diskriminierung verbundenen, jedoch abzulehnenden Irrationalität und Vorurteilsbeladenheit. Vgl. auch Martina Herrmann, Diskriminierung, in: *Handbuch Angewandte Ethik*, hg. von Ralf Stoecker / Christian Neuhäuser / Marie-Luise Raters, 2011, S. 290–292: Die Autorin setzt sich schwerpunktmäßig mit der Begründbarkeit *positiver* Diskriminierung auseinander, die im Kontext der Gesundheitsversorgung zumindest aus Sicht der Patientinnen und Patienten weniger von Bedeutung zu sein scheint.

18 Vgl. die ausführliche Erörterung bei David Wasserman, Discrimination, Concept of, in: Ruth F. Chadwick (Hg.), *Encyclopedia of Applied Ethics*, Band 1, 1998, S. 805–814.

19 Vgl. Schweizer Bundesverfassung Art. 8: „(1) Alle Menschen sind vor dem Gesetz gleich. (2) Niemand darf diskriminiert werden, namentlich nicht wegen der Herkunft, der Rasse, des Geschlechts, des Alters, der Sprache, der sozialen Stellung, der Lebensform, der religiösen, weltanschaulichen oder politischen Überzeugung oder wegen einer körperlichen, geistigen oder psychischen Behinderung. (3) Mann und Frau sind gleichberechtigt. [...] (4) Das Gesetz sieht Massnahmen zur Beseitigung von Benachteiligung der Behinderten vor."

20 Vgl. Marmot (Fn. 6), S. 2086.

21 Vgl. Rudolf Stichweh, *Inklusion und Exklusion. Studien zur Gesellschaftstheorie*, 2005, bes. S. 49–51: Der Exklusionsbegriff habe in gewisser Weise sowohl den Armutsbegriff als auch die Rede von sozialer Ungleichheit oder Schichtung beerbt. Er bringe stärker als der an ökonomischen Aspekten orientierte Armutsbegriff zum Ausdruck, dass es um die Beschreibung strukturell schwacher Positionen in der Gesellschaft insgesamt geht, die eher in Richtung von Macht- als von Mittellosigkeit zu denken wäre. Diese Beobachtung trifft sicherlich auf chronisch Kranke oder hochaltrige Menschen zu, die zwar über finanzielle Mittel verfügen mögen, aber gleichzeitig zu schwach sind, ihre Interessen im Betrieb einer großen Klinik durchzusetzen.

Missachtung der Menschenwürde im Sinne einer Instrumentalisierung von Menschen, der Missachtung des persönlichen Selbstbestimmungsrechts bzw. des Lebensschutzes besonders gefährdeter oder vulnerabler Personen.[22] Zum andern die Gefährdung von Rechtsgleichheit oder Rechtssicherheit, wie sie Nationalrat *Ignazio Cassis* in seinem Postulat „Wie viel soll die Gesellschaft für ein Lebensjahr zahlen?"[23] einforderte. Im zweiten Fall geht es zwar in der Regel nicht um die Missachtung der Menschenwürde, aber gleichwohl um diskriminierende Vorgänge, insofern beispielsweise aufgrund der impliziten oder ungeregelten Rationierung am Krankenbett oder bei der Berücksichtigung der Kosteneffektivität von Maßnahmen Grundrechte wie das Recht auf Selbstbestimmung sowie das auf Gleichbehandlung tangiert werden können.

Wichtig ist schließlich der Knappheitsbegriff: Aus ethischer Sicht ist der Umgang mit Knappheit oder knappen Ressourcen auch darum so umstritten, weil im Bereich der Gesundheitsversorgung zwei unterschiedliche Formen von Knappheit begegnen, die sich nur bedingt eindeutig voneinander abgrenzen lassen: Zum einen besteht eine vorgegebene oder „existenzielle" Knappheit, die als solche anzuerkennen ist; hier geht es beispielsweise um die Knappheit von Spenderorganen oder die grundsätzliche Endlichkeit des menschlichen Lebens.[24] Zum andern besteht eine bewusst hergestellte oder aufgrund der Anwendung bestimmter Kriterien erzeugte Knappheit, die es gerecht zu gestalten gilt und die sich entweder explizit, d. h. geregelt, wie beispielsweise im Fall der Reproduktionsmedizin in der Schweiz, oder implizit, d. h. ungeregelt am Krankenbett auswirkt.[25]

III. Gefahrenzonen

Nur kurz sollen zwei Gefahrenzonen im Bereich der Gesundheitsversorgung benannt werden, in welchen heute ein erhebliches und die Menschenwürde unmittelbar bedrohendes Diskriminierungspotential besteht. Anschließend werden drei weitere Beispiele etwas ausführlicher erörtert, die zeigen sollen, wie gegenwärtig Diskriminierung in der Gesundheitsversorgung auch auf subtilere Weise und im Sinne einer Gefährdung von Rechtsgleichheit und -sicherheit droht.

---

22   Vgl. dazu auch Markus Zimmermann-Acklin, Gesundheitsversorgung von Menschen im vierten Lebensalter in der Schweiz – Herausforderungen und Perspektiven, in: *Altern in Würde. Das Konzept der Würde im vierten Lebensalter*, hg. von Torsten Meireis, 2013.

23   Es handelt sich um das am 17.3.2011 eingereichte Postulat 11.3218, das am 30.9.2011 vom Nationalrat angenommen wurde, und eine politische Reaktion auf den so genannten Myozyme-Entscheid des Bundesgerichts war, vgl. http://www.parlament.ch/d/suche/seiten/geschaefte. aspx?gesch_id=20113218 (16.10.2013).

24   Vgl. Marcus Düwell / Christoph Rehmann-Sutter / Dietmar Mieth (Hg.), *The Contingent Nature of Life. Bioethics and the Limits of Human Existence*, Dordrecht 2008.

25   Zur näheren Begriffsbestimmung vgl. Markus Zimmermann-Acklin, *Bioethik in theologischer Perspektive. Grundlagen. Methoden und Bereiche*, 2010, S. 193–229.

1. Behandlung nicht urteilsfähiger Patientinnen und Patienten

Patientinnen und Patienten, die aus unterschiedlichen Gründen noch nicht oder nicht mehr urteilsfähig und deshalb besonders vulnerabel sind, sind stets massiven Diskriminierungsgefahren ausgesetzt. Sensible Bereiche sind in erster Linie die Neonatologie, die Pädiatrie, die Psychiatrie, darüber hinaus aber auch die Intensivmedizin und Geriatrie. Vorfälle in der Schweiz, die das hier bestehende Gefahrenpotenzial drastisch vor Augen geführt haben, sind der „Fall Entlisberg" aus dem Jahr 2009, bei welchem Pflegende eines Zürcher Pflegeheims demütigende Szenen von nackten Patienten mit ihren Mobiltelefonen gefilmt haben, die Serientötungen eines Krankenpflegers im Pflegeheim Eichhof in Luzern, die im Jahr 2001 von den Behörden aufgedeckt wurden[26], schließlich eine Anklage wegen mehrfacher Schändung von Patientinnen im Aufwachraum gegen einen Pfleger aus dem Universitätsspital Zürich im Jahr 2011. Diese Vorfälle verweisen auf die unter Umständen enorme Asymmetrie und das damit verbundene Machtgefälle zwischen Patientinnen und Patienten einerseits und den Angehörigen der Behandlungsteams andererseits, die im Zuge der so genannten „Ökonomisierung der Gesundheitsversorgung", hier im Anschluss an *Arne Manzeschke* verstanden im Sinne einer Überformung des ärztlichen und pflegerischen Handelns durch ökonomische Kalküle und Ziele[27], zusehends verschleiert wird.

Ein besonders sensibler Bereich ist in diesem Zusammenhang die Psychiatrie, insofern in diesem Kontext Freiheitsbeschränkungen wie die fürsorgliche Unterbringung (FU) sowie Zwangsbehandlungen zum klinischen Alltag gehören.[28]

2. Klinische Forschung

Auch der gesamte Bereich der klinischen Forschung beinhaltet ein großes Diskriminierungspotential, dies ganz besonders dann, wenn es um Forschung an vulnerablen Patientinnen und Patienten geht, namentlich an Kindern, psychisch Kranken, Schwangeren oder Patienten in Haft.[29] Eine grundsätzliche Herausforderung be-

---

26 Die entsprechende Medienmitteilung der Behörden wurde am 11.9.2001 veröffentlicht und stand damals sowohl im Schatten der Berichterstattung zum „11. September" als auch, kurze Zeit später, der Berichte über das Attentat im Kantonsrat in Zug vom 27.9.2001, so dass die Serientötungen damals kaum zu einem öffentlichen Thema wurden. Auch die Berichterstattung über den erst vier Jahre später durchgeführten Strafprozess fand zumindest in meiner subjektiven Wahrnehmung nur geringes Echo in den Medien.

27 Vgl. Arne Manzeschke, Zum Einfluss der DRG auf Rolle und Professionsverständnis der Ärztinnen und Ärzte, *SGBE Bulletin SSEB* 59 (2009), S. 11–13.

28 Seit dem 1.1.2013 ist das neue Schweizer Erwachsenenschutzrecht in Kraft, in welchem der Schutz der Patientenautonomie gegenüber dem alten Recht stark aufgewertet wurde und Zwangsbehandlungen sowie Freiheitsbeschränkungen neu geregelt wurden, vgl. Christoph Häfeli, *Grundriss zum Erwachsenenschutzrecht*, 2012; Schweizerische Akademie der Medizinischen Wissenschaften (Hg.), *Rechtliche Grundlagen im medizinischen Alltag. Ein Leitfaden für die Praxis*, 2. Aufl. 2013.

29 Vgl. Schweizerische Akademie der Medizinischen Wissenschaften (Hg.), *Forschung mit Menschen. Ein Leitfaden für die Praxis*, 2009; Ezekiel J. Emanuel / Christine Grady / Robert A. Crouch / Reidar K. Lie / Franklin G. Miller / David Wendler (Hg.), *The Oxford Textbook of Clinical Research Ethics*, 2008.

steht darin, dass Ärztinnen und Ärzte in der klinischen Forschung in der Regel zwei
unabhängig voneinander bestehende Handlungsziele gleichzeitig verfolgen: Zum
einen geht es ihnen darum, ihre Patienten nach den Regeln der ärztlichen Kunst zu
behandeln, zum andern aber gleichzeitig, übergeordnete bzw. objektivierbare For-
schungsergebnisse zu erarbeiten, welche für den Patienten selbst in der Regel nichts
erbringen. Diese Konstellation ist anfällig für Interessenskonflikte, insofern ein Arzt
oder eine Ärztin, im Rahmen der sich etablierenden Pflegewissenschaft in zuneh-
mendem Maße auch Pflegekräfte, gleichzeitig einen Patienten behandeln und ihre
persönliche Karriere aufbauen. Aus ethischer Sicht ist beispielsweise zu fordern, dass
Patienten, die nicht bereit sind, bei einer klinischen Studie mitzumachen, oder auch
Patientinnen, die sich während einer bereits laufenden Studie zum Ausstieg entscheiden, genauso wie alle anderen Patientinnen und Patienten ein Recht auf eine
gute Behandlung haben. Auch der angemessene Umgang mit genetischen Daten
wird im Zusammenhang mit der klinischen Forschung und der Entwicklung der so
genannten personalisierten Medizin fraglich. Aufrufe von berühmten Forschern wie
Craig Venter oder James Watson, Ergebnisse der persönlichen DNA-Analyse im Internet zu publizieren und der Forschung zur Verfügung zu stellen, stellt die Idee des
Datenschutzes vor völlig neue Fragen.[30] Das neue Schweizer Humanforschungsgesetz wird voraussichtlich 2014 in Kraft treten und erstmals eine Reihe problemati-
scher Aspekte rechtlich verbindlich regeln, die bislang lediglich in ethischen Richtli-
nien thematisiert waren.[31]

3. Vergütungssystem mit diagnosebezogenen Fallpauschalen (DRGs)

Das für die gesamte stationäre Spitalversorgung der Schweiz 2012 verbindlich eingeführte Vergütungssystem nach Fallpauschalen (der so genannten SwissDRG, wobei
das Akronym für „Diagnostic Related Group" steht) ist ebenfalls eine mögliche
Quelle für diskriminierende Entscheidungen, wobei negative Auswirkungen weitaus
subtiler und Kausalzusammenhänge verdeckter sind als in den beiden zuvor ange-
sprochenen Handlungsfeldern. In ihrer Beschäftigung mit der Versorgung gesellschaftlich marginalisierter Gruppen weisen *Bernice Elger* und *Thomas Gächter* zwar
darauf hin, dass es mit dem neuen Vergütungssystem nicht zwangsläufig zu Diskriminierungen kommen müsse, zeigen aber auf, dass mit den DRGs zumindest einige
Diskriminierungsgefahren verbunden sind.[32] Bevor ich auf diese näher eingehe, ist
zu betonen, dass grundsätzlich in jedem Entschädigungssystem Anreize zur Bevor-
teilung und Benachteiligung bestimmter Patientengruppen bestehen; in dieser Hinsicht unterscheidet sich das DRG-System nicht von anderen Regelungen, beispielsweise dem Vergütungssystem nach Tagespauschalen, in welchem Anreize zur zeitli-

30 Vgl. in der Schweiz die entsprechenden Aufrufe des ETH-Professors für molekulare Systembio-
    logie Ernst Hafen, z. B.: Auf dem Weg zu einer besseren Medizin, *NZZ* vom 26.4.2012, S. 21.
31 Vgl. die Angaben zum Legifierierungsprozess auf der Website des Bundesamts für Gesundheit
    (BAG): http://www.bag.admin.ch/themen/medizin/00701/00702/07558 (17.10.2013). In Arti-
    kel 6 Humanforschungsgesetz wird ausdrücklich ein Diskriminierungsverbot gefordert.
32 Vgl. Bernice S. Elger / Thomas Gächter, DRG und die Gesundheitsversorgung marginaler Grup-
    pen, in: *DRG und Ethik. Ethische Auswirkungen von ökonomischen Steuerelementen im Gesund-
    heitswesen*, hg. von Verina Wild / Eliane Pfister / Nikola Biller-Andorno, 2011, S. 171–185 (171).

chen Ausdehnung von Behandlungen bestehen bzw. zur Vermeidung von Behandlungen, die nur eine sehr kurze Aufenthaltsdauer benötigen. Mit Blick auf das Schweizer System ist es aus ethischer Sicht gegenwärtig wichtig, zunächst einmal Erfahrungen mit dem neuen Vergütungssystem zu sammeln, um auf dieser Basis korrigierende Maßnahmen mit dem Ziel einfügen zu können, Diskriminierungsgefahren wirksam zu unterbinden.[33]

Ein Grundproblem des neuen Vergütungssystems in der Schweiz besteht darin, so betonen *Bernice Elger* und *Thomas Gächter* zu Recht, dass in einem Fallpauschalensystem stets von Durchschnittspatienten ausgegangen wird. Aus Sicht der Spitäler gibt es somit stets bessere und schlechtere Risiken und es entstehen starke finanzielle Anreize, die aus Sicht der Institution schlechten Risiken möglichst nicht aufzunehmen oder frühzeitig in andere Institutionen abzuschieben. Zu diesen aus Sicht der Institutionen „schlechten" Risiken gehören Neugeborene, Kinder, ältere Menschen, Patienten mit Multimorbiditäten und auch sozial Benachteiligte wie Drogenabhängige oder Menschen in Haft.[34] Diese Aufzählung entspricht in etwa der Aufzählung von Marginalisierten auch in vielen anderen gesellschaftlichen Bereichen und bestätigt damit meine Ausgangshypothese. Ein Blick auf die Patientengruppen, deren Behandlung vorläufig noch nicht im neuen System vergütet werden, weil noch zu viele offene Fragen zu klären und politische Entscheidungen zu fällen sind, zeigt, dass zusätzlich weitere Risikogruppen bestehen: Zu ihnen gehören namentlich Rehabilitationspatienten, Patientinnen am Lebensende, Palliative Care- und Psychiatrie-Patienten. Ein wesentliches Problem besteht darin, dass sich die hier Betroffenen nicht oder nur bedingt einer bestimmten Diagnose oder Diagnose-Gruppe zuordnen lassen, so dass die Abrechnung von Leistungen schwierig wird. Menschen mit mehrfachen oder unklaren Diagnosen sind im DRG-System sozusagen Störfaktoren und damit Diskriminierungsgefahren ausgesetzt.

Auf eine bereits bestehende Diskriminierung alter Menschen mit demenziellen Störungen und Multimorbidität, welche auf das DRG-System zurückzuführen ist, hat *Daniel Grob* vom Waidspital in Zürich hingewiesen: Er gibt zu bedenken, dass sich die stationäre Akutgeriatrie finanziell nicht mehr lohne, da die DRGs dem pflegerischen Aufwand bei kognitiv eingeschränkten Patienten zu wenig Rechnung tragen würden. Demenzkranke blieben durchschnittlich doppelt so lange im Spital im Vergleich zu anderen alten Patienten, was bei Abrechnung über eine Tagespauschale vor der Einführung der DRGs unproblematisch war. Zu den Gründen für den längeren Spitalaufenthalt zählen für *Daniel Grob* höhere Komplikationsrisiken, schlechter Ernährungszustand und der häufige Einsatz psychisch wirkender Medikamente.[35] Heute zeichnet sich bereits ab, dass sich die Pflegeheime stark verändern, insofern sie teilweise zu „Minispitälern" mit Stationen für die so genannte Übergangspflege geworden sind. Hier sind neu Patienten pflegerisch zu versorgen, die früher noch im Spital weitergepflegt wurden, dort aber heute möglichst früh entlas-

---

33 Das ist auch in der Zielsetzung des interdisziplinären Forschungsprojekts *"Impact of Diagnosis Related Groups (DRGs) on patient care and professional practice" (IDoC)*, welches seit 2010 bis 2013 an der Universität Zürich durchgeführt wurde.
34 Vgl. Elger/Gächter (Fn. 32), S. 172.
35 Vgl. Dorothee Vögeli, Dement im Akutspital – was dann? Fachleute fordern den Aufbau von geriatrischen Rehabilitationsangeboten im Kanton Zürich, *NZZ* vom 13.4.2013, S. 19; Zimmermann-Acklin (Fn. 22).

sen werden.[36] Das hat zum einen finanzielle Folgen, insofern die Pflegekosten im Heim größtenteils von den Betroffenen selbst zu bezahlen sind. Zum andern fehlt in den Pflegezentren das hierfür benötigte Fachpersonal, so dass die Pflegequalität leidet. Hier scheint zudem eine enorme Ungleichheit in unterschiedlichen Regionen der Schweiz in Abhängigkeit zur Verfügbarkeit freier Pflegeplätze zu bestehen. Eine Krankenpflegerin, die in einem Ostschweizer Spital arbeitet, meinte im Rahmen einer Weiterbildungsveranstaltung, bei ihnen auf Station gäbe es „eine bis zwei Razzien pro Woche", die auf Befehl des Chefarztes durchgeführt würden: Es müssten von der Pflege jeweils drei Patienten ausgesucht und sofort entlassen werden, um wieder freie Betten zu haben. Für eine ordentliche Abklärung scheint dort keine Zeit zu bestehen. Es braucht nur wenig Phantasie, um sich vorzustellen, welche Patientinnen und Patienten in einem solchen Fall zuerst gehen müssen und welche bleiben dürfen. Zu vermuten ist, dass Privilegien und Marginalisierungen, die auch außerhalb der Institution eine Rolle spielen, die Entlassungsentscheidungen beeinflussen.

Schließlich bleibt zu beachten, dass in einem Fallpauschalensystem der finanzielle Druck in einem Spital grundsätzlich steigt und die Verteilungskonflikte allein schon deshalb stärker werden, weil die über die Behandlung einzelner Patienten vergüteten Pauschalen auch zur Finanzierung der Infrastrukturerhaltung, der Forschung sowie der Aus- und Weiterbildung der Mitarbeitenden eingesetzt werden müssen.[37]

4. Health Technology Assessment (HTA)

Während das „Health Technology Assessment" (HTA) oder die Technologiefolgenabschätzung für Maßnahmen im Gesundheitsbereich in einigen europäischen Ländern bereits seit vielen Jahren etabliert ist, stößt es bzw. sie in der Schweiz erst seit Kurzem auf Interesse. Zwei Initiativen, die beide erst vor wenigen Jahren entstanden und bislang nur bedingt etabliert sind, stehen symbolisch für diese Veränderung: Zum einen das „Swiss Medical Board", welches zunächst im Kanton Zürich eingerichtet wurde und mittlerweile auf eidgenössischer Ebene arbeitet und von unterschiedlichen Institutionen getragen wird[38], zum andern die „SwissHTA", welche zunächst vom Verband der forschenden Pharmaindustrie (Interpharma) zusammen mit dem Krankenkassenverband Santésuisse initiiert wurde, inzwischen aber breiter abgestützt ist.[39]

36 Vgl. Reto Scherrer, Kurzaufenthalte in Langzeitpflege. Die in den Spitälern neu eingeführten Fallpauschalen wirken auch auf die Pflegezentren, *NZZ* vom 7.11.2012, S. 18.
37 Vgl. Georg Marckmann / Daniel Strech, Auswirkungen der DRG-Vergütung auf ärztliche Entscheidungen: Eine ethische Analyse, *Zeitschrift für Medizinische Ethik* 55 (2009), S. 15–27; Verina Wild / Eliane Pfister / Nikola Biller-Andorno (Hg.), *DRG und Ethik. Ethische Auswirkungen von ökonomischen Steuerungselementen im Gesundheitswesen*, 2011.
38 Vgl. http://www.medical-board.ch (23.10.2013). Dem Trägerverein gehören an: die Schweizerische Konferenz der kantonalen Gesundheitsdirektorinnen und Direktoren (GDK), die Verbindung der Schweizer Ärztinnen und Ärzte (FMH), die Schweizerische Akademie der Medizinischen Wissenschaften (SAMW) und die Regierung des Fürstentums Liechtenstein.
39 Vgl. http://www.swisshta.ch (23.10.2013). Inzwischen tragen auch die Verbindung der Schweizer Ärztinnen und Ärzte (FMH) und die Schweizerische Akademie der Medizinischen Wissenschaf-

Health Technology Assessments oder „Wirtschaftlichkeitsuntersuchungen im Gesundheitswesen"[40] werden durchgeführt, um die medizinischen, sozialen, ökonomischen, rechtlichen und ethischen Implikationen des Einsatzes medizinischer Verfahren und Produkte systematisch, transparent und verlässlich zu evaluieren.[41] Konkret soll über HTA-Studien zum einen erkundet werden, welche etablierten Verfahren als nicht mehr kosteneffektiv zu beurteilen sind und darum auch nicht mehr von der Grundversicherung abgedeckt werden sollten, und zum andern, welche Neuentwicklungen so kosteneffektiv sind, dass sie im Rahmen der Grundversicherung bezahlt werden sollten. Auch wenn diese Studien interdisziplinär und unter Einbezug rechtlicher und ethischer Expertise durchgeführt werden, steht in deren Zentrum die Bewertung der Kosteneffektivität von Maßnahmen und damit eine Strategie, die nicht das Wohlergehen des einzelnen Patienten, sondern die Maximierung der Gesundheit der Bevölkerung insgesamt zum Maßstab nimmt.

Inwiefern diese Bewertungen das Potential haben, zur Diskriminierung beizutragen, hat beispielsweise das umstrittene „Myozyme-Urteil" des Bundesgerichts gezeigt, bei welchem erstmals in der Schweiz gerichtlich darüber entschieden wurde, wie hoch der Nutzen einer Behandlung im Verhältnis zu deren Kosten sein muss, damit eine Krankenkasse verpflichtet werden kann, eine Behandlung zu finanzieren.[42] Im besagten Urteil wurde festgestellt, dass der Nutzen, den Morbus Pompe-Kranke durch die Einnahme des Medikaments Myozyme hätten, im Vergleich zu den Kosten, die dadurch für die Krankenkassen entstünden, zu gering sei, so dass das Medikament den Betroffenen nicht mehr zur Verfügung zu stellen sei. Neu aus rechtlicher Sicht war dabei, dass nicht mehr zwei Maßnahmen (beispielsweise eine neue gegenüber einer etablierten Behandlung) miteinander verglichen wurden, um bei Nutzengleichheit die kostengünstigere Variante zu wählen, sondern dass eine einzelne Behandlung auf ihre Kosteneffektivität hin beurteilt wurde: Die Vergabe von Myozyme sei mit 500'000 Franken pro Patient pro Jahr angesichts des Nutzens, den dieses Medikament hinsichtlich der Erleichterung des Atmens erbringe, zu teuer, um weiterhin bezahlt zu werden, und dies auch dann, wenn keine alternative Behandlungsmöglichkeit besteht.[43]

Besonders umstritten ist in diesem Zusammenhang die Anwendung der QALYs (Quality Adjusted Life Years), einem Messinstrument, welches mit den Kosten für

---

ten (SAMW) das Projekt mit, so dass eine institutionelle Verschränkung mit dem *Swiss Medical Board*" entstanden ist.

40 Oliver Schöffski, Einführung, in: *Gesundheitsökonomische Evaluationen*, hg. von Oliver Schöffski / J.-Matthias Graf von der Schulenburg, 3. Aufl. 2008, S. 3–12 (6).

41 Vgl. Michael Schlander / Christian Affolter / Heiner Sandmeier u. a., *Schweizer HTA-Konsensus-Projekt: Eckpunkte für die Weiterentwicklung in der Schweiz*, 2011; darüber hinaus: Markus Zimmermann-Acklin, Deontologische und teleologische Begründungsfiguren am Beispiel von Nutzenbewertungen von Gesundheitsleistungen, in: *Deontologie – Teleologie. Normtheoretische Grundlagen in der Diskussion*, hg. von Adrian Holderegger / Werner Wolbert, 2012, S. 269–287; ders., Gerechte Leistungsbeschränkungen? Ethische Überlegungen zur Kosten-Nutzen-Bewertung in der Medizin, *Bioethica Forum* 6 (2013) S. 75–77.

42 Vgl. BG 9C_334/2010 vom 23.11.2010, dazu ethische Diskussionsbeiträge in: Bioethica Forum 4 (2011), Nr. 3.

43 Vgl. Gunnar Duttge, Zwischen „Myozyme" und „Nikolaus": Die Ratlosigkeit des (deutschen) Rechts, in: *Gerecht sorgen. Verständigungsprozesse über den Einsatz knapper Ressourcen bei Patienten am Lebensende*, hg. von Gunnar Duttge / Markus Zimmermann-Acklin, 2013, S. 73–90.

ein qualitätsbereinigtes Lebensjahr arbeitet, um auf diese Weise unterschiedlichste Maßnahmen im Hinblick auf ihre Kosteneffektivität miteinander vergleichen zu können. Während das „Swiss Medical Board" diese anwendet und davon ausgeht, ein QALY dürfe nicht mehr als 50'000 bis maximal 100'000 Franken kosten, um eine Maßnahme als kosteneffektiv zu beurteilen und sozial zu finanzieren, lehnt „SwissHTA" die auf einer überindividuellen Nutzenmaximierung basierende und damit utilitaristisch orientierte Anwendung der QALYs ab.

Ohne an dieser Stelle auf die Details eingehen zu können[44], scheint aus ethischer Sicht zweierlei wichtig: Angesichts der Knappheit der Ressourcen und dem immer schon bestehenden Wettbewerb sollte erstens auf das Kriterium der Kosteneffektivität nicht verzichtet werden:[45] Angesichts der Knappheit der zur Verfügung stehenden Mittel ist zumindest *auch* eine Frage der Verteilungsgerechtigkeit, ob beispielsweise mit einem Betrag von 200'000 Franken erreicht werden kann, die Lebenserwartung eines an Lungenkrebs im Endstadium erkrankten Patienten um wenige Tage zu erhöhen, oder ob einem an Hämophilie erkrankten Menschen damit das Leben gerettet werden kann. Allerdings bleibt stets zu bedenken, dass die Objektivierbarkeit von Lebensqualitätsmessungen (das „Q" im QALY) nur bedingt möglich ist, da diese je nach persönlicher Betroffenheit durchaus unterschiedlich eingeschätzt wird. Darüber hinaus sollte die Kosteneffektivität von Maßnahmen nur dann berücksichtigt werden, wenn im Rahmen einer Gesamteinschätzung neben der Wirksamkeit insbesondere auch das Kriterium der Zweckmäßigkeit oder Sinnhaftigkeit einer Maßnahme und damit Vorstellungen von einem guten Leben mit einbezogen werden.

Zweitens ist zu beachten, dass die unmittelbare politische Anwendung von QALY-Berechnungen mit vielen Fragezeichen zu versehen sind:[46] Systemimmanent bedingt ist es nämlich so, dass Menschen mit Behinderungen, chronisch Kranke, Menschen im hohen Alter, Patienten am Lebensende, aber auch Menschen mit seltenen Krankheiten (wie beispielsweise Morbus Pompe) durch die QALY-Berechnungen diskriminiert werden. Bei Menschen im hohen Alter wie auch bei Sterbenden liegt das daran, dass eine Behandlung nur noch eine begrenzte Anzahl von qualitätsbereinigten Lebensjahren erzielen kann, so dass die Kosten pro gewonnenem qualitätsbereinigtem Lebensjahr naturgemäß viel höher liegen als beispielsweise bei einem vierzigjährigen Mann, der aufgrund einer Knochenfraktur behandelt werden muss. Maßnahmen bei Menschen mit seltenen Erkrankungen sind in der Regel sehr teuer, weil sie nur in wenigen Fällen Anwendung finden, womit auch die Kosten pro QALY sehr viel höher liegen als für Therapien, welche bei sehr vielen Patienten angewendet werden.

Auch wenn die Schweiz im Bereich HTA erst am Anfang steht, liegt die Vermutung nahe, dass die teilweise sehr hohen Erwartungen, die damit verbunden werden, nämlich Schaffung von Transparenz und Vergleichbarkeit von Maßnahmen im Ge-

---

44 Vgl. Zimmermann-Acklin (Fn. 41).

45 Grundsätzlich anders (nämlich ablehnend) beurteilt dies Weyma Lübbe, Sondervotum, in: *Nutzen und Kosten im Gesundheitswesen. Zur normativen Funktion ihrer Bewertung. Stellungnahme*, hg. vom Deutschen Ethikrat, 2011, S. 98–124.

46 Darum ist bei HTA auch stets zwischen der Analyse (Assessment), einer darauf beruhenden Empfehlung (Appraisal) und der politischen Entscheidung (Decision) beispielsweise über die Einführung einer neuen Maßnahme zu unterscheiden, vgl. Schlander u. a. (Fn. 41).

sundheitswesen, Vermeidung von Fehl- und Überbehandlungen und das Abbremsen der Kostenentwicklung, kaum in einem größeren Umfang erfüllt werden dürften, da die Interpretationsspielräume groß bleiben, der Druck der Pharmafirmen, neue Produkte zu lancieren, angesichts des insgesamt zunehmenden Wohlstands kaum gebremst werden kann und zudem eine starke Erwartungshaltung in der Bevölkerung besteht, neue, wenn auch sehr teure Maßnahmen ohne zeitliche Verzögerung zur Verfügung gestellt zu bekommen.

5. PRAXIS DER IMPLIZITEN RATIONIERUNG

In Fachkreisen ist inzwischen unbestritten, dass in der Schweiz heute eine Praxis der ungeregelten oder impliziten Rationierung am Krankenbett besteht, im Fachjargon auch als *Muddling through elegantly,* als elegantes Durchwursteln bezeichnet.[47] Auch *Ignazio Cassis* hat dies in seiner oben erwähnten offiziellen parlamentarischen Anfrage an den Bundesrat (Postulat), wie viel die Erhaltung eines Menschenlebens kosten dürfe, zugrunde gelegt und in diesem Zusammenhang eine bestehende Situation der Rechtsungleichheit und Rechtsunsicherheit beklagt.[48] Tatsächlich ist es aus ethischer Sicht problematisch, dass heute in der Schweiz Patienten eine potenziell nützliche Maßnahme nicht erhalten, weil der behandelnde Arzt der Meinung ist, die Anwendung dieser Maßnahme sei nicht angezeigt, sei beispielsweise zu teuer, ohne die Betroffenen über diese Entscheidung und deren Begründung zu informieren.[49]

Implizite oder ungeregelte Leistungsbegrenzungen am Krankenbett durch das Behandlungsteam, welche potentiell nützliche Maßnahmen betreffen, sind insbesondere dann eine Realität, wenn, wie in der Schweiz heute der Fall, sehr viele Ressourcen zur Verfügung stehen und nur wenig explizite Regulierungen existieren.[50] Eine im Auftrag des Bundesamts für Gesundheit durchgeführte Studie von *Brigitte Santos-Eggimann* hat zudem gezeigt, dass implizite Rationierung vor allem in den Bereichen Psychiatrie, Rehabilitation, Versorgung chronisch Kranker und in der Langzeitpflege besteht; betroffene Personengruppen sind in erster Linie ältere Menschen und sozial schlecht integrierte Patienten.[51] In diesem Zusammenhang ist zudem wichtig, dass die im Vergleich zu sonstigen Lebensphasen sehr kostenintensive Gesundheitsversorgung in der letzten Lebensphase mit steigendem Sterbealter kostengünstiger wird.[52] Offensichtlich besteht in der Schweiz heute eine etablierte

---

47 Vgl. Jürg H. Sommer, *Muddling Through Elegantly: Rationierung im Gesundheitswesen*, 2001; ders., Die implizite Rationierung bleibt notwendig. Zum Konzept des „muddling through elegantly", in: *Rationierung und Gerechtigkeit im Gesundheitswesen. Beiträge zur Debatte in der Schweiz*, hg. von Markus Zimmermann-Acklin / Hans Halter, 2007, S. 279–289.

48 Vgl. Postulat 11.3218 (Fn. 23).

49 Zur Frage nach ethischen Kriterien für Rationierungsentscheidungen am Krankenbett vgl. Markus Zimmermann-Acklin, Zur Bedeutung der ärztlichen Gewissensentscheidung bei der Allokation knapper Güter, in: *Gewissen. Dimensionen eines Grundbegriffs medizinischer Ethik*, hg. von Franz-Josef Bormann / Verena Wetzstein, 2014.

50 Vgl. Literaturangaben zu empirischen Studien in Zimmermann-Acklin (Fn. 15) und (Fn. 49).

51 Vgl. Brigitte Santos-Eggimann, *Is there evidence of implicit rationing in the Swiss health care system?*, Studie im Auftrag des Bundesamts für Gesundheit, 2005 (www.bag.admin.ch).

52 Vgl. Stefan Felder, Im Alter krank und teuer? Gesundheitsausgaben am Lebensende, in: *G+G*

Praxis der Altersrationierung, wobei jedoch unklar ist, ob diese (beispielsweise über den Willen bzw. die Zustimmung der Betroffenen) ethisch gerechtfertigt, sinnvoll oder gar zu begrüßen ist, oder ob es sich um eine etablierte Form von Altersdiskriminierung handelt.[53] Solange verlässliche empirische Studien zur gesundheitlichen Versorgung von Menschen im hohen Alter fehlen, lässt sich diese Frage nicht beantworten; zu vermuten ist, dass der bestehenden Altersrationierung in der Schweiz heute sowohl diskriminierende als auch ethisch gerechtfertigte Entscheidungen zugrunde liegen, also von einer komplizierten Mischung mit fließenden Übergängen von gerechten zu ungerechten Entscheidungen auszugehen ist.

IV. Fazit

Die exemplarischen Erkundungen im vorhergehenden Kapitel zeigen auf, dass heute in der Gesundheitsversorgung Schweiz Diskriminierungsgefahren sowohl im starken als auch im schwachen Sinn bestehen, also sowohl im Hinblick auf eine Instrumentalisierung von Menschen als auch im Sinne einer Gefährdung von Rechtsgleichheit und -sicherheit. Dabei fällt auf, dass unabhängig von Beispielen und Kontexten immer wieder ähnliche Gruppen besonders gefährdet bzw. Bereiche der gesundheitlichen Versorgung besonders anfällig sind. Es ist wenig überraschend, dass in einer Gesellschaft, in welcher Selbstbestimmung und Freiheit als hohe Werte angesehen werden, Menschen, welche die mit diesen Werten verbundenen Ansprüche nicht oder nur noch eingeschränkt wahrnehmen können, besonders gefährdet sind. Neugeborene, Kleinkinder, Menschen mit schweren geistigen Behinderungen, psychisch Kranke, alte Menschen mit demenziellen Störungen oder auch Angehörige gesellschaftlicher Randgruppen sind namentlich bei gesundheitlichen Problemen auf die Hilfe anderer angewiesen und können ihre Interessen nur bedingt selbst durchsetzen.

Zur Sicherung der sozialen Gerechtigkeit in einer Gesellschaft heißt das *positiv*, dass die zuständigen staatlichen Behörden, die Verantwortlichen in den Institutionen der Gesundheitsversorgung sowie die Angehörigen von Behandlungsteams am Krankenbett darum besorgt sein sollten, eine qualitativ hochstehende gesundheitliche Versorgung für alle auf die Dauer zu sichern. Auf der Grundlage einer Theorie der Befähigungsgerechtigkeit sollte die Aufmerksamkeit darauf gerichtet werden, dass alle Menschen zu einer realen Teilhabe am gesellschaftlichen Leben befähigt und zur Gestaltung ihres Lebens nach Maßgabe eigener Wertvorstellungen unterstützt werden. Werden diese Ziele anvisiert und zumindest teilweise auch erreicht, ist die Existenz unterschiedlicher Standards in der Gesundheitsversorgung, die so genannte „Mehrklassenmedizin", aus sozialethischer Sicht zunächst einmal sekundär. *Negativ* gewendet sollte es den Verantwortlichen auf den genannten Ebenen darum gehen, de facto bestehende Formen von Diskriminierung sowie Diskriminierungsgefahren rechtzeitig zu erkennen und im Sinne der sozialen Gerechtigkeit da-

---

Gesundheit und Gesellschaft Wissenschaft 8 (2008) Heft 4, S. 23–30 = http://www.wido.de/g_g_wissenschaft.html (24.10.2013).

53   Vgl. Mark Schweda, Zu alt für die Hüftprothese, zu jung zum Sterben? Die Rolle von Altersbildern in der ethisch-politischen Debatte um eine altersabhängige Begrenzung medizinischer Leistungen, in: Duttge / Zimmermann-Acklin (Fn. 43), S. 149–167.

gegen anzugehen. Eine große Schwierigkeit dabei dürfte darin bestehen, neben den direkten auch die indirekten, also über Institutionen und Strukturen vermittelte Formen von Diskriminierungsgefahren im Blick zu behalten.

Literatur

Anand Sudhir / Peter Fabienne / Sen Amartya (Hg.), *Public Health, Ethics, and Equity*, Oxford/New York 2006

Brudermüller Gerd / Seelmann Kurt (Hg.), *Zweiklassenmedizin?*, Würzburg 2012

Dabrock Peter, *Befähigungsgerechtigkeit. Ein Grundkonzept konkreter Ethik in fundamentaltheologischer Perspektive*, Gütersloh 2012

Dabrowski Martin / Wolf Judith / Abmeier Karlies (Hg.), *Gesundheitssystem und Gerechtigkeit*, Paderborn 2012

Daniels Norman, *Just Health. Meeting Health Needs Fairly*, Cambridge/New York 2008

Danis Marion / Patrick Donald L., Health Policy, Vulnerability, and Vulnerable Populations, in: *Public Health Ethik*, hg. von Daniel Strech / Georg Marckmann, Berlin 2010, S. 211–235

Duttge Gunnar, Zwischen „Myozyme" und „Nikolaus": Die Ratlosigkeit des (deutschen) Rechts, in: *Gerecht sorgen. Verständigungsprozesse über den Einsatz knapper Ressourcen bei Patienten am Lebensende*, hg. von Gunnar Duttge / Markus Zimmermann-Ackli, Göttingen 2013, S. 73–90

Düwell Marcus / Rehmann-Sutter Christoph / Mieth Dietmar (Hg.), *The Contingent Nature of Life. Bioethics and the Limits of Human Existence*, Dordrecht 2008

Elger Bernice S. / Gächter Thomas, DRG und die Gesundheitsversorgung marginaler Gruppen, in: *DRG und Ethik. Ethische Auswirkungen von ökonomischen Steuerungselementen im Gesundheitswesen*, hg. von Verina Wild / Eliane Pfister / Nikola Biller-Andorno, Basel 2011, S. 171–185

Emanuel Ezekiel J. / Grady Christine / Crouch Robert A. / Lie Reidar K. / Miller Franklin G. / Wendler David (Hg.), *The Oxford Handbook of Clinical Research Ethics*, Oxford/New York 2011

Felder Stefan, Im Alter krank und teuer? Gesundheitsausgaben am Lebensende, *G+G Gesundheit und Gesellschaft Wissenschaft* (GGW) 8 (2008) Heft 4, 23–30 (online unter http://www.wido.de/g_g_wissenschaft.html, 24.10.2013)

Gächter Thomas, Rationierung als Lösung des Problems der Kostenentwicklung? Kommentar eines Rechtswissenschaftlers, in: *Rationierung und Gerechtigkeit im Gesundheitswesen. Beiträge zur Debatte in der Schweiz*, hg. von Markus Zimmermann-Acklin / Hans Halter, Basel 2007, S. 121–131

Häfeli Christoph, *Grundriss zum Erwachsenenschutzrecht*, Bern 2012

Hafen Ernst, Auf dem Weg zu einer besseren Medizin, *NZZ*, Nr. 97 vom 26.4.2012, S. 21

Herrmann Martina, Diskriminierung, in: *Handbuch angewandte Ethik*, hg. von Ralf Stoecker / Christian Neuhäuser / Marie-Luise Raters, Stuttgart 2011, S. 290–292

Kersting Wolfgang, Egalitäre Grundversorgung und Rationierungsethik. Überlegungen zu den Problemen und Prinzipien einer gerechten Gesundheitsversorgung, in: *Ethik in der Medizin. Ein Studienbuch*, hg. von Urban Wiesing, 4. Aufl. Stuttgart 2012, S. 296–300

Lübbe Weyma, Sondervotum, in: *Nutzen und Kosten im Gesundheitswesen. Zur normativen Funktion ihrer Bewertung. Stellungnahme*, hg. vom Deutschen Ethikrat, Berlin 2011, S. 98–124

Manzeschke Arne, Zum Einfluss der DRG auf Rolle und Professionsverständnis der Ärztinnen und Ärzte, *SGBE-Bulletin* 59/2009, S. 11–13

Marckmann Georg / Liening Paul / Wiesing Urban (Hg.), *Gerechte Gesundheitsversorgung. Ethische Grundpositionen zur Mittelverteilung im Gesundheitswesen*, Stuttgart 2003

Marckmann Georg / Strech Daniel, Auswirkungen der DRG-Vergütung auf ärztliche Entscheidungen: Eine ethische Analyse, *Zeitschrift für Medizinische Ethik* 55 (2009), S. 15–27

Marmot Michael, Health in an unequal world, *The Lancet* 368 (2006), S. 2081–2084

Nickel James W., Discrimination, *Routledge Encyclopedia of Philosophy*, Vol. 3, London/New York 1998, S. 103–106

Prah Ruger Jennifer, *Health and Social Justice*, Oxford/New York 2012

Rauprich Oliver / Vollmann Jochen (Hg.), *Die Kosten des Kinderwunsches. Interdisziplinäre Perspektiven zur Finanzierung reproduktionsmedizinischer Behandlungen*, Münster 2012

Santos-Eggimann Brigitte, *Is there evidence of implicit rationing in the Swiss health care system?*, *Studie im Auftrag des Bundesamts für Gesundheit*, Bern 2005 (www.bag.admin.ch)

Scherrer Reto, Kurzaufenthalte in Langzeitpflege. Die in den Spitälern neu eingeführten Fallpauschalen wirken auch auf die Pflegezentren, *NZZ*, Nr. 260, 7.11.2012, S. 18

Schlander Michael / Affolter Christian / Sandmeier Heiner u. a., *Schweizer HTA-Konsensus-Projekt: Eckpunkte für die Weiterentwicklung in der Schweiz*, Basel/Bern/Solothurn/Wiesbaden 2011

Schöffski Oliver, Einführung, in: *Gesundheitsökonomische Evaluationen. Dritte, vollständig überarbeitete Auflage*, hg. von Oliver Schöffski / J.-Matthias Graf von der Schulenburg, Berlin/Heidelberg 2008, S. 3–12

Schweda Mark, Zu alt für die Hüftprothese, zu jung zum Sterben? Die Rolle von Altersbildern in der ethisch-politischen Debatte um eine altersabhängige Begrenzung medizinischer Leistungen, in: *Gerecht sorgen. Verständigungsprozesse über den Einsatz knapper Ressourcen bei Patienten am Lebensende*, hg. von Gunnar Duttge / Markus Zimmermann-Acklin, Göttingen 2013, S. 149–167

Schweizerische Akademie der Medizinischen Wissenschaften, *Forschung mit Menschen. Ein Leitfaden für die Praxis*, Basel 2009

Schweizerische Akademie der Medizinischen Wissenschaften, *Rechtliche Grundlagen im medizinischen Alltag. Ein Leitfaden für die Praxis*, 2., überarb. Auflage, Basel 2013

Sommer Jürg H., Die implizite Rationierung bleibt notwendig. Zum Konzept des „muddling through elegantly", in: *Rationierung und Gerechtigkeit im Gesundheitswesen. Beiträge zur Debatte in der Schweiz*, hg. von Markus Zimmermann-Acklin / Hans Halter, Basel 2007, S. 279–289

Sommer Jürg H., *Muddling Through Elegantly: Rationierung im Gesundheitswesen*, Basel 2001

Stichweh Rudolf, *Inklusion und Exklusion. Studien zur Gesellschaftstheorie*, Bielefeld 2005

Strech Daniel / Marckmann Georg (Hg.), *Public Health Ethik*, Berlin 2010

United Nations Development Programme (UNDP), *Inequality-adjusted Human Development Index for India's State 2011*, New Delhi 2011

Vögeli Dorothee, Dement im Akutspital – was dann? Fachleute fordern den Aufbau von geriatrischen Rehabilitationsangeboten im Kanton Zürich, *NZZ*, Nr. 85, vom 13.4.2013, S. 19

Wasserman David, Discrimination, Concept of, *Encyclopedia of Applied Ethics*, Vol. 1, San Diego/London 1998, S. 805–814

WHO, *World Health Statistics 2012*, Geneva 2012

Wild Verina / Pfister Eliane / Biller-Andorno Nikola (Hg.), *DRG und Ethik. Ethische Auswirkungen von ökonomischen Steuerungselementen im Gesundheitswesen*, Basel 2011

Zimmermann-Acklin Markus, *Bioethik in theologischer Perspektive. Grundlagen. Methoden und Bereiche*, Freiburg i.Ue./Freiburg i.Br. 2010

Zimmermann-Acklin Markus, Deontologische und teleologische Begründungsfiguren am Beispiel von Nutzenbewertungen von Gesundheitsleistungen, in: *Deontologie – Teleologie. Normtheoretische Grundlagen in der Diskussion*, hg. von Adrian Holderegger / Werner Wolbert, Freiburg i.Br. 2012, S. 269–287

Zimmermann-Acklin Markus, Die Rationierungsdiskussion in der Schweiz. Beobachtungen aus ethischer Perspektive, in: *DRG und Ethik. Ethische Auswirkungen von ökonomischen Steuerungselementen im Gesundheitswesen*, hg. von Verina Wild / Eliane Pfister / Nikola Biller-Andorno, Basel 2011, S. 127–139

Zimmermann-Acklin Markus, Gerechte Leistungsbeschränkungen? Ethische Überlegungen zur Kosten-Nutzen-Bewertung in der Medizin, *Bioethica Forum* 6 (2013) S. 75–77

Zimmermann-Acklin Markus, Gesundheitsversorgung von Menschen im vierten Lebensalter in der Schweiz – Herausforderungen und Perspektiven, in: *Altern in Würde. Das Konzept der Würde im vierten Lebensalter*, hg. von Torsten Meireis, Zürich, S. 153–167

Zimmermann-Acklin Markus, Zur Bedeutung der ärztlichen Gewissensentscheidung bei der Allokation knapper Güter, in: *Gewissen. Dimensionen eines Grundbegriffs medizinischer Ethik*, hg. von Franz-Josef Bormann / Verena Wetzstein, Berlin 2014, S. 421–436

Margrit Kessler

Diskriminierungsgefahren in der Medizin

Ein Diskussionsbeitrag aus der Praxis

I. Einleitung

Die Schweizerische Stiftung SPO-Patientenschutz (SPO) ist eine Anlaufstelle für Patientinnen und Patienten, die sich von den Institutionen rund um die Medizin benachteiligt fühlen. Sie berät vorwiegend Menschen, die sich vom System „Gesundheitswesen" diskriminiert fühlen. All jene, die mit dem schweizerischen Gesundheitswesen zufrieden sind, wenden sich nicht an die SPO. Bevor ich verschiedene Diskriminierungsgefahren und -möglichkeiten in der schweizerischen Gesundheitsversorgung aufzeigen werde, ist es mir ein Bedürfnis, den Leserinnen und Lesern mitzuteilen, dass wir in der Schweiz ein sehr gut funktionierendes Gesundheitswesen haben. Die Menschen, die sich an die Beratungsstellen der SPO wenden, haben damit allerdings schlechte Erfahrungen machen müssen. Es gibt viele Facetten, wie man als kranker Mensch diskriminiert werden kann. Die „Diskriminierer" können verschiedene Funktionen einnehmen. Sie können etwa als Leistungserbringer, als Krankenkasse, als Invaliden- oder Haftpflichtversicherung oder auch als Gericht tätig sein. Die Diskriminierungen treffen vorwiegend Menschen, die krank, betagt, invalid oder psychisch krank sind. Oft sind Randgruppen wie etwa Ausländer mit schlechten Sprachkenntnissen oder Drogenabhängige betroffen.

II. Betagte Menschen

In der Schweiz wurden am 1. Januar 2012 die Fallpauschalen bezogen auf *Diagnosis Related Groups* (DRG, diagnosebezogene Fallgruppen) eingeführt. Das neue System lässt vor allem betagte Menschen, nach meiner Erfahrung, nicht selten durch die Maschen fallen.

Der Heilungsprozess geht bei betagten Menschen viel langsamer vor sich als bei jungen. Zudem haben sie oft viele Begleiterkrankungen. Trotz dieser zusätzlichen Probleme werden Betagte aber so schnell wie möglich in eine nachfolgende Institution verlegt – man kann auch sagen „abgeschoben".

Nicht die Betroffenen melden sich bei der SPO, sondern es sind die Angehörigen, die sich Sorgen um ihre Familienmitglieder machen. Sie stellen fest, dass das Personal mit der Pflege überfordert ist, die eigentlich noch im Spital hätte stattfinden müssen. Die Stationen der Rehabilitation sind ungenügend eingerichtet. Oft ist nur eine ausgebildete Pflegefachperson für 40 Patientinnen und Patienten zuständig. Das Hilfspersonal kann die fachspezifische Betreuung nicht bewältigen. Die Fallpauschalen werden von den Spitälern und vom Bundesamt für Gesundheit (BAG) gelobt, aber die Nachfolgeinstitutionen werden nicht kontrolliert. So können die positiven Erhebungen in den Spitälern nicht relevant sein.

Wenn Patienten frühzeitig nach Hause geschickt werden, müssen sie sich eng-maschig im Ambulatorium zur Kontrolle einfinden. Ein Fall ist mir bekannt, in dem der Patient mehrmals das Krankenauto bestellen musste, weil er nicht in der Lage war, mit seiner blutenden Blase und dem Cystofix mit dem Taxi das Spitalam-bulatorium aufzusuchen. Vor dieser Odyssee war er schon drei Tage hospitalisiert gewesen, und eine weitere Fallpauschale war aus Sicht des Spitals erst nach 18 Tagen möglich. Die ambulante Behandlung wurde durch die Krankenkasse bezahlt. Hier ging es nicht um das Wohl des hochbetagten Patienten, sondern um die Finanzen, die stimmen mussten. Die Kosten für die Krankenautotransporte beliefen sich auf mehr als 3000.- Franken, die der Patient selber bezahlen musste. Die Gefahr der Diskriminierung von unselbständigen Kranken durch das neue System ist offen-sichtlich, weil sie nicht mehr so schnell gesund werden können.

Die SPO fordert daher, dass die Nachfolgeinstitutionen in die Erhebungen ein-bezogen werden. Erst dann kann beurteilt werden, ob die Fallpauschalen im Falle der Nachbehandlung negative Folgen für den Patienten haben.

III. Komplikationen

Treten Komplikationen ein, die von Ärzten verkannt wurden, oder werden die Symptome der Patienten nicht ernst genommen, kann dies eine Sorgfaltspflichtver-letzung sein. Nur ganz selten stehen Ärzte zu ihren Fehlern. Es kommt auch in dieser Situation aus Sicht der Patienten zu einer Diskriminierung. Die betroffenen Ärzte lassen sich, wenn möglich, nicht mehr blicken und kümmern sich nicht um die Nachsorge der Patienten. Eine Entschuldigung, wie vom Patienten erwartet, kann mit dieser Fehlerkultur nicht ausgesprochen werden. In solchen Fällen wenden sich die Betroffenen an die Beratungsstelle der SPO. Sehr oft machen die Patienten dabei deutlich, dass sie nichts weiter unternommen hätten, wenn sich der Arzt ent-schuldigt hätte.

IV. Behinderte

Bei behinderten Menschen bestehen weitere Gefahren der Diskriminierung. Hier sind insbesondere die sogenannten MEDAS, die medizinischen Abklärungsstellen zu nennen. Sie erhalten von der Invalidenversicherung (IV) den Auftrag zur Abklä-rung der Arbeitsfähigkeit der Betroffenen. Vor zehn Jahren wurde der Werkplatz Schweiz mit der Verteilung von IV-Renten saniert. Menschen, die nicht mehr eine 100%-ige Leistung erbringen konnten, wurden einfach an die IV abgeschoben. Der Schuldenberg von 15 Milliarden in der Alters- und Hinterlassenenversicherung (AHV) war die Folge. Zurzeit haben die MEDAS den Auftrag, mit der Vergabe von IV-Renten zurückhaltend umzugehen. Das hat zur Folge, dass IV-Renten gekürzt oder aufgehoben werden.

V. SELTENE KRANKHEITEN

Nicht nur die *Gefahr* der Diskriminierung, sondern eine bereits eingetretene Diskriminierung, kann bei Patienten mit seltenen Krankheiten festgestellt werden. Aufgrund des umstrittenen Bundesgerichtsentscheids vom 23. November 2010 zur Kostenübernahme für das Medikament „Myozyme" (BGE 136 V 395) werden Patienten mit seltenen Krankheiten stärker diskriminiert. In diesem Fall ging es um eine 70-jährige Frau, die an einer seltenen Krankheit, dem Morbus Pompe, litt. Ihr wurde ein Medikament verabreicht, das pro Jahr Fr. 600'000.- kostete. Das Bundesgericht lehnte die Kostenübernahme des Medikaments „Myozyme" durch die Krankenkasse ab, weil das Verhältnis von Kosten und Nutzen dem Gericht als unangemessen erschien. Ob dieses Ergebnis richtig ist, kann ich nicht beurteilen; vielleicht hatte das Bundesgericht in diesem Fall sogar Recht. Gleichzeitig befand das Gericht aber generell darüber, wie viel ein Patient pro Jahr kosten darf. Es bezeichnete die Kostenübernahme von *orphan drugs* durch die Krankenkasse dann für angemessen, wenn 100'000.- Franken pro „gerettetes Menschenlebensjahr" nicht überschritten werden. Das Urteil veranlasste die Krankenkassen, ihre Kostengutsprachen für Myozyme sowie für andere *orphan* Medikamente zu überprüfen und die teuren Medikamente nicht mehr zu bezahlen. Es ist stossend, dass fünf Richter sich das Recht nehmen, der ganzen Bevölkerung zu diktieren, dass das Erhalten von einem Lebensjahr nicht mehr als Fr. 100'000.- kosten darf.

Der Bundesrat war gezwungen, auf dem Verordnungsweg die Kriterien für die Vergütung von Arzneimitteln zu regeln, die ausserhalb der Indikation oder Limitation zur Anwendung gelangen. Mit den neu geschaffenen Artikeln 71*a* und 71*b* der Verordnung über die Krankenversicherung[1] sind die Patienten dem Goodwill der Krankenkassen ausgeliefert. Der Vertrauensarzt entscheidet, ob ein so teures Medikament bezahlt wird oder nicht. An seltenen Krankheiten leiden meistens Kinder mit Gendefekten bzw. Stoffwechselstörungen. Die Medikamente werden bis zum 20. Lebensjahr von der IV vergütet, dann muss die Krankenkasse bezahlen und die jungen Menschen sind dem Goodwill der Krankenkassen bzw. der Vertrauensärzte ausgeliefert.

VI. AUSLÄNDERINNEN UND AUSLÄNDER

Bei Ausländerinnen und Ausländern, die unsere Sprache nicht beherrschen, besteht ebenfalls eine Diskriminierungsgefahr. Es wird beobachtet, dass die Schmerzgrenze vor allem bei Menschen aus dem Süden tiefer liegt als bei uns. Weil sie unser Gesundheitssystem nicht kennen, gehen sie direkt auf die Notfallstation. Die Leistungserbringer sind mit dem hohen Arbeitsanfall oft überlastet und schauen sich diese Menschen nicht so genau an. Auch die sprachliche Barriere ist eine zusätzliche Herausforderung. Uns ist bekannt, dass bei diesen Menschen öfter Komplikationen auftreten, weil das wirkliche Problem auf Anhieb nicht erkannt wurde. Wichtig ist, dass diesen Menschen ein Übersetzer zur Verfügung gestellt wird. Das BAG hat

---

1   Verordnung über die Krankenversicherung (KVV) vom 27. Juni 1995 (SR 832.102; Stand: 1. März 2014 [www.admin.ch/ch/d/sr/8/832.102.de.pdf]).

Adressen von Übersetzern für über 80 Sprachen zur Verfügung. Sie können von den Spitälern angefordert werden. Die Übersetzer werden dann per Telefon zugeschaltet.

VII. Psychisch Kranke

Psychisch Erkrankte laufen in Gefahr, dass ihre Symptome als psychische Störung eingeordnet werden und sie zu wenig ernst genommen werden. Schwere Erkrankungen können mit einer Vorgeschichte von psychischen Störungen übersehen werden. Ein Beispiel, das ich nie vergessen werde: Einer jungen Frau wurde die Gallenblase entfernt. Nach sieben Jahren hatte sie immer wieder Bauchschmerzen. Sie teilte dies dem Hausarzt mit, der ihr Medikamente gab, die nicht wirkten. Er wechselte die Medikamente. In der Krankengeschichte gab es den Eintrag „psychische Überlagerung". Weil die Patientin unzufrieden war und die Bauchschmerzen anhielten, ging sie zu einem anderen Arzt. Auch er nahm sie nicht ernst. Erst nach einem Jahr war ein Arzt bereit, eine Ultraschalluntersuchung durchzuführen. Er sah eine runde Verschattung. Es war die Perle eines Operationstuches, das vor acht Jahren im Bauch vergessen ging. Nach einem Operationstuch sucht man sicher nicht nach sieben Jahren, aber weil ein Vermerk „psychisch überlagert" in der Krankengeschichte stand, nahm man diese Patientin nicht ernst. Man brauchte ein ganzes Jahr, um dieses Relikt zu finden. Wir betreuen immer wieder Patienten, denen psychische Krankheiten zugeschrieben wurden und bei denen deshalb schwere Krankheitsbilder übersehen wurden.

VIII. Sterbende

Die erste Hilfe wird von den Krankenkassen bezahlt, die letzte Hilfe hingegen nicht. Eine finanzielle Gleichstellung von Hospiz und *Palliative Care* ist dabei notwendig. Zurzeit werden die Pflegekosten in den Hospizen von den Krankenversicherungen nicht übernommen, *Palliative Care*-Betten in öffentlichen Spitälern hingegen schon. Dort besteht aber die Gefahr, dass die Patienten nach kurzer Zeit zum Sterben in fremde Pflegeheime verlegt werden. Es ist anzunehmen, dass diese Verlegungen auch mit den Fallpauschalen im Zusammenhang stehen. Es gibt sogar eine Privatversicherung der Supra Assurances, von der Krankenkasse Assura übernommen, die die *Palliative Care* explizit nicht bezahlt. Das bedeutet: Wenn betagte Menschen sterben und eine Privatversicherung vorhanden ist, wenden sich die Versicherungen an die Ärzte. Sie wollen wissen, ab welchem Zeitpunkt nur noch palliative Medizin durchgeführt wurde. Wenn die Ärzte Auskunft geben, erhalten die Angehörigen eine saftige Rechnung, z. B. für die letzten 14 Tage Spitalaufenthalt. Der Sterbende muss nach solchen Versicherungsmodellen in einem Allgemeinzimmer sterben, obwohl er sein Leben lang Prämien für eine private Hospitalisation bezahlt hat.

Randgruppen werden auch im Spital nicht gerne gesehen. Es ist auch sehr schwierig mit ihnen umzugehen, weil sie oft nicht das gleiche wollen wie die Leistungserbringer. Viele wollen einfach so schnell wie möglich die Institution wieder verlassen. An einen tragischen Fall erinnere ich mich: Ein junger Mann war für einen Entzug in einer entsprechenden Institution. Es ging ihm schlecht und man hat ihm nebst Methadon noch Benzodiazepine gegeben. Die Pflegenden realisierten nicht, dass der Patient verwirrt war. Die Kumulation mit Benzodiazepine bewirkte einen Atemstillstand und der Patient verstarb.

IX. Patientinnen und Patienten vor Gericht

Bei Patienten, die vor Gericht gehen, besteht ebenfalls eine hohe Diskriminierungsgefahr. Ohne eine Rechtsschutzversicherung ist das fast unmöglich. Die Patienten mussen 10 % der beklagten Summe beim Gericht hinterlegen. Erleidet ein Kind wegen eines schlechten Geburtsmanagements eine schwere Behinderung, entsteht ein Schaden von mindestens drei Millionen Franken. Damit die Eltern diese drei Millionen einklagen können, müssen sie dem Gericht Fr. 300'000.- hinterlegen. Ob sie dieses Geld je wieder sehen, ist eine offene Frage.

Die Gerichtsurteile sind z. T. haarsträubend. Beispielsweise behandelte ein Onkologe 186 Brustkrebspatientinnen mit Lipoteichonsäuren (LTA). LTA ist kein Medikament und in der ganzen Welt als solches nicht zugelassen. Das wirksamere Medikament Tamoxifen wurde den Patientinnen zum Teil weggenommen und mit der Säure LTA ersetzt. Einige Patientinnen waren nach wenigen Monaten voller Metastasen. Sie wussten nicht, dass diese Therapie mit der Säure ohne Wirkungsnachweis war. Die strafrechtliche Abteilung des Bundesgerichts entschied am 20. Juni 2008 auf Freispruch für den Onkologen (BGer 6B_40/2008). Die Begründung war kaum verständlich. Der Arzt glaubte an seine Substanz und ein Kollege fand das Projekt interessant! Der Chefarzt der Klinik für Medizinische Onkologie am Universitätsspital Basel meinte dazu: „Mit dieser fatalen Fehleinschätzung des Gerichts könnten in Zukunft beliebige Substanzen ahnungslosen Patienten abgegeben werden – anstelle einer anerkannten Therapie.“[2]

X. Fazit

Die möglichen Diskriminierungen der Patientinnen und Patienten sind vielseitig und haben entsprechend viele Facetten.

---

2   Zitiert nach Otto Hostettler, Heimliche Versuche am Menschen, in: *Beobachter* 7/2010 vom 31. März 2010 (http://www.beobachter.ch/leben-gesundheit/medizin-krankheit/artikel/forschung_heimliche-versuche-am-menschen/).

Verzeichnis der Autorinnen und Autoren

Philippe Avramov,
Assistant au département d'histoire du droit et des doctrines juridiques
et politiques à l'Université de Genève

Hauke Brunkhorst,
Prof. Dr., Professor für Soziologie, Universität Flensburg

Andreas Cassee,
Dr. des. lic. phil. (Philosophie), SNF Fellow an der Freien Universität Berlin

Balthasar Glättli,
Nationalrat Grüne, Mitglied Staatspolitische Kommission

Margrit Kessler,
Präsidentin der Schweizerischen Stiftung SPO Patientenschutz, Nationalrätin
der Grünliberalen

Carsten Köllmann,
Dr. rer. pol., Wissenschaftlicher Mitarbeiter am Philosophischen Seminar
der Universität Zürich

Francesca Magistro,
Assistante doctorante au département de droit public de l'Université de Genève,
licenciée en droit de l'Université de Genève, titulaire du brevet d'avocat italien

Matthias Mahlmann,
Prof. Dr. iur., Ordinarius für Philosophie und Theorie des Rechts, Rechtssoziologie
und Internationales Öffentliches Recht, Universität Zürich

Bernhard Rütsche,
Prof. Dr. iur., Ordinarius für Öffentliches Recht und Rechtsphilosophie,
Universität Luzern

Axel Tschentscher,
Prof. Dr. iur., LL.M., Ordinarius für Staatsrecht, Rechtsphilosophie
und Verfassungsgeschichte, Universität Bern

Markus Zimmermann,
Prof. Dr., Titularprofessor, Lehr- und Forschungsrat am Departement
Moraltheologie und Ethik, Universität Fribourg

ARCHIV FÜR RECHTS- UND SOZIALPHILOSOPHIE — BEIHEFTE

Herausgeben von der Internationalen Vereinigung für Rechts- und Sozialphilosophie (IVR).
Die Bände 1–4 sind im Luchterhand-Fachverlag erschienen.

Franz Steiner Verlag   ISSN 0341–079X

2003. 142 S., kt.
ISBN 978-3-515-08284-6

93. Jan C. Joerden / Roland Wittmann (Hg.)
Recht und Politik
Jahrestagung der Deutschen Sektion der
Internationalen Vereinigung für Rechts-
und Sozialphilosophie vom 26.–29. Sep-
tember 2002 in Frankfurt an der Oder
2004. 184 S., kt.
ISBN 978-3-515-08458-1

94. Philippe Mastronardi (Hg.)
**Das Recht im Spannungsfeld
utilitaristischer und
deontologischer Ehtik**
Vorträge der Tagung der Schweizer Sek-
tion der Internationalen Vereinigung für
Rechts- und Sozialphilosophie vom 15.–16.
November 2002 in Luzern
2004. 170 S., kt.
ISBN 978-3-515-08366-9

95. Aleksander Peczenik (Hg.)
Justice
Proceedings of the 21st World Congress
of the International Association for Philoso-
phy of Law and Social Philosophy in Lund
(Sweden), 12th–18th August 2003
Volume 1
2004. 218 S., kt.
ISBN 978-3-515-08483-3

96. Yasutomo Morigiwa / Fumihiko Ishiyama /
Tetsu Sakurai (Hg.)
Universal Minority Rights?
A Transnatioal Approach. Proceedings
of the 5th Kobe Lectures. Tokyo and Kyoto,
December 1998
2004. 126 S., kt.
ISBN 978-3-515-08504-5

97. Svein Eng (Hg.)
Law and Practice
Proceedings of the 21st World Congress
of the International Association for Philoso-
phy of Law and Social Philosophy in Lund
(Sweden), 12th–18th August 2003
Volume 2
2005. 213 S., kt.
ISBN 978-3-515-08524-3

98. Kenneth Einar Himma (Hg.)
Law, Morality, and Legal Positivism
Proceedings of the 21st World Congress of
the International Association for Philoso-
phy of Law and Social Philosophy in Lund
(Sweden), 12th–18th August 2003
Volume 3
2004. 183 S., kt.
ISBN 978-3-515-08513-7

99. Günther Kreuzbauer /
Silvia Augeneder (Hg.)
Der Juristische Streit
Recht zwischen Rhetorik, Argumentation
und Dogmatik
2004. 166 S., kt.
ISBN 978-3-515-08480-2

100. Ulfrid Neumann / Winfried Hassemer /
Ulrich Schroth (Hg.)
Verantwortetes Recht
Die Rechtsphilosophie Arthur Kaufmanns.
Tagung vom 10.–11. Mai 2003 in München
2005. 188 S., kt.
ISBN 978-3-515-08580-9

101. Kurt Seelmann (Hg.)
Menschenwürde als Rechtsbegriff
Tagung der Schweizer Sektion der
Internationalen Vereinigung für Rechts-
und Sozialphilosophie vom 25.–28. Juni
2003 in Basel
2004. 175 S., kt.
ISBN 978-3-515-08591-5

102. Zenon Bankowski (Hg.)
Epistemology and Ontology
Proceedings of the 21st World Congress
of the International Association for Philoso-
phy of Law and Social Philosophy in Lund
(Sweden), 12th–18th August 2003
Volume 4
2005. 195 S., kt.
ISBN 978-3-515-08707-0

103. Carsten Bäcker / Stefan Baufeld (Hg.)
**Objektivität und Flexibilität
im Recht**
Tagungen des Jungen Forums Rechtsphilosophie in der Internationalen Vereinigung für Rechts- und Sozialphilosophie im
September 2004 in Kiel und im April 2005
in Hagen
2005. 213 S., kt.
ISBN 978-3-515-08743-8

104. Robert Alexy (Hg.)
Juristische Grundlagenforschung
Tagung der Deutschen Sektion der Inter-
nationalen Vereinigung für Rechts- und
Sozialphilosophie vom 23.–25. September
2004 in Kiel
2005. 251 S., kt.
ISBN 978-3-515-08640-0

105. Philippe Mastronardi / Denis Taubert (Hg.)
**Staats- und Verfassungstheorie
im Spannungsfeld der Disziplinen**
Tagung der Schweizerischen Vereinigung
für Rechts- und Sozialphilosophie vom
12.–13. November 2004 an der Universität

St. Gallen
2006. 255 S., kt.
ISBN 978-3-515-08851-0

106. José Juan Moreso (Hg.)
Legal Theory / Teoría del derecho
Legal Positivism and Conceptual Analysis /
Positivismo juridico y análisis conceptual.
Proceedings of the 22nd World Congress
of the International Association for
Philosophy of Law and Social Philosophy
in Granada, 2005
Volume 1
2007. 263 S., kt.
ISBN 978-3-515-08910-4

107. José Rubio Carrecedo (Hg.)
**Political Philosophy /
Filosofía política**
New Proposals for New Questions / Nuevas
propuestas para nuevas cuestiones. Pro-
ceedings of the 22nd World Congress of the
International Association for Philosophy
of Law and Social Philosophy in Granada,
2005
Volume 2
2007. 239 S., kt.
ISBN 978-3-515-08911-1

108. Andrés Ollero (Hg.)
**Human Rights and Ethics /
Derechos humanos y Ética**
Proceedings of the 22nd World Congress
of the International Association for
Philosophy of Law and Social Philosophy
in Granada, 2005
Volume 3
2007. 323 S., kt.
ISBN 978-3-515-08912-8

109. Nicolás López Calera (Hg.)
**Globalization, Law and Economy /
Globalización, Derecho y Economía**
Proceedings of the 22nd World Congress
of the International Association for
Philosophy of Law and Social Philosophy
in Granada, 2005
Volume 4
2007. 321 S., kt
ISBN 978-3-515-08913-5

110. Josep Aguiló-Regla (Hg.)
**Logic, Argumentation and
Interpretation / Lógica,
Argumentación e Interpretación**
Proceedings of the 22nd World Congress
of the International Association for
Philosophy of Law and Social Philosophy
in Granada, 2005
Volume 5

2007. 206 S., kt.
ISBN 978-3-515-08914-2

111. Marcel Senn / Dániel Puskás (Hg.)
**Gehirnforschung und
rechtliche Verantwortung**
Fachtagung der Scheizerischen Vereinigung
für Rechts- und Sozialphilosophie vom
19.–20. Mai 2006 an der Universität Bern
2006. 171 S., kt.
ISBN 978-3-515-08963-0

112. Annette Brockmöller (Hg.)
**Hundert Jahre Archiv für Rechts-
und Sozialphilosophie (1907–2007)**
Auswahl 14 bedeutender Aufsätze
von Kelsen, Radbruch, Luhmann u. a.
2007. 330 S., kt.
ISBN 978-3-515-09100-8

113. Horst Dreier / Eric Hilgendorf (Hg.)
**Kulturelle Identität als Grund
und Grenze des Rechts**
Akten der Tagung der Internationalen Vereinigung für Rechts- und Sozialphilosophie
vom 28.–30. September 2006 in Würzburg
2008. 374 S., geb.
ISBN 978-3-515-09101-5

114. Jochen Bung / Brian Valerius /
Sascha Ziemann (Hg.)
Normativität und Rechtskritik
Tagungen des Jungen Forums Rechts-
philosophie in der Internationalen Vereini-
gung für Rechts- und Sozialphilosophie im
September 2006 in Würzburg und im März
2007 in Frankfurt am Main
2007. 269 S., kt.
ISBN 978-3-515-09130-5

115. Marcel Senn / Dániel Puskás (Hg.)
**Rechtswissenschaft
als Kulturwissenschaft?**
Kongress der Schweizerischen Vereinigung
für Rechts- und Sozialphilosophie vom
15.–16. Juni 2007 an der Universität Zürich
2007. 220 S., kt.
ISBN 978-3-515-09149-7

116. Annette Brockmöller /
Eric Hilgendorf (Hg.)
**Rechtsphilosophie
im 20. Jahrhundert**
100 Jahre Archiv für Rechts-
und Sozialphilosophie
2009. 207 S., kt.
ISBN 978-3-515-09285-2

117. Marcel Senn / Barbara Fritschi (Hg.)
**Rechtswissenschaft
und Hermeneutik**
Kongress der Schweizerischen Vereinigung

für Rechts- und Sozialphilosophie vom
16.–17. Mai 2008 an der Universität Zürich
2009. 258 S., kt.
ISBN 978-3-515-09155-8

118. Bart C. Labuschagne / Ari M. Solon (Hg.)
Religion and State
From separation to cooperation?
Proceedings of the Special Workshop
"Legal-philosophical reflections for a
de-secularized world" held at the 23rd
World Congress of the International Associ-
ation for Philosophy of Law and Social Phi-
losophy in Kraków, 2007
2009. 209 S., kt.
ISBN 978-3-515-09368-2

119. Martin Borowski (Hg.)
On the Nature of Legal Principles
Proceedings of the Special Workshop
"The Principles Theory" held at the 23rd
World Congress of the International
Association for Philosophy of Law and
Social Philosophy in Kraków, 2007
2010. 182 S., kt.
ISBN 978-3-515-09608-9

120. Friedrich Toepel (Hg.)
**Free Will in Criminal Law
and Procedure**
Proceedings of the 23rd and 24th World
Congress of the International Association
for Philosophy of Law and Social Philosophy in Kraków, 2007, and in Beijing, 2009
2010. 122 S., kt.
ISBN 978-3-515-09320-0

121. Marcel Senn / Bénédict Winiger /
Barbara Fritschi / Philippe Avramov (Hg.)
**Recht und Globalisierung /
Droit et Mondialisation**
Kongress der Schweizerischen Vereinigung
für Rechts- und Sozialphilosophie, 15.–16.
Mai 2009, Universität Genf / Congrès de
l'Association Suisse de Philosophie du Droit
et de Philosophie Sociale, 15–16 mai 2009,
Université de Genève
2010. 196 S., kt.
ISBN 978-3-515-09673-7

122. Imer B. Flores / Uygur Gülriz (Hg.)
**Alternative Methods in the
Education of Philosophy of Law and
the Importance of Legal Philosophy
in the Legal Education**
Proceedings of the 23rd World Congress of
the International Associaction for Philosophy of Law and Social Philosophy "Law and
Legal Cultures in the 21st Century: Diver-
sity and Unity" in Kraków, 2007

2010. 114 S., kt.
ISBN 978-3-515-09695-9

123. Sascha Ziemann
**Archiv für Rechts- und
Sozialphilosophie:
Bibliographie und Dokumentation
(1907–2009)**
2010. 434 S., kt.
ISBN 978-3-515-09719-2

124. Jan-Reinard Sieckmann (Hg.)
**Legal Reasoning:
The Methods of Balancing**
Proceedings of the Special Workshop
"Legal Reasoning: The Methods of
Balancing" held at the 24th World Congress
of the International Association for
Philosophy of Law and Social Philosophy
(IVR), Beijing, 2009
2010. 205 S., kt.
ISBN 978-3-515-09723-9

125. Edward Schramm / Wibke Frey / Lorenz
Kähler / Sabine Müller-Mall / Friederike
Wapler (Hg.)
**Konflikte im Recht –
Recht der Konflikte**
Tagungen des Jungen Forums Rechts-
philosophie in der Internationalen Ver-
einigung für Rechts- und Sozialphilosophie
in Tübingen und Göttingen
2010. 308 S., kt.
ISBN 978-3-515-09729-1

126. Kristian Kühl (Hg.)
**Zur Kompetenz der Rechts-
philosophie in Rechtsfragen**
Tagung der Deutschen Sektion der
Internationalen Vereinigung für
Rechts- und Sozialphilosophie
vom 24.–26. September 2008 in Tübingen
2011. 140 S., kt.
ISBN 978-3-515-09816-8

127. Stephan Kirste / Anne van Aaken / Michael
Anderheiden / Pasquale Policastro (Hg.)
**Interdisciplinary Research in Juris-
prudence and Constitutionalism**
2012. 267 S. mit 2 Abb. und 2 Tab., kt.
ISBN 978-3-515-09941-7

128. Stephan Ast / Julia Hänni / Klaus Mathis /
Benno Zabel (Hg.)
Gleichheit und Universalität
Tagungen des Jungen Forums Rechtsphilosophie (JFR) in der Internationalen Vereinigung für Rechts- und Sozialphilosophie
(IVR) im September 2010 in Halle (Saale)
und im Februar 2011 in Luzern
2012. 315 S., kt.

ISBN 978-3-515-10067-0

129. Bénédict Winiger / Matthias Mahlmann /
Philippe Avramov / Peter Gailhofer (Hg.)
**Recht und Verantwortung /
Droit et responsabilité**
Kongress der Schweizerischen Vereinigung
für Rechts- und Sozialphilosophie,
11.–12. Juni 2010, Universität Zürich /
Congrès de l'Association Suisse de Philoso-
phie du Droit et de Philosophie Sociale,
11–12 juin 2010, Université de Zurich
2012. 206 S. mit 6 Abb., kt.
ISBN 978-3-515-10066-3

130. Thomas Bustamante / Oche Onazi (Hg.)
**Global Harmony
and the Rule of Law**
Proceedings of the 24th World Congress of
the International Association for Philosophy of Law and Social Philosophy, Beijing,
2009. Vol. 1
2012. 133 S., kt.
ISBN 978-3-515-10081-6

131. Thomas Bustamante / Oche Onazi (Hg.)
Human Rights, Language and Law
Proceedings of the 24th World Congress of
the International Association for Philosophy of Law and Social Philosophy, Beijing,
2009. Vol. 2
2012. 192 S., kt.
ISBN 978-3-515-10082-3

132. Yasutomo Morigiwa / Hirohide Takikawa
(Hg.)
**Judicial Minimalism –
For and Against**
Proceedings of the 9th Kobe Lectures.
Tokyo, Nagoya, and Kyoto, June 2008
2012. 99 S., kt.
ISBN 978-3-515-10136-3

133. Thomas Bustamante / Carlos Bernal Pulido
(Hg.)
On the Philosophy of Precedent
Proceedings of the 24th World Congress of
the International Association for Philoso-
phy of Law and Social Philosophy, Beijing,
2009
Volume 3
2012. 144 S., kt.
ISBN 978-3-515-10150-9

134. Matthias Kaufmann / Joachim
Renzikowski (Hg.)
Zurechnung und Verantwortung
Tagung der Deutschen Sektion der Inter-
nationalen Vereinigung für Rechts- und
Sozialphilosophie vom 22.–24. September
2010 in Halle (Saale)

2012. 184 S., kt.
ISBN 978-3-515-10180-6

135. Carsten Bäcker / Sascha Ziemann (Hg.)
Junge Rechtsphilosophie
2012. 214 S., kt.
ISBN 978-3-515-10268-1

136. Ulfrid Neumann / Klaus Günther /
Lorenz Schulz (Hg.)
Law, Science, Technology
Plenary lectures presented at the 25th World
Congress of the International Association
for Philosophy of Law and Social Philoso-
phy, Frankfurt am Main, 2011
2012. 173 S., kt.
ISBN 978-3-515-10328-2

137. Winfried Brugger / Stephan Kirste (Hg.)
**Human Dignity
as a Foundation of Law**
Proceedings of the Special Workshop held
at the 24th World Congress of the International Association for Philosophy of Law
and Social Philosophy in Beijing, 2009
2013. 267 S., kt.
ISBN 978-3-515-10440-1

138. Philippe Avramov / Mike Bacher /
Paolo Becchi / Bénédict Winiger (Hg.)
**Ethik und Recht in der Bioethik /
Ethique et Droit en matière de
Bioéthique**
Kongress der Schweizerischen Vereinigung
für Rechts- und Sozialphilosophie,
11.–12. Mai 2012, Universität Luzern /
Congrès de l'Association Suisse
de Philosophie du Droit
et de Philosophie Sociale, 11–12 mai 2012,
Université de Lucerne
2013. 226 S., kt.
ISBN 978-3-515-10436-4

139. Tetsu Sakurai / Makoto Usami (Hg.)
Human Rights and Global Justice
The 10th Kobe Lectures, July 2011
2014. 167 S., kt.
ISBN 978-3-515-10489-0

140. Bernhard Jakl / Beatrice Brunhöber /
Ariane Grieser / Juliane Ottmann /
Tim Wihl (Hg.)
Recht und Frieden – Wozu Recht?
Tagungen des Jungen Forums Rechts-
philosophie (JFR) in der Internationalen
Vereinigung für Rechts- und Sozialphiloso-
phie (IVR) im September 2012 in Münster
und im April 2013 in Berlin
2014. 206 S. mit 3 Abb., kt.
ISBN 978-3-515-10806-5